ちくま学芸文庫

経済の文明史

カール・ポランニー
玉野井芳郎 平野健一郎 編訳
石井 溥 木畑洋一 長尾史郎 吉沢英成 訳

筑摩書房

目次

はしがき……7
解題　ポランニー経済学とは何か……11
第一部　市場社会とは何か
第一章　自己調整的市場と擬制商品——労働、土地、貨幣……31
第二章　時代遅れの市場志向……49
第三章　貨幣使用の意味論……81
第二部　現代社会の病理
第四章　世界経済恐慌のメカニズム……109

第五章　機能的社会理論と社会主義の計算問題……141
第六章　ファシズムの本質……167

第三部　非市場社会をふりかえる

第七章　ハムラビ時代の非市場交易……229
第八章　アリストテレスによる経済の発見……261
第九章　西アフリカの奴隷貿易における取り合わせと「貿易オンス」……329
第十章　制度化された過程としての経済……361
あとがき……415
文庫版あとがき……426
解説　ポランニー思想の今日的意義（佐藤 光）……431

経済の文明史

凡例

一、各論文の出典、発表年などは、各章に付した訳注の最初に記されている。
一、各章の原注は訳注とともに通し番号をつけ、その注の末尾に原注である旨を記した。
一、本文と原注の（　）はポランニー自身の、〔　〕は訳者の補記である。
一、原文のイタリック体は原則として傍点で示したが、ギリシャ語、ラテン語などの原語の使用を示すイタリック体は「　」で示した。
一、引用符は「　」、書名は『　』で示した。

はしがき

本書は、ハンガリー生まれの経済学者カール・ポランニー（Karl Polanyi, 一八八六―一九六四年）の諸著作のなかから、そのエッセンスとなるような、また今日の状況にとってとくに意義深いと思われる十編を選び出して訳出し、ポランニー著作集としてまとめあげたものである。

日本では、ポランニーの業績はもちろん、その名前さえもまだほとんど知られていないと思われる。彼の多面的な論考が一応まとまった形で紹介されるのは本書がはじめてである。欧米では、経済学者よりもむしろ人類学者のあいだで、ユニークな社会科学者として知られていたようであるが、最近、「ラディカル・エコノミックス」が注視されるようになるとともに、広く世人の注目を集めるにいたっている。

ポランニー経済学の功績を一言でいうなら、該博な文化人類学の知識を活用することによって、今日われわれがそこに生活している市場経済体制が、さらにさかのぼっては十八世紀以降の近代資本主義が歴史的に特殊なものであるという確信を明確にし、壮大な歴史的広がりと展望をもつ比較経済学の分野を切り開いている点にある。

本訳書は、この点を考慮して、十編の論文を三つのグループに分けた。各論文の発表時期を一応の目安にしながら、必ずしもそれにとらわれず、各論文の意味が明らかになるように配列している。読者は、まず第一部「市場社会とは何か」の三つの論文で、市場経済の特殊性をポランニーがどのように理解していたかを知ることができよう。第二部「現代社会の病理」の三つの論文は、時間的には第一部の論文に先行する。そこに述べられているなまなましい一九三〇年代ヨーロッパの現状認識が、おそらくポランニーの眼を市場経済のメカニズムに向けさせたモメントの一つと考えられる。第一部の論文に展開されているポランニーの基本的な考え方を把握しておけば、それが現実をどのように特徴的に理解させるものであるかを、第二部によって知ることができるであろう。第三部「非市場社会をふりかえる」には、ポランニーの本領を示す戦後の論文四編を収めた。読者は、原始社会、古代社会の精密な文化人類学的考察のなかから、現代社会と現代経済に対する根本的な視点が浮かびあがってくるのを読み取られるのではなかろうか。

とくに注目すべき論文を挙げるならば、それは第一章「自己調整的市場と擬制商品——労働、土地、貨幣」、第二章「時代遅れの市場志向」、第八章「アリストテレスによる経済の発見」、第十章「制度化された過程としての経済」の四つであろう。ポランニーの経済観がこれらの論文に集約的に示されていると思われるからである。第一章と第二章が、経済が社会から分離する歴史の到達点を分析し、ひとり歩きする経済に拘束された現代人のメンタリティーを剔抉しているのに対し、第八章は経済が社会から分離しはじめる歴史的瞬間を、アリストテレスの経済論の再評価をとおして、捉えたものである。そして、第十章は、経済を原始時代から今日までの歴史のある特定の時期についてだけでなく、人類の文明史全体を通じて分析するための、包括的な分析概念を提示しようとしている。ポランニーの比較経済学を定式化する重要な論文である。

そのほかの論文は、以上四つの論考の前提となったり、それを敷衍したり、補足したりするものである。第六章「ファシズムの本質」はやや異質の論文であるが、今日のファシズム論でも忘れられているような思想家を取り上げて綿密に論じているポランニーからは、彼がいかに経済を社会の全体の枠組のなかで考えていたかが窺われよう。なお、ポランニー経済学の意義については「解題」を、またポランニーの経歴その他については「あとがき」をみていただきたい。

社会学者R・M・マッキーヴァーの言を用いると、ポランニーは「人間の生の本質的な価値の再確認」を目ざしていたのである。晩年に近づくにつれ、彼の視野は一見狭い原始社会の問題にしぼられていったが、彼は「幸せな過去に物欲しげな視線を投げていたのではない」(Robert MacIver, "Introdution" to Karl Polanyi, *The Great Transformation : The*

Political and Economic Origins of Our Time, 1944, 1957, p. x)。現代の危機状況に深刻な洞察を加え、それをいかに乗り越えるかに新鮮な情熱を燃やしていたようにみえる。今日、世界は経済の意味を根本から問い直させるような新しい数多くの問題に直面している。ここに訳出したポランニーの労作が、旧来とは異なる新しいパースペクティヴの端緒を得るための鮮烈な知的刺激と豊かな知的栄養を供給することに役立つならば、訳者たちの喜びこれにすぎるものはない。

一九七五年一月六日

玉野井芳郎
平野健一郎

解題　ポランニー経済学とは何か

一

現代の経済を〝文明〟の枠のなかでもう一度とらえなおす必要が高まっていることを、誰も否定する者はいないにちがいない。このような今日的要請は、現代経済の文明史的考察という課題へとわれわれを導いてゆく。ここに紹介するポランニー経済学は、この課題に正面から答えようとする数少ない、しかもきわめて注目すべき業績の一つということができる。経済というわれわれ人間の物質的再生産のあり方を文明史的に、しかも比較文明史的に考察する必要は、おそらく、つぎのようなステップで日程にのぼってきているように思われる。

第一は、文化人類学が戦後の発展のなかで伝統的社会、とりわけ非西欧地域に対する文化的接触の成果を的確に報道しはじめたことである。マリノフスキーがトロブリアンド諸島で行った有名な研究成果や、モースが『贈与論』で展開した交換のさまざまな類型規定などが、いまから考えていちはやく社会科学、とりわけ経済学に衝撃的な問題提起を行っていたことを認めないわけにはゆかない。経済的な要因が社会と文化の全体を決定する傾向があるということを承認するとしても、それは資本主義時代という、人類史におけるきわめて特殊な時代の所産にほかならないということが、このような文化人類学の発展のなかで明らかにされてきた。この注目すべき展開は、すでにマルクスが十九世紀中葉に描いていた資本主義像——資本主義社会の〝特殊歴史〟像——をあたかも裏書きするような意味をもっていたともいえる。

第二は、西欧歴史学の最近の展開である。それは、西ヨーロッパがひとり世界の普遍的歴史を代表するものではないという謙虚な視座を提供しはじめていることである。たとえば、歴史家のバラクロウは、いまやわれわれは西ヨーロッパ中心の歴史の終点に立って問題を設定しなければならない、と力をこめて強調する。ユーラシア大陸の一隅でせいぜい数百年前に確立した歴史理解を、さらに一般化し、もっと複合化するにはどうしたらよいかが、今日われわれの課題の一つとなっているといってよい。ここでも、市場経済を中心としてきた現代の産業文明は比較史の立場から明らかに相対的な考察の対象にすぎなくなっている。

第三は、経済学自体からの現代的要請である。市場システムによって処理できる対象よりも、そのシステムからはみ出た事象のほうが現代社会の重要な争点となってくるにおよんで、経済学は市場システムばかりか非市場的対象をも確実にその分析対象に加えなければならなくなった。水、エネルギー、コミュニケーション施設等々のインフラストラクチュアの充実と拡大のための資源配分の必要は、現代資本主義が直面する最大の課題となってきている。その一方において、市場なき社会として出発したソ連型西欧社会主義が、市場的分権化を部分的に導入する実験を遠慮深く試みてきている。しかも、そのような社会主義経済における市場や交換や貨幣が資本主義経済におけるそれらと、一体どの点まで同じでどの点で異なるかも今日まだけっして明らかとなってはいない。このことは、われわれにひろく比較経済学的アプローチを要請しているものといってよい。比較体制論の研究の急速な進展は、最近のジョージ・ドールトンの諸業績にみるように、未開と呼ばれる社会をも近代社会と同等の次元で考察の対象にひき入れる文化人類学の成果をも、明らかに予想しなければならなくなってきているように思われるのである。

そして最後に、中国の社会建設が投げかける問題提起をあげておかなければならない。それは一九五八年以後に明確となってきた史上最初の〝地方分権的社会主義〟への道である。そこでは意識的にソ連型社会主義に対置する体制が築かれようとしており、しかも、その体制が西欧技術文明に対する挑戦的な意義をもちはじめていることを注目しないわけにはいかない。

二

以上のような最近の研究動向を背景として、ハンガリー生まれの経済学者、故カール・ポランニーの個性的な業績が社会科学の領域であらためて脚光を浴びはじめてきているように思われる。とりわけマルクス経済学的思考の深い土壌をもつわが国において、ポランニーのユニークな業績は今日の時点で大いに注目に値いするものといってよい。(ポランニー学説の特徴を体系的にはじめてわが国に紹介しその意義を強調した論文は、増田義郎「伝統的社会の構成とその近代的変容」玉野井芳郎編『文明としての経済』——人間の世紀第六巻——潮出版社、四七ページ以下、である。)

ポランニー経済学の主要な功績のひとつは、一七五〇年と一八五〇年のあいだにイギリスとアメリカで発生し、一九三〇—四〇年代に終わりを告げたレッセ・フェール時代の西欧近代資本主義の相対的特殊性を、歴史的ならびに理論的に明らかにしようとした点にある。その際、ポランニーの主要な関心はすべての経済学者が問題としている〝市場経済〟に向けられた。ここであらためて述べるまでもなく、経済学者の想定する市場経済とは、財の生産と分配に関するルールがすべて市場の価格を中心に自己調整的なメカニズムにゆだねられている経済のことをいう。ここでは、経済主体は貨幣利得の最大化の達成を動機として行動し、その際すべての生産要素について市場が存在し、それら諸要素の価格がそれを供給する人々の所得を形成する、等々。アダム・スミス以降二百年にわたってほとんどすべての経済学者はこうした市場経済を想定して、その自己調整的メカニズムをめぐる理論的思考を練磨し彫琢してきたのであった。このような市場経済を前にしてポランニーが問題にしたのは、それらが非現実的な誤った想定であるというのではなく、むしろ逆に、まさしく現実的な、あまりにも現実的で特異な、人類史におけるまことに特殊な時代の制度的所産にほかならないという危機的洞察であった。

このようなポランニーの洞察は、なによりも市場経済の特殊性にむかって集中する。その特殊性は、ここではすべての生産が市場での販売のために行われ、すべての所得がそうした販売から生まれ、したがって、すべての生産要素が価格をもって市場に登場するという事実、とりわけ通常財ばかりか労働、土地、貨幣についても市場が存在するという事実、に根ざしているというのである。すなわちポランニーは、市場経済が労働、土地、貨幣をふくむ産業のすべての諸要因を商品としてつつみこんでいる事態に異常性をみとめるのである。彼によると、たとえば労働はあらゆる社会をつくりあげている人間の主体的活動そのものであり、土地はそのなかに社会が存在する自然環境そのものである。しかも、そうした労働、土地はもとより、購買力として結晶した貨幣もまた本来商品と混同されるべきでないことは明らかである。すなわち、「売買されるものはすべて販売のために生産されたものでなければならないという公準は、これら三つの要因については絶対に妥当しないのである。つまり、商品の経験的定義によれば、これらは商品ではないのである。第一に、労働は、生活それ自体に伴う人間活動の別名であり、その性質上、販売のために生産されるものではなく、まったく別の理由のために作り出されるものである。また、その人間活動も、それを生活のその他の部分から切り離して、それだけを貯えたり、流動させたりすることはできないものである。つぎに、土地は自然の別名でしかなく、人間によって生産されるものではない。最後に、現実の貨幣は購買力を示す代用物にすぎない。原則としてそれは生産されるものではなくて、金融または国家財政のメカニズムをとおして出てくるものなのである。労働、土地、貨幣はいずれも販売のために生産されるのではなく、これらを商品視するのはまったくの擬制《フィクション》なのである。にもかかわらず、労働、土地、貨幣の市場が現実に組織されるのはこの擬制のおかげなのである」(本訳書三九ページ)。このような独自の観点から、ポランニーは十九世紀のイギリス経済について、たとえば、一八一三―一四年の徒弟条例廃止、一八三四年の救貧法改正、一八四四年のイングランド銀行条例、さらに一八四六年の穀物条例廃止という一連の歴史的事象のもつ意味に、とくべつな制度的関心をよせるのである。そしてこの関心に根ざすポランニーの歴史理解は、従来わが国で普及した近代化視点にもとづくヨーロッパの歴史叙述に、ある意味で大幅な修正を迫るほどの深刻な問題を投じるおそれがあるように思われるのである。その一例として重商主義についての彼の制度的評価をみておこう。

すでに明らかなように、「市場が経済のなかの支配的な力へと台頭していった過程をたどるためには、土地と食糧が交換をとおして流通化させられた度合いと、労働が市場で自由に購入される商品に転化させられた度合いに注目すればよい」（三八三ページ）というのが彼の基本的視点である。この視点からすると、重商主義の歴史的意義はつぎのように浮かびあがる。すなわち、「土地についてみると、土地の封建的地位が廃棄されたのは、その土地が地方的特権と結びついた場合に限定されていた。その他の場合は、フランスにおいてもイギリスにおいても、土地は依然として『商業の範囲外《エクストラ・コメルシウム》』にあった。フランスでは、一七八九年の大革命まで、土地財産がひきつづき社会的特権の源であったし、イギリスでは、それ以後でも土地に関する慣習法《コモン・ロー》は本質的に中世的であった。重商主義は、商業化の傾向をもっていたにもかかわらず、これら二つの基本的生産要因――労働と土地――が商業の対象にならないように保護する安全装置にはけっして攻撃をかけなかった。……重商主義は、国の政策として商業化を強力に主張しながらも、市場経済とは正反対の方向で市場を考えていたのであり、これは、産業に対する政府干渉の広範な拡大にもっとも明瞭に示されている。……労働と土地の商品化という考え方――市場経済の前提条件――にはひとしく反対した。フランスでは職人ギルドと封建的特権が廃止になったのは、ようやく一七九〇年のことである。イギリスでは『職人条例』がようやく廃止になったのは一八一三

―一四年であり、エリザベス朝の『救貧法』が廃止されたのは一八三四年のことであった。英仏いずれにおいても、十八世紀の最後の十年に入るまでは、自由労働市場の設立が議論されたことさえなかった。そして、経済生活の自己調整という考え方は、まだ時代の地平線のはるか彼方にあった」(三四―三六ページ)というのである。

みられるとおり、ポランニー学説がマルクス経済学の圧倒的影響下にあることは明らかである。しかも英米系のマルクス経済学者――スウィージー、ドッブ、ミークその他――の論点と異なって、西欧資本主義とその文明の相対的特殊性をこのように浮き彫りにすることに強調点をおいているのは、ハンガリーで生まれ、イギリスで労働者教育に従事し、そしてアメリカの大学で講壇に立った彼の国際的経歴と照応しているようにもみえる。ポランニー自身は、このような経歴のなかで、しだいに歴史学、さらに人類学への関心をひろめてゆき、そして経済人類学への有力な貢献をなしとげてゆくのである。

三

以上みたような市場経済のコンテクストのなかで、ポランニーは経済的ということの形式的意味と実体的意味(formal and substantive meanings of the economic)の差異をさぐり当てる。ここに実体的というのは、物質的な欲求の充足にかかわる人間とその環境との相互関係を指し、しかもそれが〝制度化された過程〟であることが強調される。これに対し、形式的意味の経済とは、目的と手段との関係、とりわけ手段の稀少性を前提として、目的との関連における諸手段間の選択を指す。それゆえ形式的経済学とは、合理的な行為の論理としての手段の選択を支配する法則、ということになる。いわゆる近代経済学が後者に属することはいうまでもない。ポランニーの卓越した洞察は、この二つの経済が重なって一つとなってあらわれたのはここ二世紀間の西欧資本主義においてのみであるという指摘にある。そこでは価格決定の場としての市場システムが制度的に確立しているからである。「過去二世紀のあいだに、西ヨーロッパと北アメリカでは、たまたま選択の法則だけが顕著に適用されるような人間の生計の組織化が行われた。この型の経済は価格決定市場というシステムから成り立っており、そのようなシステムのもとで行われる交換行為は、手段の不足によってひき起こされる種々の選択行為に行為者を巻きこむのである。そのため、このシステムは、『経済的』ということの形式的意味にもとづいた方法を適用しやすい型に単純化することができたのである。経済がそのようなシステムに支配されているあいだは、形式的意味と実体的意味は実際上一致したであろう。素人はこの複合概念を当たり前のこととして受け取っていた。マーシャルやパレートやデュルケームのような人々も同じくこの概念によっていたのである」(三六三—三六四ページ)。ポランニーはこのように述べて、「これら二つの意味が単一の概念に融合していることは、社会科学の精密な方法論にとって有害であることが明らかになった」（三六四ページ）と強調するのである。要するにポランニーによると、社会をつくりあげる人間活動としての労働や、社会がそこに実在する自然環境としての土地がすべて市場メカニズムのなかに組みこまれて、いわば社会の実体（substance of society）が市場の諸法則に従属させられるにいたっている。その結果、こうした市場において行われる交換はすべて手段の稀少性にもとづく選択の決定を必要とする。このような意味において二つの経済が重なってあらわれたのはまさしく偶然的なものであり、この偶然の一致の上に成立した西欧資本主義経済は実に特殊な、相対的な歴史的体制であるというほかはないというのである。

右にみてきたようなポランニー経済学についてただちに思い浮かぶのは、それが宇野弘蔵博士の強調点といちじるしく類似しているということである。周知のとおり、宇野経済学は、いわゆる純粋資本主義を対象に、その経済の形態を実体と区別する方法上の視点を一貫させ、前者の面で十八―十九世紀の資本主義的市場経済の〝特殊歴史性〟を、労働力の商品化を中心に資金および土地の商品化をもふくめて、きわめて体系的な論理構造として展開した。ポランニー経済学が欧米のマルクス経済学よりもわが日本の宇野経済学に酷似しているということは、コンパラティヴ・アカデミックスの観点からも大きく関心を呼ぶテーマといってよい。ポランニー経済学がアメリカの経済学界のなかではほとんど無視され、むしろ人類学者として評価されてきたのが、最近にいたってイギリスのジョーン・

ロビンソンをはじめ、新古典派の体系に批判的な論者たちによって注目をあびてきているというのも、ある意味でたいへん興味深いのである。

ポランニー経済学は、宇野経済学と同じく資本主義的市場経済を対象としながら、後者のようにその特殊性の論理構造を掘り下げていく代わりに、むしろこれを相対化し、より広いフレーム・オブ・レファレンスのなかに市場の特殊性を位置づけるという方法をとるのである。すなわち「市場そのものをその一部として理解することができるような、より広いフレーム・オブ・レファレンスを発展させることに社会科学が成功しないかぎり、一般的なフレーム・オブ・レファレンスとして市場を乗り越えるものは現れないであろう」(四〇七ページ)という。そして「これがまさに経済研究の分野における今日のわれわれの主要な知的任務である」(同上)と主張するのである。こうした独自な方法にもとづいて、ポランニー経済学は、たとえば原始的な、アルカイックな経済をも、従来のように非典型、前近代の経済または、おくれた経済とみなす代わりに、近代資本主義の経済と同等な次元で、比較考察の対象に設定することとなった。アリストテレスのギリシャ、ハムラビ王のバビロニア、十八世紀のダホメ、さらにマリノフスキーのトロブリアンド諸島と、どれもひとしくポランニーの貪婪な知的好奇心の対象となった。かくて、非西欧社会の経済現象がこのようなアプローチの発展線上で、つぎつぎとポランニーの主要な関心の対象に入るようになり、ここに経済人類学のための試論的研究成果が生まれるにいたったのである。

こうして未踏の領域に踏みこんでいった経済学者ポランニーの人類学に対する関心は、しかし私のみるかぎり、文化人類学が対象とするところの過去および現在の社会にみられる非市場的活動から、今日のような市場的活動が発生するその制度化過程に向けられていて、したがって人類学そのものを開拓してゆくことではなかった。つまり文化人類学に対してポランニーは、どこまでもこの学問の成果を自説の証明に援用するという姿勢をとっていたにすぎないようにみえる。その点、私はことさらにポランニー学説を弁護するつもりはないが、経済人類学についてのポランニーの分析の不備や短所を指摘する文化人類学者の側からの非難や批判は、かならずしも正面切ったものにはなりえないように思われるが、どうであろうか。

ポランニーが文化人類学の成果を消化し、援用する過程で、経験的素材を抽象化し、一般化している例はいくつもある。その一つは、貨幣の機能の意味論である。ポランニーによると、貨幣とは言語や文字、度量衡と同じような一つのシンボル体系である。すなわち、「話す場合には、分節化された発声音のすべてをあらゆる種類の単語に的確に用いることができ、書く場合にはアルファベットのすべての文字を同様に用いることができる。ところが、古代貨幣では、極端な場合、支払い手段としてある種のものを、価値の標準として別のものを、富の貯蔵のためにはまた別のものを、交換目的のためにはさらに別のものを用いるのである。ちょうど、言語ならば、動詞はある特定の文字のあつまりからつくられ、名詞は別の組の文字からつくられ、形容詞はまた別の組の文字からつくられ、副詞はさらに別の組の文字からつくられている、といったような状況なのである。その上、原始社会においては商業的な交換は基本的な貨幣の用法ではないのである。ほかの用法よりも『基本的』な用法が何かあるとすれば、それはむしろ非商業的な支払いおよび標準のための使用法である」(八七―八八ページ)というのである。ポランニーはこのような観察と抽象をくり返して、貨幣や交易が実は市場とは別個の起源をもち、これら三者は、それぞれ独立に発生したものであるにもかかわらず、十八、九世紀以来の今日の市場経済はこれらの区別をほとんど消し去ってしまうという特性をもっている、と指摘するのである。この洞察はまた今日の時点で、社会主義という非市場経済の交易のあり方や貨幣の性質を考える上にも何ほどかの光を投じるものとみてよいように思われる。

人類学をめぐるポランニーの業績の細目については、読者は本書に訳載した諸論文を直接に見ていただきたい。ただ、ここであげておくことがあるとすれば、それは、ポランニーがいわゆる実体的意味の経済について、互酬(reciprocity)、再分配(redistribution)、および交換(exchange)という三つの型を基本的なものとして抽象し、それらが経済を制度化する統合の型であるととらえていることである。この三つの型は相互排他的なものではなく、経済の異なった歴史的次元と異なったセクターにおいて、なんらかの組み合わせをとって成立する。資本主義的市場経済もこうした制度化の過程ででき上がる統合の一つの型であるとみるのである。

四

ポランニー経済学をそれと酷似する宇野経済学と対比して、両者の方法上の特色をもう一度要約してみると、後者が資本主義的市場経済の特殊歴史性を論理的に抽象して、そこから出発して経済一般にせまってゆくという方法、いいかえるとマルクスにしたがって特殊から一般へという方法をとっているのに対し、前者は、これも同じく資本主義的市場経済の特殊性に注目しながら、いわば特殊と並置させて一般を経験的素材からつかみとろうとする方法、いいかえると比較経済学の方法を駆使していることである。この場合、ポランニーは「経済的なものの実体的な意味だけが、現在、過去にわたるすべての実在《エンピリカル》の経済の研究にとって必要な、社会科学的概念を生み出すことができる」という見地を方法上の核心においていたからである。だから彼は、「市場的観点からの接近方法は交易と貨幣制度に関する解釈を極度にせばめてしまう」(三八四ページ)ということに警告を発する。すなわち、「交易は市場をとおしての財の二方向の移動として現れ、貨幣はその移動を容易にするために、間接的な交換に用いられる量化可能財として現れる。このような接近方法をとると、暗黙のうちに発見的《ヒューリスティック》な原理を多かれ少なかれ受容していることになる。その原理によればすなわち、交易が存在するところには、市場があると仮定されなければならず、貨幣が存在するところには、交易ひいては市場があると仮定されなければならない。当然のことながら、ここから出てくるのは、存在しないところに市場を発見し、市場がないという理由で、存在しているのに交易と貨幣を無視してしまう結果である。その累積的効果によって、なじみの少ない時代と場所における経済のステレオタイプがつくられてしまうにちがいない。それはもとの姿にはほとんどまったく似つかない架空の風景をつくりあげるようなものである」(三八五―三八六ページ)と述べるのである。

周知のとおり、マルクスが十九世紀の古典的資本主義を対象に特殊から一般へという方法をとって、『資本論』の理論を体系化させていったとき、社会主義は体制の彼岸に横たわる理想的社会像として想定されたにすぎなかった。しかし、一九三〇年代で十九世紀レッセ・フェールの時代が終わりを告げ、それとほぼ同じ時期にソヴィエト・ロシアで社会主義の実験が進行し、さらに時代があらたまって、一九五〇年代末からは中国で一段と新たな社会主義の実験が開始されてきた現在、社会主義はすでに体制の彼岸ではなくて此岸の一部に姿をあらわし、確実に社会科学の分析の対象に加わって、今やいかなる社会主義かが問われる時代となった。資本主義か社会主義かの二者択一の時代は過ぎ去ったといわなければならない。そしてここでは、シュムペーターのいうように、「社会主義は胃の腑を満たすことよりもはるかに高遠な目標をめざす社会体制であって、社会主義を構成する経済的要素だけからその新しい文化的世界を一義的に導きだすことはできない。導きだすためには、もっと複雑な与件や仮定の力を借りてこなければならない」。そしてこのように複雑な与件や仮定の力を借りてくるためには、社会科学としての経済学は、文化人類学や生物学や、さらに地理学の成果をも吸収しなければならず、そして、そのためにはポランニーの示唆するように、比較経済学の方法を採用しなければならない。その意味では経済学は、アダム・スミス以降二百年の発展の歴史を経て、今日大いなる学説史上の転換点にさしかかっているともいえるのである。

ポランニーは資本主義の将来に眼を向けながら、「われわれの世代の眼に資本主義の問題と映るのは、実は、産業文明というはるかに巨大な問題なのである。経済的自由主義者にはこの事実がみえない。経済システムとしての資本主義を弁護する時、彼は機械時代の挑戦を無視しているのである」(七三ページ)と、工業社会としての資本主義の現状を告発する。そして「今日われわれが直面しているのは、技術的には効率が落ちることになっても、生の充足を個人に取り戻させるというきわめて重大な任務である」(六九ページ)と訴える。「私が願うのは、生産者としての毎日の活動において人間を導くべき、あの動機の統一性を回復することであ」る(六八ページ)という。ポランニーが強調してやまないところの「市場経済をふたたび社会のなかへ埋める(re-embed)」という作業は、まちがいなく現代における最大の社会的実験としての意味をもっている。かくてポランニー経済学は、大いなる転換期を迎えた今日の時点で、誰も一度は通過しなければならない学説の一つとして高く評価されるべきものということができるであろう。

一九七四年一月七日

かつてポランニーが *Der österreichische Volkswirt* の
編集にたずさわっていたウィーンの地にて

玉野井芳郎

第一部　市場社会とは何か

第一章　自己調整的市場と擬制商品——労働、土地、貨幣(1)

経済システムと市場を別々に概観してみると、市場が経済生活の単なる付属物以上のものであった時代は現代以前には存在しなかった、ということがわかる。原則として、経済システムは社会システムのなかに吸収されていた。また、経済における支配的な行動原理がいかなるものであったにせよ、市場的パターンの存在が経済における行動原理と両立しないということはなかった。市場的パターンの基礎にある交易《バーター》もしくは交換の原理が、他の領域を犠牲にして拡大する傾向はなかった。たとえば、重商主義体制の場合のように、市場がもっとも高度に発展したところでも、市場は、農民の家計の自給自足と国民生活における自給自足の両者を助長するような、集権的な行政府の統制のもとで繁栄したのである。実際、規制と市場は連れだって発達したのであり、自己調整的な市場は未知であった。それどころか、自己調整の理念の出現は発展の方向を完全に逆転させるものであった。市場経済の根底にある特異な諸前提も、このような事実に照らしてこそ、はじめて十分に把握することができるのである。

市場経済とは、市場によってのみ制御され、規制され、方向づけられる経済システムであり、財の生産と分配の秩序はこの自己調整的なメカニズムにゆだねられる。この種の経済が生じるのは、人間は最大の貨幣利得を達成しようとして行動するものだ、という期待からである。この種の経済は、ある一定の価格で可能な財（サービスを含む）の供給がその価格での需要とちょうど等しくなるような市場を前提としている。またそれは、所有者の手にあって購買力として機能する貨幣の存在を前提としている。その場合、生産は、それを指揮する人たちの利益が価格に依存するために、価格によって支配されるであろう。他方、価格が所得を形成し、生産された財はもっぱらこれらの所得を通じて社会の成員のあいだに分配されるために、財の分配もまた価格に依存するであろう。これらの前提のもとでは、財の生産と分配の秩序は価格だけで保障されるのである。

自己調整とは、すべての生産が市場での販売のためになされ、すべての所得がそうした販売から生じることを意味する。したがって、産業のすべての要因にとって、つまり、財（つねにサービスを含む）だけでなく、労働、土地、貨幣にとっても市場が存在する。そしてこれらの要因の価格はそれぞれ商品価格、賃金、地代、利子と呼ばれるが、これらの用語はまさしく価格が所得を形成することを示している。すなわち、利子は貨幣の使用に対する価格であって、貨幣を提供することができる人々の所得を形成する。地代は土地の使用に対する価格であって、土地を供給する人々の所得を形成する。賃金は労働力の使用に対する価格であって、労働力を売る人々の所得を形成する。最後に、商品価格は企業家としてのサービスを売る人々の所得の一因となる。ここに利潤と呼ばれる所得は、事実上、二つの価格の差、すなわち、生産された財の価格と、そのコスト、つまり生産に必要な財の価格との差にほかならない。もしこれらの条件が満たされるなら、すべての所得は市場での販売から生じることになり、これらの所得は生産された財のすべてを購入するのに十分となるであろう。

さらに、もう一群の前提が国家とその政策に関連して出てくる。市場の形成を阻止するものがけっしてあってはならないし、所得は販売以外の方法で形成されてもいけない。さらにまた、市場状態の変化に対する価格の適応——その価格が財の価格であろうと、土地、労働、貨幣の価格であろうと——を妨げるものがあってもいけない。そこで、産業のすべての要因にとって市場がなければならないだけでなく、(2)これらの市場の動きに影響を及ぼす措置や政策がとられてもいけないことになる。価格も需要も供給も、固定されたり統制されたりしてはならない。つまり、望ましい政策とは、市場を経済領域における唯一の組織力にするような条件をつくり出して、市場の自己調整を保障するのを助ける政策だけということになる。

以上のことがどのような意味をもつものであるかを十分に理解するために、ここで、重商主義体制と、その重商主義体制の大きな働きによって発展するにいたった全国的市場とをふりかえってみよう。封建制とギルド体制のもとでは、土地と労働は社会組織そのものの一部を形づくっていた（貨幣はまだほとんど産業の主要な要因にはなっていなかった）。土地は封建的秩序の中枢的な要因であり、軍事、司法、行政、および政治のシステムの基盤であった。土地の地位《ステータス》と機能は法的、慣習的な規制によってきめられていたのである。土地所有は移転できるものかどうか。もしできるとすれば、誰に対して、またどんな制限のもとでか。財産権には何が付随するのか。あるタイプの土地はどのような用途に用いられるべきか。これらの問題の全部が売買の組織とは切り離され、まったく異なる種類の制度的統制にゆだねられていたのである。

同じことは労働の組織についてもいえた。ギルド制のもとでは、それ以前の他のあらゆる経済システムの場合と同じように、生産活動の動機と環境は社会の全体的組織に埋めこまれて《エンベッド》いた。親方・職人・徒弟の関係、修業の期間、徒弟の数、職工の賃金は、ギルドと都市《タウン》の慣例と規則によってすべて統制されていた。重商主義体制は、ただ、イギリスのように法令によるか、(3)フランスのようにギルドの「全国化」によるかして、(4)これらの条件を、統一化しただけなのである。土地についてみると、土地の封建的地位が廃棄されたのは、その土地が地方的特権と結びついた場合に限定されていた。その他の場合は、フランスにおいてもイギリスにおいても、土地は依然として「商業の範囲外《エクストラ・コメルシウム》」にあった。フランスでは、一七八九年の大革命まで、土地財産がひきつづき社会的特権の源であったし、イギリスでは、それ以後でも土地に関する慣習法《コモン・ロー》は本質的に中世的であった。重商主義は、商業化の傾向をもっていたにもかかわらず、これら二つの基本的生産要因——労働と土地——が商業の対象にならないように保護する安全装置にはけっして攻撃をかけなかった。イギリスでは、職人条例[5]（一五六三年）と救貧法[6]（一六〇一年）による労働立法の「全国化」が、労働を危険地帯から遠ざけ、チューダー朝と初期スチュアート朝の反エンクロージャー政策が、土地財産を利得目的のために利用しようという原理に対する、一貫した抵抗となった。

　重商主義は、国の政策として商業化を強力に主張しながらも、市場経済とは正反対の方向で市場を考えていたのであり、これは、産業に対する政府干渉の広範な拡大にもっとも明瞭に示されている。この点に関しては、重商主義者と封建主義者のあいだ、政策立案君主と既得利益者層のあいだ、中央集権的な官僚と保守的な地方分立主義者のあいだに、何の相違もなかった。彼らはただ統制の方法に関して意見を異にしていただけなのである。つまり、ギルドや都市や地方《プロヴィンス》が慣習と伝統に訴えたのに対して、新しい国家権力は法律と政令を好んだだけなのである。だが、それらはいずれも労働と土地の商品化という考え方——市場経済の前提条件——にはひとしく反対した。フランスでは職人ギルドと封建的特権が廃止になったのは、ようやく一七九〇年のことである。イギリスでは「職人条例」

がようやく廃止になったのは一八一三―一四年であり、エリザベス朝の「救貧法」が廃止されたのは一八三四年のことであった。英仏いずれにおいても、十八世紀の最後の十年に入るまでは、自由労働市場の設立が議論されたことさえなかった。そして、経済生活の自己調整という考え方は、まだ時代の地平線のはるか彼方にあった。重商主義者は、完全雇用をも含む国の資源開発を、貿易と商業をとおして進めることに関心があったのであり、土地と労働については、その伝統的組織を当然のこととしていたのである。この点、重商主義者は近代的概念から遠く隔っていたといわなければならない。重商主義者は、政治の領域でもそれに劣らず近代的概念から遠く隔っており、彼らが啓蒙専制君主の絶対的権力によせた信頼は、民主主義の予兆などによってはけっして弱められなかったのである。そして、民主制と代議政治への移行が時代の流れの完全な反転を含意していたように、十八世紀末における統制的市場から自己調整的市場への移行は、社会構造の完全な転換《トランスフォーメーション》をあらわすものであった。

自己調整的市場は、まさに、社会が経済的領域と政治的領域とに制度として分離することを要求する。社会全体からみれば、このような二分法は、結局、自己調整的市場の存在をいいかえたものにすぎない。この二つの領域の分離はあらゆる時代のあらゆる型の社会にみられるではないかという反論が出るかもしれない。しかし、そのような推断は、ひとつの誤謬にもとづくものである。なるほど、財の生産と分配の秩序を保障するある種のシステムがなければ、いかなる社会も存続することはできないであろう。しかし、そのことは分立した経済制度の存在を意味するとは限らない。経済的秩序は、常態としては、それを包みこむ社会秩序の一機能であるにすぎないのである。すでにみたように[7]、部族制のもとでも、封建制のもとでも、重商主義のもとでも、社会のなかに分立した経済システムは存在しなかった。経済活動が単独なものとされ、特殊な経済的動機に帰せられるようになった十九世紀の社会は、まったく、特異な新しい展開であったのである。

そのような制度的なパターンは、社会がその要請にある程度従属するものでなければ、機能しえなかったであろう。つまり、市場経済は市場社会においてしか存続できないのである。われわれは、先に市場パターンを分析して、一般的な根拠のうえにこの結論に到達したが、今この主張の理由をはっきりと述べることができる。市場経済は、労働、土地、貨幣などすべての産業要因を含んでいなければならない(市場経済においては貨幣もまた産業生活の本質的要因であって、あとでみるように[8]、これが市場メカニズムに加えられると、広範な制度的影響をもたらすのである)。ところで、労働はすべての社会を構成する人間そのものであり、土地はすべての社会をその内に存在させる自然環境そのものである。市場メカニズムが、そのような労働と土地を包含するということは、社会の実体そのものが市場の法則に従属させられることを意味している。

われわれは今、市場経済の制度的本質と、それが社会にもたらすさまざまな危害を、さらに具体的なかたちで明らかにすることができる。第一に、市場メカニズムがどのように産業生活の現実の要因を統制し、規制することができるのか、その方法について述べ、第二に、そのようなメカニズムが社会をその動きに従属させて、どのような影響を及ぼしているか、その特質を探り出してみることにしよう。

市場のメカニズムが産業生活のさまざまな要因と歯車をかみ合わせることができるのは、商品概念のおかげである。ここでは、商品を、市場での販売のために生産されるものと経験的に定義し、市場もまた、買い手と売り手の現実の接触と経験的に定義しよう。したがって、産業のあらゆる要因は、販売のために生産されたものとみなされるが、それは、その時、しかもその時に限って、あらゆる産業要因が、価格と相互作用をもつ需要・供給メカニズムに従属することになるからである。このことは、実際には、あらゆる産業要因について市場が存在しなければならないこと、これらの市場では産業要因の一つ一つが需要側と供給側のグループに組みこまれること、各要因が価格をもち、その価格は需要および供給と相互作用をもつこと、などを意味する。これらの市場――その数は無数である――は互いに連関し、「一大市場」(One Big Market) を形成する。(9)

決定的なのはつぎの点である。すなわち、労働、土地、貨幣は産業の基本的な要因であること、しかも、これらの要因もまた市場に組みこまれなければならないことである。事実、これらの市場は経済システムの絶対的に重要な部分を形成する。ところが、労働、土地、貨幣が本来商品でないことは明白である。売買されるものはすべて販売のために生産されたものでなければならないという公準は、これら三つの要因については絶対に妥当しないのである。つまり、商品の経験的定義によれば、これらは商品ではないのである。第一に、労働は、生活それ自体に伴う人間活動の別名であり、その性質上、販売のために生産されるものではなく、まったく別の理由のために作り出されるものである。また、その人間活動も、それを生活のその他の部分から切り離して、それだけを貯えたり、流動させたりすることはできないものである。つぎに、土地は自然の別名でしかなく、人間によって生産されるものではない。最後に、現実の貨幣は購買力を示す代用物にすぎない。原則としてそれは生産されるものではなくて、金融または国家財政のメカニズムをとおして出てくるものなのである。労働、土地、貨幣はいずれも販売のために生産されるのではなく、これらを商品視するのはまったくの擬制《フィクション》なのである。

にもかかわらず、労働、土地、貨幣の市場が現実に組織されるのはこの擬制のおかげなのである。[10] 現にそれらは市場で売買されており、それらの需要と供給は現実的な量である。そして、そのような市場の形成を妨げる措置や政策がとられると、それがいかなるものであっても、まさにそうした措置、政策がとられたという事実そのものによって、システムの自己調整は危機に陥る。それゆえ、商品擬制は社会全体に対してもっとも重要な組織原理——多種多様な形で社会制度のほとんどすべてを左右する組織原理——を生み出すのである。すなわち、この原理は、商品擬制に沿った市場メカニズムの現実の機能を妨げるような取り決めや行動の存在をけっして許さないのである。

ところが、労働、土地、貨幣についてはそのような公準を受け入れることはできない。市場メカニズムが人間の運命とその自然環境の唯一の支配者となることを許せば、いやそれどころか、購買力の量と用途の支配者になることを許すだけでも、社会の倒壊をみちびくであろう。なぜなら、商品とされる「労働力」は、この特殊な商品の担い手となった人間個人に影響を及ぼさずには、これを動かしたり、みさかいなく使ったり、また、使わないままにしておいたりすることさえできないからである。このシステムは、一人の人間の労働力を使う時、同時に、商札に付着している一個の肉体的、心理的、道徳的実在としての「人間」をも意のままに使うことになるであろう。文化的制度という保護の覆いを奪われれば、人間は社会に生身をさらす結果になり、滅びてしまうであろう。人間は、悪徳、倒錯、犯罪、飢餓などの形で、激しい社会的混乱の犠牲となって死滅するであろう。自然は個々の要素に還元されて、近隣や景観はダメにされ、河川は汚染され[11]、軍事的安全は脅かされ、食糧、原料を産み出す力は破壊されるであろう。最終的には、購買力の市場管理が企業を周期的に倒産させることになるであろう。というのは、企業にとって貨幣の払底と過剰が、原始社会にとっての洪水や旱魃と同じくらいの災難になるであろうからである。

たしかに、労働市場、土地市場、貨幣市場は市場経済にとって本質的なものであることは疑いない。しかし、ビジネスの組織だけでなく、社会の人間的、自然的実体が、粗暴な擬制のシステムという悪魔の挽臼の破壊力から保護されなければ、いかなる社会も、そのような粗暴な擬制のシステムの力に一時たりとも耐えることはできないであろう。

市場経済の極度の人為性の根源は、そこでは生産過程そのものが買いと売りのかたちに組織されるという事実にある。(12) だが、商業的な社会では、これ以外に生産を市場向けに組織する方法はありえない。中世末期には、輸出向け工業生産が富裕な自治都市の住民によって組織され、本拠地の都市における彼らの直接的な監督のもとに営まれていた。その後、重商主義社会では、生産は商人によって組織され、もはや都市だけに限られなくなった。この時期は、商人資本家が家内工業の原材料を供給する「問屋制」の時代であって、彼らは、生産過程を純粋に商業的な事業として支配していた。工業生産が決定的に、しかも大規模に、商人の組織的なリーダーシップのもとにあったのはこの時期である。商人は市場を需要の種類ばかりか量の面でも熟知しており、したがって、供給を保証することもできたのである。ちなみに、この頃の供給は羊毛、大青、(13) そして、時に家内工業で使われる織機やメリヤス機械を含むにすぎなかった。もし供給が不足すれば、家内工業者の仕事がその間なくなることになるから、彼らがいちばん打撃を蒙ったのであった。しかし、高価な設備は使われていなかったから、商人は生産の責任を負っても、大きな危険をかぶることはなかった。数世紀のあいだに、このシステムは勢力と範囲を伸張し、イングランドのような国では、ついに、全国的な代表的産物を生産する工業として、羊毛工業が国の主要生産部門を覆うようになり、そこでは織元が生産を組織したのである。売買するものがついでに生産をも用意したのであるから、二つの動機を区別する必要はなかった。財の生産には、互いに援助しあう互酬的な態度は含まれていなかったし、必要物の充足を彼の手にゆだねている人々に対する家長の配慮も、自分の仕事を遂行する職人の誇りも、公衆の賞賛による満足も含まれてはいなかった――要するに、売買を職業とする人間にとってきわめて身近な、利得という明白な動機以外には、何も含まれていなかったのである。十八世紀末まで、西ヨーロッパでは工業生産が商業の単なる付属物《アクセサリー》にすぎなかったのである。

機械が安価で日常的な道具であるかぎり、右の状態には何の変化もなかった。同一時間内で従来よりも多くを生産することができるという事実だけに誘われて、家内手工業者が稼ぎを増やすために機械を使うということはあったかもしれない。だが、この事実そのものは、必ずしもそのまま生産組織に影響を及ぼすものではなかった。その安価な機械を所有するのが労働者であるか商人であるかによって、関係者の社会的地位にはいくらかの違いが生じたし、労働者の稼ぎにはほとんど確実に違いを生じた。自分の道具を所有していれば、それだけ労働者の暮らし向きは良くなった。しかし商人が、だからといって必ず産業資本家になるということはなかったし、産業資本家がいれば、それに自分の金を貸すだけにするということにもならなかった。商品のはけ口が尽きるということはめったになく、もっと大きな困難が伴ったのは相変わらず原材料の供給面であったのである。原材料の供給がときどき中断することは避けられなかったが、しかしそのような場合にも、機械を所有する商人にとって損害はたいしたものではなかった。商人と生産との関係を完全に変えたのは、機械の出現そのものではなく、精巧で、それゆえに特殊な機械・設備の発明であったのである。新しい生産組織は商人によって導入されたのではある——これは転換《トランスフォーメーション》のコース全体を決定づける事実であった——が、精巧な機械・設備の使用は工場制度の発展を招き、それとともに、商業と工業の相対的な重要性が決定的に工業の方に移ったのである。工業生産は、商人が売買事業として組織していた商業の付属物であることをやめ、今や、それ相応のリスクをもつ長期投資を伴うこととなった。生産の継続が合理的に保証されなければ、そのようなリスクは耐えがたいものであったろう。

しかし、工業生産が複雑になればなるほど、供給の保障を必要とする産業の要因の数も増えていった。これらの要因のうち、労働、土地、貨幣の三つが際立って重要であったことはいうまでもない。商業的な社会では、これらの要因の供給は唯一の方法、すなわち、購入可能なものにすることによってのみ組織することができた。だから、これら三つの要因は市場での販売のために——いいかえれば、商品として——組織されなければならなくなったのである。市場メカニズムが産業の本質的な要因——労働、土地、貨幣——にまで拡大したことは、商業的な社会に工場制度が導入されたことの不可避の帰結であった。産業の諸要因は売買されるものでなければならなかったのである。

これは市場システムを要求することと同義であった。われわれも知っているとおり、市場システムのもとでは、相互依存的な競争的な市場をとおして自己調整が保障されさえすれば、利潤は確保される。工場制度《ファクトリー・システム》の発展は売買過程の一部として組織されていたので、生産の進行のためには、労働、土地、貨幣は商品化されなければならなかった。もちろん、これらが真に、商品に転化することはありえなかった。現実には、市場での販売のために生産されるものではなかったからである。しかし、これらがそのように生産されるというフィクションが、社会の組織原理となった。三つのなかで、とくに一つが際立つ。すなわち、労働とは、雇用者ではなく、被雇用者という資格での人間に対して用いられる術語である。その結果、これからあとは労働の組織が市場システムの組織と同時に変化するということになるのである。だが、労働の組織は庶民の生活形態の別名にほかならないから、これは畢竟、市場システムの発展が社会組織自体の変化を伴うことになった、ということである。こうして結局、人間社会は経済システムの付属物と化してしまったのである。

ここで想起されるのは、イギリス史におけるエンクロージャーの惨害と、産業革命のあとに続いた社会的破局とのあいだの類似である。(14) 原則として進歩は社会的な地すべりを代価として購われる、とわれわれは述べた。地すべりの度合いがあまりにも大きければ、社会《コミュニティ》はその過程で倒壊するにちがいない。チューダー朝と初期スチュアート朝がイギリスをスペインのたどった運命から救い出すことができたのは、変化を耐えられるものにし、その破壊的な影響を破壊のより少ない方向に導くように、変化の進路を規制するということをしたからである。しかし、イギリスの庶民を産業革命の衝撃から救うことができるものは何もなかった。おのずからなる進歩に対する盲目的信仰が人々の意識を捉えていたし、もっと開明的な人々でさえ、狂信的な分離派教徒のように、社会の無限かつ無統制な変化を激しく求めて、前へ前へと進もうとしたのである。その結果、人々の生活への影響は筆舌に絶するほどひどいものとなった。実際、この自己破壊的メカニズムの動きを鈍らせる防衛的な措置がとられなかったなら、人間社会は滅亡していたであろう。

かくして、十九世紀の社会史はひとつの二重運動の産物であった。すなわち、本来的商品に関する市場組織の拡大が、擬制商品に関する市場組織の制限化を伴ったのである。一方では、市場が地球上の全域に広がり、それにまきこまれる財の量が信じられないほどの規模にまで増大したのに対し、他方では、一連の措置と政策が統合されて、労働、土地、貨幣に関する市場の動きの規制を意図する強力な制度になっていった。世界商品市場、世界資本市場、そして世界貨幣市場の組織は、金本位制の庇護のもとで、市場メカニズムに未曾有の勢いをあたえたが、他方では、市場に支配される経済の有害な影響に抵抗する、一つの根深い運動が姿を現した。社会は、自己調整的な市場システムに内在するさまざまな危害に対し、みずからを防衛したのである——これがこの時代の歴史を包括する一つの特徴であった。

（1）原題は“The Self-regulating Market and the Fictitious Commodities : Labor, Land, and Money”で、ポランニーの著書 *The Great Transformation*, New York, Rinehart, 1944 の第六章である。訳出にあたっては、これと George Dalton, ed., *Primitive, Archaic and Modern Economies : Essays of Karl Polanyi*, New York, 1968 の第二章を参照した。

（2）H. D. Henderson, *Supply and Demand*, 1922（白杉剛訳『需要と供給』紀伊國屋書店、一九六八年）。市場には二重の働きがある。すなわち、生産要素をさまざまな用途に割り当てることと、生産要素の総合的な供給を左右する諸力を組織化することである——原注。

（3）一五五九年の織布工条例や、一五六三年の職人条例などをさす。

（4）一六七三年のコルベール時代の「大勅令」によって、ジュランド制が全国的に拡大されたことをさす。

（5）エリザベス朝時代、それまでのさまざまな職人規則を一元化するために制定された。全文三五条。「徒弟条例」とも呼ばれる。

（6）チューダー朝時代の社会経済的変動に応じて、それまで宗教機関などで個別的に行われていた救貧を、国家的規模で行うために制定された。十四世紀の浮浪者取締法を母体として、一五三一年、四七年、七二年にそれぞれ条例が出されたが、一六〇一年に、これらが集成されて、「古救貧法」の根底ができあがった。

(7) ポランニーは *The Great Transformation* の第四章、"Societies and Economic Systems" でこの点を論じている。

(8) ポランニーは *The Great Transformation* の第十六章、"Market and Productive Organization" などでこの点を展開している。

(9) G. R. Hawtrey, *The Economic Problem*, 1925. ホートレーのみるところでは、「すべての商品の相対的な市場価値を互いに矛盾のないもの」にすることが、この「大市場」の機能である——原注。

(10) 商品価値の物神崇拝的性格に関するマルクスの主張は、本来的商品の交換価値についてのものであって、ここに述べる擬制商品に対してはまったく共通点のない主張である——原注。

(11) ポランニーはここに「ポリューション」の動詞形を用いている。

(12) W. Cunningham, "Economic Change," *Cambridge Modern History*, Vol. I ——原注。

(13) 藍染料の原料になる植物。

(14) 前掲の *Primitive, Archaic and Modern Economies* の編者であるジョージ・ドールトンも指摘するように、この点は *The Great Transformation* の第三章、"Habitation versus Improvement" で扱われている。

第二章　時代遅れの市場志向(1)

機械時代の最初の一世紀が恐怖とおののきのうちに幕を閉じようとしている。人間がみずからすすんで、熱狂的なまでに機械の要求に服従した結果、この時代の物質的成功はすばらしいものであった。結局、自由主義的資本主義とは産業革命の挑戦に対する人間の最初の対応であったのである。われわれは、精巧で強力な機械を存分に使用するために、人間の経済を自己調整的な市場システムに変形し、その思想や価値をも、この新しく特異なシステムに適合するように鋳直したのであった。

今日、われわれは、このような思想と価値のいくつかについて、その真理性と妥当性を疑いはじめている。もはや、アメリカ合衆国以外については、自由主義的資本主義が今なお存在しているなどということはほとんど不可能に近い。われわれが今新しく直面している問題は、人間生活をどう組織するかということである。競争的資本主義の仕組みが衰えていくにつれ、その背後から産業文明の本性が無気味に顔を覗かせている。そこにはすべてを無力化する分業、生活の標準化、生物《オーガニズム》に対する機械《メカニズム》の優位、自発性に対する組織の優位がある。そもそも、科学には狂気がつねにつきまとう。これこそまさに永遠の問題である。

しかし、単に前世紀の理想を復活させるだけでは、解決方法は示されない。われわれは未来に対し敢然と立ち向かわなければならない。その結果、機械を社会のなかに吸収するために、社会のなかにおける産業の位置を変える企てが必要になるかもしれないが、それでも、そうしなければならないのである。そもそも、機械とは社会にとって外生的な事実であったのである。産業社会の民主主義を探し求めることは、資本主義の諸問題の解決を求めることにほかならないと多くの人々が考えているが、そうではない。それは産業そのものに対する解答を探し求めることなのであり、それが今日の文明にとっての具体的な問題なのである。そのような新しい制度は内的自由を必要とするが、われわれにはその点での用意がほとんどない。われわれは、社会における経済システムの機能と役割について、あまりにも単純な見解を市場経済から相続し、愚かしくもこの遺物の虜になっているのである。この危機を克服するためには、人間世界に対する、より現実的な視野を取り戻し、その認識に照らして、われわれの共通目的を形成していかなければならないであろう。

産業主義は、何千年にもわたる人間の存在に不安定に接ぎ木された接ぎ穂である。この実験の結果はどうなるかまだわからない。しかし、人間は単純な存在ではなく、その死にかたも一様ではない。今日きわめて熱っぽく提起されている個人の自由の問題も、解答が切望されているこの課題の一面にすぎない。事実、この問題は、機械の挑戦全体に対する新しい対応を探るという、はるかに広く深い必要性の一部なのである。

今日の状況は以下のように表現することができるだろう。産業文明はやがて人間を破滅させるかもしれない。しかし、漸進的に環境を人工化していく試みは、勝手に放棄することができないし、放棄されないであろう。また実際、放棄すべきでもないのであるから、人間が地球上に生存しつづけるつもりなら、そのような環境のなかでの生活を人間存在の要求に適合させる仕事を成し遂げなければならない。そのような調整が可能かどうかは誰にも予言できないし、その試みの途中で人間が滅びてしまわないとは誰にも予言できない。われわれの問題関心が悲観的な基調を帯びざるをえないのもこのためである。

ともあれ、機械時代の第一段階は終了した。この時代には、市場という、その中心的制度から名前をとった社会組織があった。この体制は今や下り坂にある。しかし、われわれの日常哲学は、市場システムという壮大ではあるが特殊的な経験によって、全面的に形づくられてしまったのである。人間と社会に関する新しい考えが通念になり、公理の位置を獲得してしまった。そうした新しい通念をあげてみよう。たとえば、人間に関しては、その動機を「物質的」および「観念的」と規定することができ、日常生活の組織化をもたらす誘因は「物質的」な動機から生まれる、とする異端説をわれわれは受け入れるにいたった。功利主義的自由主義も通俗マルクス主義もこのような見方を歓迎した。社会に関しては、社会制度は経済システムによって「決定される」という教説が提示された。先の、物質的な動機に関する説と同類のこの見解は、自由主義者よりもマルクス主義者のあいだで受けがよかった。

市場経済のもとではもちろんどちらも正しい命題であった。しかし、それは市場経済のもとでのみである。それ以前の過去にあっては、このような見解は時代錯誤にすぎなかったし、未来に対しては、それは単なる偏見にすぎないことになろう。ところが、今日の諸思想の影響力は、科学や宗教の権威、政治やビジネスの権威に補強されて、時代的制約を強く受けているこれらの現象を、あたかも超時代的な、市場時代を超越する現象とみなさせる結果を及ぼしたのである。われわれの精神を拘束し、生命を救うための調整を一層困難にするこのような教説を克服するには、まさにわれわれの意識の変革こそが必要なのではないだろうか。

市場社会

自由放任《レッセ・フェール》の誕生は文明人の自己認識にショックを与えた。そして、彼はそのショックからほとんどまったく立ち直ることができなかった。われわれは、今ほんの徐々にではあるが、つい一世紀ほど前にわれわれに何が起こったのかを認識しはじめているのである。

自由主義経済は機械に対する人間の最初の対応であったが、それは先行状態からの激しい分岐であった。そこから連鎖反応がはじまり、以前は孤立した市場にすぎなかったものが、自己調整的な市場システムに変貌していった。そして、新しい経済とともに、新しい社会が生まれ出たのである。決定的なステップは労働と土地が商品になったこと、すなわち、労働と土地があたかも売られるために生産されたものとして取り扱われるようになったことである。もちろん、両者とも実際には商品ではなかった。なぜなら、それらは（土地の場合のように）生産されたものではなかったし、もしそうであったとしても、（労働の場合のように）売るために生産されたものではなかったからである。だが、これ以上に徹底した効果的な擬制《フィクション》はかつて作られたことがなかった。労働と土地が自由に売買されることによって、市場メカニズムが両者にも適用されるようになった。今や、労働供給と労働需要なるものが存在し、土地供給と土地需要なるものが存在するようになった。そして、労働力の使用に対しては賃金という市場価格ができ、土地の使用に対しては地代という市場価格ができた。労働と土地を利用して生産される本来の商品に対してと類似の市場が、労働と土地に対しても生まれてきたのである。このようなステップの真の規模を知るには、労働は人間の別名にすぎず、土地は自然の別名にすぎないことを思い出せばよい。

こうした擬制商品の出現は、人間と自然の運命を、それ自体決まった軌道を走り、それ自体の法則に支配される自動機械《オートマトン》の働きにゆだねてしまったのである。

このようなことは未曾有のことであった。重商主義体制は市場の創出を意識的に求めていたが、その体制のもとではなお逆の原理が作用しており、労働と土地は市場にまかされない、社会を有機的に構成する要素であった。かりに土地が市場性をもつ場合にも、一般に価格決定だけが両当事者にまかされていたにすぎない。また、労働が契約にしたがう時も、賃金そのものは公の権威によって評定されるのがふつうであった。土地は、荘園や修道院や都市《タウンシップ》の慣習、つまり不動産に関する慣習法の制約のもとにあった。労働は、乞食、浮浪者に対する禁令や、職工・技工規則や、救貧法や、ギルドや、市の条例によって規制された。[2] 要するに、人類学者や歴史学者が対象とする社会では、どの社会においても、市場が言葉の本来の意味での商品だけに限定されていたのである。

それゆえ、市場経済が新しいタイプの社会をつくり出したのである。そこでの経済システム、あるいは生産システムは自動装置にまかされることになった。人間は自然資源についてのみならず、その日常活動においても、制度的メカニズムに支配されるようになった。物質的福祉をもたらすこの道具を制御するのは、飢えと利得の誘因——より正確には、生活必需品欠乏の恐怖と利潤の期待——だけであった。まず市場で自分の労働を売らないことには食物の欲求を満たせない無産者がいるかぎり、また、市場で最安値に買いたたき、最高値に売りつける自由が有産者にあるかぎり、人類のためと称する商品が無目的な機械工場から続々と生産されつづけるであろう。飢餓に対する労働者の恐怖と、利潤に対する雇用者の渇望が巨大な機構を動かしつづけるのである。

このようにして、社会の他の諸制度とはっきり区別される「経済領域」が誕生した。いかなる人間集団も生産装置が機能しないことには生存できないから、その装置が別個の独立した領域に統合され、そのため、社会の「残り」の部分はその領域に依存する結果になった。この自立的な領域もまた、その機能を統制する一つのメカニズムによって規制されることになった。その結果、市場メカニズムが社会全体の生命にとって決定的な要因となった。当然、新しく登場した人間集団は、以前には想像もつかなかったほどの「経済的」な社会になった。「経済的動機」がその世界の最高位に君臨し、個人は、絶対的な力をもった市場に踏みにじられるという苦しみを受けながら、その「経済的動機」にもとづいて行動するように仕向けられた。そして、功利主義的世界観へのこのような強制的な改宗が、西洋人の自己理解を致命的に歪めてしまったのである。

この新しい「経済的動機」の世界は、一つの誤謬のうえに築かれていた。飢餓にしても、利得にしても、それは本来、愛や憎しみや誇りや偏見と同じく、「経済的なもの」ではない。人間の動機には本来経済的な動機というものはない。人が宗教的、美的、あるいは性的な経験をするのと同様の意味での、独自な経済的経験などはないのである。宗教的、美的、性的などの経験は、さらに広く、同様な経験を求める動機の原因となるが、物質的生産に関しては、以上の用語は一義的な意味をもたないのである。

経済的要因は社会生活全体の底流をなしてはいるが、一定の明確な誘因を生む原因とはならない。その点では、同様に普遍的一般的な法則である重力の法則とそう違わない。なるほど、落石にあたればつぶされるのと同様に、われわれは食べなければ死んでしまう。しかし、飢えの苦しみは自動的に生産への誘因になるものではない。生産は個人的な行為ではなくて集団的行為なのである。ある個人の腹がへっても、彼のしようとすることが決まっているわけではない。絶望的になれば、盗みをするかもしれないが、そのような行為は生産的とはいえないであろう。政治的動物である人間にとって、すべては自然状況によって与えられるのではなく、社会状況によって与えられるのである。飢えと利得を「経済的」なものと考える十九世紀の見方のもとになったのは、市場経済での生産組織にほかならなかった。

市場経済では、飢えと利得は「所得を稼ぐ」必要を通じて生産に結びついている。なぜなら、このようなシステムのもとでは、人間は生きるために、ある財を市場で売却して得た所得によって、他の財を市場で買わねばならないからである。これらの所得の呼び名は、売りに出されるもの――労働力の使用、土地の使用、貨幣の使用――によって、それぞれ、賃金、地代、利子と変わる。企業家の報酬である利潤と呼ばれる所得は財の販売によって得られるが、その財には、その生産に投入された財よりも高い価格がつけられる。こうして、すべての所得は販売から生じ、すべての販売は直接間接に生産に寄与する。要するに、生産は所得の稼得行動に付随するのである。個人は、「所得を稼ぐ」かぎり、自動的に生産に寄与しているのである。このシステムが作用するのは、明らかに、個人が「所得を稼ぐ」活動に従事しなければならない理由がある時に限られる。個人は、飢えと利得の動機の両方から、あるいはどちらかから、そのような理由を与えられる。こうして、この二つの動機は生産に結びつけられ、その結果、「経済的」と呼ばれるようになったのである。つまり、飢えと利得こそ、あらゆる経済システムを支える唯一の誘因であるという仮説は一見強力にみえるが、それにはなんの根拠もない。さまざまな人間社会を見渡すと、飢えと利得が生産への誘因として作用していない場合もあるし、またその二つが作用している場合は、他の強力な動機がそれに混じっているのである。

　人間は経済的存在ではなく、社会的存在である、といったアリストテレスは正しかった。人間の目的は、物質的財産の獲得という形で個人的利益を守ることにあるのではなく、むしろ社会的名誉、社会的地位、社会的財産を確保することにあるのであろう。財産はなによりもまず、このような目的を得る手段として評価されるのである。人間のもつ誘因は「混合的」な性格のものであって、これには社会的承認を得ようとする努力が伴うものである――生産の努力はこの努力に付随するものにすぎないのである。つまり、人間の経済は原則として社会関係のなかに埋没しているのである。こうした社会から、逆に経済システムのなかに埋没している社会への変転というのは、まったく新奇な事態であったのである。

この点について、根拠となる事実をあげるべきであろう。第一に、原始経済に関する諸発見がある。ブロニスラフ・マリノフスキー[3]とリヒャルト・トゥルンヴァルト[4]の二人が著名である。この二人と、その他何人かの調査研究者は、この分野におけるわれわれの考え方に革命を招来し、その結果、新しい学問領域を確立した。未開人を個人主義者とする神話はずっと以前に崩壊していた。また、未開人の、自然のままの利己主義というものについても、物々交換や交易や取引の物珍しい習慣についても、自給自足性についても、それを示す証拠はなかった。他方、未開人は共産主義的な心理をもっているとする伝説、つまり、未開人は自己の個人的利害に無頓着であるという想定も同様に疑わしいものであった(おおざっぱにいうと、どの時代の人間も大して変わらないように思われるようになったのである。制度を個々別々にではなく、相互関係で捉えてみると、ほとんどの人間が、われわれに大体理解できるような行動様式をとっていることがわかったのである)。「共産主義」のようにみえたのは、生産システムや経済システムが、通常、いかなる個人も飢餓に脅かされないように案配されている事実によるものであったし、ある個人のキャンプファイアでの位置、共有資源の取り分などは、彼が狩猟や牧畜や農耕や栽培でどのような役割を果たすことになっているかにかかわりなく、確保されるのであった。実例を二、三あげてみよう。カフィール族の「クラールランド制度」のもとでは、「窮乏生活はありえず、援助が必要なら誰でも問題なくそれを受けられる」(L. P. Mair, *An African People in the Twentieth Century*, 1934)。クワキウトゥル・インディアンにも「少しでも飢えの危険を冒すものはいない」(E. M. Loeb, *The Distribution and Function of Money in Early Society*, 1936)。「最低生活水準で生活している社会には飢餓はない」(M. J. Herskovits, *The Economic Life of Primitive Peoples*, 1940)。要するに、共同体全体が飢餓の苦境に陥らなければ、個人が飢餓の危険に陥ることもないのである。個々人に窮乏の脅威が存在しないために、原始社会の方が十九世紀の社会よりも、ある意味で人間的であり、また同時に、十九世紀の社会ほど「経済的」でもないのである。

同じことは個人的利得という刺激についてもいうことができる。ここでもいくつかの引用をしてみよう。「原始経済の特徴は、生産および交換によって利潤を得ようとする欲求をまったくもっていないことである」(R. Thurnwald, *Economics in Primitive Communities*, 1932)。「いっそう文明の進んだコミュニティで労働の刺激剤となる利得も、原始的条件のもとではけっして労働を推進する力にはならない」(B. Malinowski, *Argonauts of the Western Pacific*, 1922)。いわゆる経済的動機が人間にあるのが自然であるとすれば、初期の原始社会のすべてがまったく不自然な社会であったと判断せざるをえなくなってしまう。

第二に、以下の点に関しては、原始社会と文明社会のあいだに何の相違もない。古代の都市国家、専制国家、封建主義、十三世紀の都市生活、十六世紀の重商主義、十八世紀の規制主義(8)のどれをみても、経済システムはつねに社会システムのなかに混在していた。誘因の源泉は非常にさまざまであって、たとえば慣習や伝統、公共的義務と個人的約束、宗教的戒律と政治的忠誠、君主や自治都市やギルドが設けた法的義務と行政的規則などがある。各個人の生産分担は身分と地位、法の強制と罰の脅威、社会的賞賛と個人的名声などによって保証されるのである。もちろん、窮乏の恐怖や利潤欲がまったく存在しないわけではない。市場はどんな社会にも出現し、商人の姿はいろいろな文明にみられる。しかし、個々の市場は孤立しており、結合して一つの経済を作りあげることはない。利得の動機は商人に特有のものであって、これは、騎士の剛勇、僧侶の敬神、職人の誇りがそれぞれ特有の動機であるのと同じである。利得の動機が普遍的であるという考え方は、われわれの祖先にはけっして思い浮かばなかったであろう。十九世紀の第二・四半期より前のいかなる時代をとっても、市場は社会の従属物にすぎなかったのである。

第三に、変化が驚くほど突然であったことである。市場の優位性は程度問題ではなく、質の変化の問題として登場した。本来自給自足的な家計は、その余剰を市場を通じて処分するが、市場そのものは生産を指図したり、生産者に所得を与えたりはしないものである。(9)このような事態は、すべての所得が販売から生まれ、商品はもっぱら購買行為によってのみ入手できるという市場経済に、はじめて現れるものである。自由な労働力市場がイギリスに誕生したのはほんの一世紀前である。悪名高き救貧法改革[10]（一八三四年）によって、政府が貧困者救済のために家父長的に設けていた、間に合わせ的規定が廃止された。救貧院は困窮者の避難所から恥辱と精神的苦悩の棲家に変貌し、それらに比べれば飢えと貧困の方がまだましであった。かくして、飢餓か労働かが貧困者に残される唯一の選択となった。こうして、労働に関する全国的な競争市場が創出された。十年後のイングランド銀行条令[11]（一八四四年）によって金本位制が確立され、貨幣発行は、その雇用水準への影響を無視して、政府の手を離れることになった。それと同時に、土地法の改革によって土地に流通性が与えられ、穀物法の廃止（一八四六年）によって世界的な穀物のプールが作られた。その結果、大陸の無防備な小農民は、恣意的な市場に従属させられることになった。こうして、経済的自由主義の三つの教義が確立され、市場経済がその原理にもとづいて組織されるにいたったのである。三つの教義とは、すなわち、労働はその価格を市場で設定されるべきこと、貨幣は自動調節的なメカニズムによって供給されるべきこと、商品はその結果いかんにかかわらず自由に国際的に流通すべきこと――要するに、労働市場、金本位制、自由貿易であった。ここに自己増殖的なプロセスが導入され、その結果、それまで無害であった市場のパターンも、社会的にきわめて悪性のパターンに拡大してしまったのである。

以上の諸事実によって、「経済的」社会の発生系統が素描されたであろう。こうした条件のもとでは、人間の世界は「経済的」動機によって決定されているようにみえるにちがいない。しかし、その理由は非常にみやすい。任意の動機を選び出し、その動機を個人の生産活動の誘因とするような生産組織をつくってみると、その特定の動機に全面的に心を奪われた人間像がそこに現出する。動機は宗教的なものでも、政治的なものでも、美的なものでも、さらには、誇りや、偏見や、愛や、嫉みでもなんでもよい。そうすると、人間は本質的に宗教的な、あるいは政治的な、あるいは美的な、あるいは高慢な、あるいは偏見をもった、あるいは愛にあふれた、あるいは嫉み深い人間として現れてくるであろう。それ以外の動機は、生産活動という重大事にかかわりがないことになるから、影が薄くなり、関係が遠くなる。いずれにせよ、いったん特定の動機が選ばれると、それが「真の」人間を表すことになる。

人間は、実のところ、物が適当に用意されているところでは、さまざまな理由で労働を行うものである。僧侶たちは宗教的理由で交易を行い、修道院をヨーロッパ最大の交易施設にした。トロブリアンド諸島[12]のクラ交易[13]は、人間の知るかぎりもっともこみいった交換手続きのひとつであるが、主として美的なものを追求する。封建経済は慣習的な経路にしたがって営まれていた。クワキウトゥル・インディアンでは、勤勉の主要な目的は一身の名誉を満足させることのようである。重商主義的専制政治のもとでは、産業は権力と栄光とに仕えるように計画された。そこで、われわれは僧侶や、農奴や、西メラネシア人や、クワキウトゥル族や、十七世紀の政治家たちを、それぞれ宗教によって、美によって、慣習によって、栄誉によって、政治によって支配されたものと考えることになる。

　資本主義のもとでは、すべての個人は所得を稼がねばならない。労働者ならば、自分の労働を現行価格で売らなければならないし、有産者ならば、できるだけ多くの利潤を生み出さなければならない。なぜなら、仲間内での彼の地位は彼の所得水準に依存するからである。飢えと利得が――たとえ間接的にでも――土地を耕し、種を播き、糸を紡ぎ、機を織り、石炭を採掘し、飛行機を操縦する理由になる。したがって、このような社会の成員は、自分たちのことをこの二つの動機によって支配されているものと考える。実際には、人間は、理論的に考えられているほど、けっして利己的ではなかった。市場メカニズムのために人間の物的財への依存性が前面に出てはきたが、「経済的」動機だけが彼にとって唯一の労働誘因になることはけっしてなかった。経済学者も功利主義的道徳家も口をそろえて、仕事に関しては「物質的」動機以外の動機を無視することを勧めたが、無駄であった。詳しく検討してみれば、人間は依然として驚くほど「混合的な」動機にもとづいて行動しており、自分や他人への義務を果たすという動機も排除してはいないこと――そして、おそらく労働そのものを秘かに楽しんでさえもいること――が判明したであろう。

　しかし、われわれがここで関心をよせるのは、現実の動機ではなくて、仮想された動機であり、仕事の心理《サイコロジー》ではなくて、仕事の思想《イデオロギー》である。人間の本性の見方の基盤は前者に、で、は、な、く、て、後、者、に、あ、る。というのは、ひとたび社会がその成員に対して一定の行動を要請し、現行の制度によってその行動をほぼ強制することができるようになれば、人間の本性についての意見は、現実がどうであろうと、その理想型を反映することになるからである。そこで、飢えと利得が経済的動機と定義され、人間はそれにしたがって日常生活の行動をすると考えられるようになり、その他の動機は日常生活から切り離された、この世ばなれした動機であるかのようにみられたのである。そうなると、栄誉と誇り、市民的責務と道徳的義務、自尊心や共通の礼儀さえも、生産には無縁のものとされ、「理想」という意味ありげな言葉でまとめられることになった。そして、人間は二つの成分から成り立っていると信じられるようになったのである。その一方は飢えと利得に近い成分、他方は栄誉と権力に近い成分であるとされた。一方は「物質的」で、他方は「観念的」であり、一方は「経済的」で、他方は「非経済的」であり、一方は「合理的」で、他方は「非合理的」であるともされた。功利主義者などは、これら二つのグループのなかの用語をそれぞれ完全に同一視して、人間の性格の経済的側面に合理性のかおりを与えさえしたのである。かくして、自分が利得のためにのみ行動しているとは考えまいとする者は、不道徳の烙印だけでなく、狂気の烙印さえもおされるようになったのである。

さらに、市場メカニズムから、経済的決定論がすべての人間社会に通用する一般的法則であるという妄想が生まれた。もちろん、市場経済のもとでは、この法則は有効である。実際、市場経済においては、経済システムの働きが社会の他の部分に「影響」を与えるだけにとどまらず、それを決定してしまうのである——それは、あたかもちょうど三角形の三辺が角の大きさに影響するだけではなく、それを決定してしまうのと同様である。たとえば階級構成をとってみよう。労働市場における供給と需要は、それぞれ労働者階級と雇用者階級と同一になった。資本家、地主、小作人、仲買人、商人、専門職等々の社会階級の範囲は、それぞれ土地、貨幣、資本とそれらの使用、とさまざまのサービスの市場によって画定された。これらの社会階級の所得は市場によって設定され、その所得によって彼らの地位や身分が定まった。これは一般世俗の慣行を完全に裏返しにするものであったのである。メイン[14]の有名な言葉でいえば「契約」が「身分」に置きかわったのであり、テンニース[15]の愛用語でいえば、「ソサエティ」が「コミュニティ」に取ってかわったのである。これを本論の観点からいうと、社会関係のなかに埋めこまれていた経済システムにかわって、今度は社会関係が経済システムのなかに埋めこまれてしまったのである。

つぎに、市場メカニズムが社会階級を直接決定する間に、他の諸制度は市場メカニズムによって間接的に決定された。国家も政府も、結婚も育児も、科学や教育や宗教の組織も、芸術も、職業の選択も、住宅様式も、居住地区の形態も、私生活の美的部分さえも、何もかもすべてが功利主義的パターンにしたがわざるをえず、少なくとも市場メカニズムの働きを妨げてはならなかった。ところが、真空中で実行できる人間の活動が非常に少ないために——聖人も柱を必要とする——、市場システムの間接的効果はほとんど社会全体を決定するまでになった。そこで、「経済的」人間が「本来的」人間であるごとく、経済システムこそが「本来的」な社会である、という誤った結論が避けがたくなったのである。

だが、単一で純粋な動機は人間の基本的な制度にはなじまない、という方がより真実に近いであろう。個人とその家族の食糧供給が飢えの動機によってのみ決定されるというのが一般的ではないように、家族制度は性的動機にもとづいてはいない。性は飢えと同じく、他の誘因の抑制から解放された時に、もっとも強力になる誘因の一つなのである。さまざまな形態を示す家族のどの一つをとっても、間歇的で奔放な性本能がその中核をなしているとみなされないのは、おそらく右の理由によるのであろう。家族制度には人間の幸福が大きく依存している。そのような制度が性によって破壊されないように守っている、多くの効果的な動機があり、そうした動機の結合が家族の中核をなしているのである。セックスそのものは、けっして売春宿以上の何物をも生産しないし、売春宿の場合でも、市場メカニズムの誘因にたよらねばならないであろう。その主因を飢えに求める経済システムは、むきだしの性衝動に基礎をおく家族とほとんど同じくらいに倒錯しているといえよう。

すべての人間社会に経済的決定論を適用しようという試みは幻想に近い。社会人類学者にとっては、実用的に同一の生産手段に適合するような制度は多様に存在する、という事実ほど明白なことはない。人間の制度的創造性が停滞してしまったのは、市場が人間的な組織を粉砕し、特色のない均質的な腐蝕物に変えてから以後のことである。人間の社会的想像力が疲弊の色を示しているのも不思議ではない。人類は、野蛮人時代には与えられていた弾力性、想像の豊かさや力を、もはや取り戻せないほどのところまできているのかもしれない。

いくら抗議しても、私が「理想主義者」とみなされることを防ぐことのできないことは、私にもわかっている。なぜなら、「物質的な」動機の重要さをけなす者は「観念的な」動機の力にたよっているにちがいない、とされるからである。しかし、これほどひどい誤解はない。飢えと利得は、とくに「物質的」だというわけではけっしてない。他方、誇りや栄誉や権力が、飢えと利得よりも「高級な」動機というわけでは必ずしもない。

確かに二分法そのものは恣意的なものである。もう一度、性の類似を引いてみよう。ここでは確かに、「高級な」動機と「低級な」動機のあいだに意味のある区別をすることができる。しかし、飢えにしろ、性にしろ、人間存在の「物質的」成分と「観念的」成分の分離を制度化するのは有害である。人間の本質的な全体性にとって不可欠なこの事実は、性に関してはずっと承認されてきた。この事実が結婚制度の基礎にある。しかし、経済という同様に重要な領域では、この事実が否認されてきた。この領域は、飢えと利得の領域として、社会から「分離」されてきた。動物としてのわれわれの食物への依存がむき出しにされ、赤裸々な飢餓の恐怖が抑制されずにいる。「物質」に対するわれわれの屈辱的な隷従は、あらゆる人間文化がそれを軽減すべく設計されているはずであるにもかかわらず、ことさらに一層きびしいものにされたのである。これこそ、トーニー(16)が警告した「獲得的社会の病い」の根源である。そして、一世紀前にロバート・オーウェン(17)も利潤動機は「個人の幸福と公共の幸福にまったく有害な原理だ」と述べたが、この時彼の天才は最高潮に達したというべきであろう。

社会の現実性

私が願うのは、生産者としての毎日の活動において人間を導くべき、あの動機の統一性を回復することであり、経済システムを再び社会のなかに吸収することであり、われわれの生活様式を産業的な環境に創造的に適応させることである。

これらの点のすべてについて、自由放任思想と、その系である市場社会は失敗した。人間のかけがえのない統一性を、物質的な価値を志向する「現実的な」人間と、よりよい「理想的な」人間とに分断してしまった責任は自由放任思想にある。自由放任思想はまた、経済的決定論の偏見を多少とも無意識のうちに助長し、われわれの社会的想像力を麻痺させている。それは、われわれがすでに通り過ぎた産業文明期における自己の役目を果たしおえたのである。それは、個人の疲弊という犠牲によって、社会を豊かにした。今日われわれが直面しているのは、技術的には効率が落ちることになっても、生の充足を個人に取り戻させるというきわめて重大な任務である。さまざまな国がさまざまな方法で古典的自由主義を放棄しつつある。右派も左派も、中道派も新しい道を探索しつつある。イギリスの社会民主主義者、アメリカのニュー・ディール派、そしてまた、ヨーロッパのファシスト、アメリカにおけるさまざまな色合いの「経営者主義的」[18]反ニュー・ディール派などが自由主義的ユートピアを拒否している。現在、ロシアのものは何でも拒否する政治的ムードがあるが、そのために、ロシア人が産業的な環境の基本的な側面のいくつかに創造的な適応を成し遂げていることに対しても、われわれが目をつぶることはないであろう。

全般的にみて、共産主義者のいう「国家の消滅」への期待は、自由主義的ユートピアニズムの要素に、制度的自由に関する実際的無関心を結びつけた結果であるように思われる。国家消滅に関しては、産業社会は複合社会であり、いかなる複合社会の存在にも組織的な中央集権が必要であることを否定することは困難である、といわなければならない。しかし、この事実も、共産主義者が具体的な制度的自由の問題について言及を避けていることの言い訳にはならない。なぜなら、個人の自由の問題に迫るべきレベルは、まさにこの現実直視のレベルにおいてなのである。権力と強制が存在しない人間社会はありえないし、暴力が機能しない世界もありえない。自由主義の哲学は、そのような本質的にユートピア的な期待の実現を約束するようにみせかけて、われわれの理想を誤った方向に導いたのである。

しかし、市場システムのもとでは、社会を全体的に捉えることはできなかった。自分は国家の強制的行為を拒絶したといって、それに対する責任を免れている個人、また、自分は失業や貧窮から個人的な利益をうけていないといって、それらに対する責任を免れている個人というものが、十分に存在しえたのである。彼は個人的には、権力や経済的価値の悪のなかにまきこまれずにすんだ。彼は、想像の自由の名のもとに、権力や経済的価値の現実性を、なんの良心の呵責をも感じることなく否定することができた。しかし、実は権力と経済的価値は社会的現実の一つの表現型《パラダイム》なのである。権力も経済的価値も人間の自由意志から生じるのではない。したがって、この二つに対して協力しないことは不可能である。権力の機能は、集団の存続に必要とされる一定限度の順従《コンフォーミティー》を保証することにある。つまり、デイヴィド・ヒュームが示したように、権力の究極の源泉は意見であり、そして、これこれの意見をもたせるように誰ができるか、ということである。他方、経済的価値は、あらゆる社会において、生産された財の有用性を保証するものであり、つまり、分業の上におされる刻印《シール》である。その根源は人間の欲求であり、そして、あるものが別のものより欲しいとどうして決まるか、ということである。いかなる社会に住んでいようとも、意見と欲望によってわれわれは権力の創出と価値の形成に参加させられるのである。それ以外のことをする自由など考えられない。権力と強制を社会から封じようとする理想は本質的に無効である。そして、社会を市場社会とみる見解は、人間の意味ある願望に加えられるこのような制約を無視するところに、その本質的な未熟性を暴露するのである。

産業社会における自由

市場経済の崩壊によって二種類の自由——よい自由と悪い自由——が危殆に瀕している。まず、同胞を搾取する自由、共同体に相応の貢献をせずに不当利得を得る自由、技術的発明を公共の利益に使わせない自由、あるいは、公共の災害を秘かに私的利益に供して利潤を得る自由などが、自由市場とともに消滅することはまったくよいことである。しかし、このような自由をはびこらせた市場経済は、同時にまた、われわれがきわめて高く評価する自由をも生み出した。良心の自由、言論の自由、集会の自由、結社の自由、職業選択の自由——これらはそれ自体として大切にされている。だが、これらの自由は、悪い自由についても責任のある、同じ経済が生み出した副産物であるところが大きいのである。

経済の領域が社会のなかに別個の領域として存在する結果、いうなれば政治と経済のあいだのギャップ、政府と産業のあいだのギャップが生まれたのである。そのギャップは本性的に無人地帯となった。教皇と皇帝のあいだの主権分立によって、中世の君主が時には無秩序に近いほどの自由の状態におかれたごとく、十九世紀の政府と産業のあいだの権力分立によって、貧乏人にも自由を享受することが許され、その結果、惨めな境遇も部分的には補償されることになった。自由の将来について現在みられる懐疑は大方右の点にかかわるものである。ハイエク(19)のように、自由制度は市場経済の産物だったのだから、その経済がひとたび消滅すれば、農奴制がそれに取ってかわるはずだと論じる人々があり、また、バーナム(20)のように、「経営者主義」という名の新しい形の農奴制が不可避的であると断定する人々もある。

このような議論は、経済主義的な偏見がいまだにどれくらいはびこっているかを証明してみせるにすぎない。なぜなら、今まで述べてきたように、そのような決定論もまた市場メカニズムの別名にすぎないからである。実は市場メカニズムの存在にのみ由来する経済的必要物の強さに対して、市場メカニズムがなくなった時の効果を云々しても、それはあまり論理的ではあるまい。しかも、それは明らかにアングロ・サクソンの経験に反するのである。労働運動の凍結(21)も義務兵役制もアメリカ国民の本質的な自由を廃棄させなかったことは、一九四〇年から四三年までの決定的な時期を合衆国で過ごした人ならば誰にでも証言できよう。イギリスは戦時中に全面的な計画経済を導入して、十九世紀の自由の根源であった政府と産業の分立を廃してしまった。しかし、この緊急時の真っ最中ほど、公共の自由が安全に確保されたことはなかったのである。実は、われわれには、われわれが創造しようと望み、保護しようと望むだけの自由を有することができるのであろう。人間社会を決定する唯一の要因などは存在しない。個人の自由を制度的に保障することはいかなる経済システムとも両立することである。ただ市場社会においてのみ、経済メカニズムが法を制定するのである。

われわれの世代の眼に資本主義の問題と映るのは、実は、産業文明というはるかに巨大な問題なのである。経済的自由主義者にはこの事実がみえない。経済システムとしての資本主義を弁護する時、彼は機械時代の挑戦を無視しているのである。しかし、もっとも勇敢な人々をさえも震撼させている今日の危険は、経済を超えている。トラスト解体やテイラー・システム化などの牧歌的な心配事は、ヒロシマに取ってかわられた。科学的野蛮がわれわれにつきまとっている。ドイツ人は太陽光線を死の光線に変える発明を計画していた。われわれは太陽の光を覆い隠すほどの死の光線を実際に爆発させた。しかも、ドイツ人が悪魔的哲学を有していたというのなら、われわれは人間的哲学を有していたのである。ここにわれわれの危難の象徴をみつけなければならない。

問題の重要性に気づいているアメリカ人のなかには、二つの傾向が認められる。その一つは、エリートと上流階級《アリストクラシー》を信じ、経営者主義と企業体を信じる人々である。彼らは、経済システムが変わらずに持続してくれることを望み、社会全体がその経済システムにより一層緊密に適合しなければならないと感じている。これは、個人が、自分よりも利口な人々が自分たちのために設計してくれた秩序を支持するように条件づけられている、「すばらしき新世界」の理想である。逆に、真に民主的な社会では、産業の問題は生産者と消費者がみずから計画的に介入しあうことで、おのずから解決されると信じる人々がいる。このような意識的で責任ある行動は、確かに複合社会における自由の具体化の一つである。しかし、本論文の内容が示すように、そのような企ては、市場経済から受け継いだ見方とはまったく異なる人間と社会のトータルな見方によって規律づけられないかぎり、実を結ばないであろう。

（1）“Our Obsolete Market Mentality” を原題とするこの論文は、最初、雑誌 *Commentary* の第三巻（一九四七年二月）に発表された。訳出にあたってはジョージ・ドールトン編集の前掲論文集（本訳書第一章、注1）の第四章を参照した。

（2）本訳書第一章の注3、5、6などを参照。

（3） Bronisław Kaspar Malinowski（一八八四―一九四二年）はポーランド出身のイギリスの社会人類学者。一九一四年から一八年にかけてトロブリアンド諸島で行った現地調査はとくに有名である。主著には *Argonauts of the Western Pacific*, 1922（寺田和夫、増田義郎訳『西太平洋の遠洋航海者』『世界の名著59マリノフスキー・レヴィ＝ストロース』中央公論社、一九六七年）、*Crime and Custom in Savage Society*, 1926（青山道夫訳『未開社会における犯罪と慣習』ぺりかん社、一九六七年）、*The Sexual Life of Savages in North Western Melanesia*, 1929（泉靖一ら訳『未開人の性生活』新泉社、一九七一年）、*The Dynamics of Culture Change*, 1945（藤井正雄訳『文化変化の動態』理想社、一九六三年）などがある。

（4） Richard Thurnwald（一八六九―一九五四年）はウィーン生まれのドイツの社会学者、人類学者。ソロモン諸島と東アフリカでそれぞれ二回の現地調査を行った。主著には *Die menschliche Gesellschaft in ihren ethnosoziologischen Grundlagen*, 5 Bde., 1931-1935, *Economics in Primitive Communities*, 1932 などがある。

（5） カフィール（Kaffirs）はアフリカ東南部のバントゥ諸部族の名称。とくにケープ州のポンド、ホサ、テンブ族などをさす。十八世紀後半から十九世紀前半に、ホサ族と白人移住者が牧草地をめぐって衝突を繰り返した争いは、カフィール戦争として知られている。

（6） クラールランド制度（Kraalland system）　クラールとは、丸い小屋を丸く取り囲んだ垣や柵で守られた原住民の村をさすアフリカーンス語である。語源はおそらく、家畜のおりや囲いを示すコラル（スペイン語）かクラル（ポルトガル語）で、現在では、家畜保護のための囲いをさし、また、その囲い込みの制度をさす。

(7) クワキウトゥル (Kwakiutl) はカナダ太平洋岸のバンクーバー島に住み、漁撈にたずさわるインディアンの一部族。米国の文化人類学者フランツ・ボアズの記念碑的な民族誌研究によって有名になった。ルース・ベネディクトはアポロ型文化の例としてプエブロ・インディアン、ディオニソス型文化の代表として、このクワキウトゥル族を取り上げた。とくに、その社会的階層の存在とポトラッチの慣習——社会的栄誉のためにのみ行われる儀礼的な贈答の慣習——がよく知られている。

(8) 十八世紀、テュルゴー時代のフランスにおいて、国家による産業規制が実施され、これを règlement と呼んだ。

(9) ジョージ・ドールトンによれば、*Markets in Africa*, New York, Natural History Press, 1965 への Paul Bohannan と Dalton の「序文」が、アフリカで行われている周辺的な小規模の市場に触れているとのことである。

(10) 一八三四年の救貧法改革は、実施上さまざまな問題を生んでいたそれまでの「古救貧法」(本訳書第一章、注6参照) を、産業革命期の社会経済情勢にあわせるため「新救貧法」に改めたものである。しかし、それは従来、救貧機関として独立的な単位であった「教区」を集権的な「組合」にかえて、無制限な救貧を撤廃し、正常に運営されている工場の勤労可能な労働者とその家族に対してのみ救済を与えることにしたため、大きな不満をまき起こした。その不満がチャーティスト運動のきっかけになったといわれる。

(11) イングランド銀行は一六九四年に公立発券銀行として設立されたが、一八四四年の有名な「ピール条令」によって、排他的な発券の独占権を獲得し、保証準備発行制度をも確立させて、名実ともに中央銀行となった。

(12) ニューギニア東北東にあるマッシム人（東パプア・メラネシア人）の住む島々がトロブリアンド諸島で、マリノフスキーの『西太平洋の遠洋航海者』（一九二二年）によって有名になった。とくに「クラ交易」（次注参照）が知られている。

(13) クラ交易（Kula trade）は、ニューギニアの海上に円弧状を描いて存在するトロブリアンド諸島の多数の部族のあいだで行われる交換の形態。赤い貝の首飾りと白い貝の腕輪が互いに逆方向の円周を回るように交換されていく。伝統的規則にしたがった儀礼的交換であるが、マリノフスキーは、この交換制度が島の技術文化、経済、家族・親族組織、身分秩序、呪術、神話などと密接な機能的連関をなしていることを明らかにした。

(14) Sir Henry James Sumner Maine（一八二二―一八八八年） イギリスの法学者。ドイツ歴史法学とダーウィンの進化論に影響されて、法学に歴史学的・比較法学的方法を取り入れ、イギリス歴史法学の祖となった。法の起源について、主著『古代法』（*Ancient Law*, 1861）のなかで「身分から契約へ」の公式をたてた。その他の著書には *Village Communities in the East and West*, 1871, *Dissertations on the Early Law and Custom*, 1883, *International Law*, 1888 などがある。

(15) Ferdinand Tönnies（一八五五―一九三六年） ドイツ社会学の創始者。社会の結合関係は人間の意志にもとづくと考え、本質意志（Wesenwille）にもとづくゲマインシャフトと、選択意志（Küïrwille）にもとづくゲゼルシャフトの概念を構築した。主著は *Gemeinschaft und Gesellschaft*, 1887, *Einführung in die Soziologie*, 1931.

(16) Richard Henry Tawney（一八八〇―一九六二年） カルカッタ生まれのイギリスの経済史家、社会主義哲学者。処女作『十六世紀の農業問題』（*The Agrarian Problem in the Sixteenth Century*, 1912）では囲い込みによる農民層の解体過程を克明に分析した。一九二〇年には『獲得的社会』（*The Acquisitive Society*）を著している。主著に *Religion and the Rise of Capitalism*, 1926, *Land and Labour in China*, 1932 などがある。

(17) Robert Owen（一七七一―一八五八年） ウェールズ出身のイギリスの社会主義思想家で、産業革命期を代表する人物。一八〇〇年から二五年まで、スコットランドでニュー・ラナーク紡績工場を経営。のち渡米して、インディアナで協同社会の実験を行い、帰国後、労働組合の大同団結による経済革命を試みたが失敗して、それ以後は著述と講演に専念した。

(18) アメリカの思想家ジェームズ・バーナム（後出注20参照）はその著『経営者革命』（*The Managerial Revolution*, 1941）のなかで、私的搾取の形態である資本主義に対して、団体や会社を通じて搾取が行われる経営者経済が現代社会に現れつつあると指摘した。そこでは、経営者が生産手段の支配をとおして社会の他の成員を搾取しうるのである。バーナムは、ロシアのスターリニズム、ドイツのナチズム、アメリカのニュー・ディーリズムはともに同根の経営者社会の変種形態であると捉え、アメリカにおいても、ロシア、ドイツの全体主義と同じく、ニュー・デイーラーズというエリート経営者が現代社会を支配しはじめたと考えたのである。

(19) Friedrich August von Hayek（一八九九―一九九二年）オーストリア生まれの理論経済学者で、一九七四年度ノーベル経済学賞の受賞者。十八世紀の自由主義を二十世紀後半の新時代に即した「秩序のもとの自由」として再興することを主張し、新自由主義体系をつくり出した。主著に *Prices and Production*, 1939, *The Road to Serfdom*, 1944 などがある。

(20) James Burnham（一九〇五―八七年）シカゴ生まれのアメリカの思想家。最初はトロツキスト・グループに加わっていたが、一九四〇年以後はマルクス主義と訣別し、一九五五年以後、雑誌 *National Review* の編集者となった。『経営者革命』の書で、彼は、今日社会主義の革命ではなく、経営者の革命が起こりつつあることを論じた。その他の主著に *Containment or Liberation ?*, 1953, *Suicide of the West : An Essay on the Meaning and Destiny of Liberalism*, 1964 などがある（注18参照）。

(21) 戦時中、アメリカの労働組合はストライキを行わず、争議を「国家戦時労働局」へ提訴することに同意した。しかし、なお僅かながらストライキが行われたため、議会はスミス＝コナリー法（「戦時労働争議法」）を通過させた。これによると、組合はストライキ実行前に三十日の猶予期間をおかなければならず、大統領にはストライキ工場を接収する権限が与えられた。

第三章　貨幣使用の意味論[1]

市場組織にもとづく現代の経済生活では、貨幣が交換のために使われている。そのため、われわれは貨幣というものをあまりにも狭く考えがちである。しかし、これが貨幣そのものであるといえるものはなにもない反面、適当な領域から選ばれたものであれば、どんなものでも貨幣として機能するのである。実は、貨幣とは言語や文字や度量衡と同様な、一つのシンボル体系なのである。これらがそれぞれ異なるのは主として、使用される目的と、実際に使われる記号、そして、あるシンボル体系がどの程度一つの統一的な目的を明らかにしているか、という点においてなのである。

疑似貨幣論

貨幣は不完全にしか統一されていない体系であって、そこに単一の目的を探そうとしても、袋小路に入りこむだけであろう。貨幣の「本性と本質」を確定しようとする多くの試みが無益に終わったのも、このためである。われわれは、実際に貨幣と呼ばれている量化可能なものがどのような目的に使用されているかを列記するだけで満足しなければならないのである。それをするには、われわれが量化可能物を用いる状況とそれらがもたらす効果とを指摘すればよい。すると、それら量化可能物が貨幣と呼ばれるのはつぎのいずれかの方法で用いられる場合であるということがわかるであろう。すなわち、支払いのために用いられる場合、標準として用いられる場合、間接的交換の手段として用いられる場合、のいずれかである。人間の側の状況は、いうまでもなく、貨幣の概念とは無関係に与えられる。この点は、それら量化可能物の取り扱いを記述する時に用いられる操作概念が貨幣の概念とは無関係であるのと同じことである。支払いは何か責務が存在する状況でなされ、対象物を引き渡すことでこの責務が解消することになる。標準として使用される貨幣とは、さまざまな種類の財の単位につけられた数量札であり、それは物々交換のためか、あるいは種々の基本物資《ステープル》の貯蔵計画をたて、在庫量を明らかにするためのものである。物々交換の目的の場合には、数字を足し合わせれば、容易に交換の両当事者間を均等化させることができるという効果があり、貯蔵計画をたて、在庫量を明らかにするために用いれば、基本物資の財政管理が可能になる。最後に、量化可能物が交換機能を果たす場合がある。すなわち、あるものを獲得するために、まず特定の量化可能物を獲得し、これを用いて目的の品と交換するような場合である。こうして直接的な交換に用いられる量化可能物が、貨幣の性格をもつことになるのである。つまり、ある特定の人間の状況に関与する時に、それらの量化可能物はシンボルとなるのである。

二、三の付随的な論点はここでは避けることにしよう。付随的な論点とは、第一に、代用物《トークン》とその代用物が「代表している」ものとのあいだの区別であるが、これは無視しよう。このどちらでも、貨幣材として機能し、シンボル体系を構成するのである。したがって、大麦貨幣、金貨幣、紙券貨幣などを区別することはまったくしない。貨幣の基本的問題を代用貨幣の問題と混同することが、よくみられる誤解の一因である。代用貨幣自体は何も新しいことではない――擬制《フィクション》と抽象は人間本来の資質の一部であるのだから。ヘロドトスは、バビロニアの神殿における義務売春制に関するよく知られた話のなかで、この制度のことの詳細をつぎのように記している。「銀貨はどんな大きさのものでもよい。けっして突き返される恐れはない。ひとたび投げると、この銀貨は神聖なものとなるので、それは突き返してはならぬ掟になっている(2)」。今日の民族学者によって扱われる原始社会においても単なる代用貨幣が知られていなかったわけではない。コンゴのいくつかの部族では「単なる代用物として」、藁の筵を使ったり、最初は正方形をしているが、やがて「実際上なんの価値もない」枯草の束に変わってしまう、草でつくった布を使っている。標準幅をもつ青地の布は、時がたつにつれ何の役にもたたぬぼろ切れになってしまうが、西スーダンの一部ではこれが代表貨幣として通用していたのである。ところが、紙券貨幣が登場して以来、学者たちは、かさのある物的なものそれ自体よりも、代用物の方に注目するようになってしまったのである。そして、この現代風の考え方が勝利を得たのである。民族学者クィギン夫人の最初の著書(3)はすぐれたものであるが、代用物を真の貨幣とみなし、したがって、その本のなかに余すところなく述べられている現実の貨幣材には「貨幣代用品」の名称を与えている。

古代史家達も貨幣問題についての現代風の見方に影響されてこなかったとはいえない。紀元前第三千年期のバビロニアには紙券貨幣がなかったところから、歴史家たちは金属が正統な貨幣素材であるとみなした。実際には、すべての支払いが大麦で行われていたのである。アッシリア研究家のブルーノ・マイスナーはこの事態を、「貨幣は主として穀物によって代用されていた」という表現で説明した。彼の同僚ルッツは、銀が少なかったために、「代用品の使用が必要となった」という表現で説明した。こうして、しばしば穀物が金属の代わりをすることになった」と考えた。かくして、代用貨幣は、それがもっとも抽象的でもっとも有用性のないものであるために、一貫して真の貨幣であると位置づけられている。つぎにくるのが代用品としての金と銀であり、それもない時には穀物でもよいと考えられている。しかし、経験的な証拠では、物的な貨幣材こそが第一にくるという順序であって、右の説明はそれを完全に逆転させているのである。しかし、代用物の存在は貨幣制度においては当然のことであって、いかなる複雑さの原因にもならないはずである。一つの代用物とみなされている紙券貨幣が鋳貨を「象徴して」いるものとすると、われわれのいいかたでは、紙券貨幣はすでにシンボルになっているもの、すなわち、貨幣を象徴している、ということになる。シンボルというものは、単に何物かを「代表」しているだけではない。それは物の記号、発音上の記号、視覚的記号、あるいは純粋に想像的な記号であり、みずから関与する特定の状況の一部をなすのである。そして、このようにしてはじめて、シンボルは意味を獲得するのである。

第二に、さまざまな貨幣の用法に言及する場合の用語の選択にあたっては、経済理論上の意味論は同様に無視せざるをえない。最初にあげた支払い、標準、交換手段の区別は、古典派経済学者によってはじめて展開された区分法である。それゆえ、この区分法を原始貨幣に適用すれば、経済学者的偏見が生じることになるという何人かの人類学者のいだく確信は十分にうなずけるのである。もっとも、事態はこれと反対だというのが真実に近いであろう。実際、現代経済学では、その貨幣理論は右のような区分法に全然、依拠していない。これに反し、古代社会の方こそ、量化可能物が、まさに典型的に、そのような三つの方法で使用されるような制度的枠組を示してくれるのである。

多目的貨幣と特定目的貨幣

形式的な角度からみると、原始貨幣とは対照的に、現代の貨幣の方が言語と文章の両方に驚くほどの類似性を示している。右の三つの用法はすべて統一的な文法をもっている。これらの三つは、すべて、シンボルの正しい使用法に関する念入りな規定と、すべてのシンボルに適用できる一般規則の形に組織化されている。それに対して、古代社会は「多目的」貨幣を知らなかったのである。そこでは、いろいろな貨幣機能に対して、それぞれ異なる貨幣材が使われるのであるから、すべての貨幣機能が従わなければならないような文法はない。どんな種類の素材をとっても、それだけが明確に貨幣と呼ばれるに値するということはないのである。むしろ、貨幣という言葉は、それぞれが別々の方法で貨幣の役割を果たすことができるような、いくつかの素材の小さな集合全体に対してあてはまるものである。現代の社会では、交換手段として使用される貨幣がそのほかのすべての機能をも果たす力をもたされているのに対し、初期の社会ではむしろ逆の位置関係となっている。富を伴う威信を評価する場合、その他、額の大きいものを評価する場合には、たまたま奴隷や馬や家畜が標準として使われたが、子安貝《カウリ・シエル》の貝殻はもっぱら小額の場合の尺度としてだけ使われた（やがて、単位としての奴隷や馬が単なる計算の単位を示す便宜的な価値として役立つことになる。そして実際の奴隷や馬は現実にさまざまな価格で売られるのである)。また、本物の奴隷が外国の大王への貢物の支払い手段となり、子安貝は国内の支払い手段として機能し、さらには交換手段としても機能するという場合があるであろう。その場合でも、貴金属が富の貯蔵のために用いられないということはない。しかし、それ以外の場合には、貴金属が貨幣として機能するのは、おそらく標準としてか、輸入品との交換手段としてよりほかにはないであろう。さらにまた、市場習慣がかなり広範にいきわたっているところでは、貨幣が交換手段として用いられることもありえようが、この目的で使われるのは、その場合以外にはまったく貨幣として用いられない数種類の交易品であろう。このように、さまざまな変型の組み合わせが無数に生じるのであって、貨幣の諸用法が種々さまざまな量化可能物のあいだに割りふられるという、きわめて一般的な、しかしきわめて重要な規則を除いては、すべてにあてはまるような規則は一つとして存在しないのである。

どの言語においても、音の用法がこれほど分裂しているということは知られていない。話す場合には、分節化された発声音のすべてをあらゆる種類の単語に的確に用いることができ、書く場合にはアルファベットのすべての文字を同様に用いることができる。ところが、古代貨幣では、極端な場合、支払い手段としてある種のものを、価値の標準として別のものを、富の貯蔵のためにはまた別のものを、交換目的のためにはさらに別のものを用いるのである。ちょうど、言語ならば、動詞はある特定の文字のあつまりからつくられ、名詞は別の組の文字からつくられ、形容詞はまた別の組の文字からつくられ、副詞はさらに別の組の文字からつくられている、といったような状況なのである。

その上、原始社会においては商業的な交換は基本的な貨幣の用法ではないのである。ほかの用法よりも「基本的」な用法が何かあるとすれば、それはむしろ非商業的な支払いおよび標準のための使用法である。これらの用法は、貨幣の交換機能が行われていないところでも、一般的なのである。それゆえ、現代の社会《ソサエティ》では、貨幣のさまざまな用法の統一化がたまたまその交換機能を基礎にしてなされたけれども、初期の共同体《コミュニティ》では、互いに異なる複数の貨幣の用法が個々別々に制度化されているということになる。それらのあいだに相互の依存関係があるかぎりでは、支払い、標準、あるいは富の貯蔵のための使用法の方が交換のための使用法よりも優位に立ちうるのである。たとえば、十九世紀の貨幣は、交換シンボルをほかのさまざまな用法のためにも用いているので、多目的的な音や記号をそなえる言語と文字に、ほとんど完全に対応しているようにみえるが、しかし、このアナロジーは原始貨幣と古代貨幣にもある程度あてはまる。というのは、これらの貨幣は、システムとして統一されている度合いが小さいという点においてのみ現代の貨幣と異なるにすぎないからである。しかしながら、ナチス・ドイツにはじまる二十世紀の第二・四半紀以来、「現代」貨幣は不統一への回帰という傾向をはっきりと示しはじめている。ヒトラ

ー治下では、六種類の「マルク」が流通しその一つ一つが特定の異なる目的に限定されたのである。(4)

交換貨幣

「貨幣とは交換手段である」。これは、現代思想の領域でのもっとも強力な仮定の一つである。この仮定がもつ権威がどれほどであるかは、それが人類史全体を覆うように定式化され、さらには人類学者によって原始社会にまで拡大された時の、公理のような扱いぶりから推しはかることができよう。このことは、以下の引用文に文句なく表されている。すなわちレイモンド・ファース教授の明言するところによれば、「経済システムにおいては、それがどんなに原始的であっても、ある一つの物品が、明確かつ一般的な交換手段として、つまり、ある財によってもう一つの財を獲得するにあたっての便利な中間手段としてふるまう時、その物品ははじめて真の貨幣とみなされる。しかしながら、その物品は、交換手段として機能することによって、価値の標準としての役割を果たし、それを基準としてほかのすべての物品の価値が表現されることを可能にするのである。さらにまた、それは過去の支払いと未来の支払いに関連して価値の標準となり、また価値の貯蔵手段として、富が集められ、準備、保有されることを可能にするのである」(『エンサイクロペディア・ブリタニカ』第十四版、「原始通貨」の項)。

今なお流行しているこうした見解によれば、貨幣の果たしうる交換機能こそが、現代社会だけでなく原始社会においてもまた、貨幣であるかどうかの本質的な基準であることになる。原始的状態のもとでも、さまざまな貨幣の用法は分離しえないものであると断定されている。したがって、交換手段の役割を果たす量化可能物だけが貨幣とみなされるのである。量化可能物が支払い手段として、価値の標準として、あるいは、富の貯蔵手段として機能することは、交換手段としての用法を含んでいないかぎり、それらの貨幣としての性格を決定するものではないのである。というのは、この用法が貨幣のさまざまな機能に一貫した関連性を与えるのであるから、貨幣システムを論理的に統一しているのもこの用法なのである。この用法がないところには真の貨幣はありえない、というのであるが、われわれの考えでは、この問題に対するこうした現代風なアプローチこそ、原始貨幣の諸特徴が今も不明確なままであることの主要な原因になっているのである。

貨幣の支払い機能

支払いは量化可能物を引き渡すことによる責務の解消である。その時、この量化可能物は貨幣として機能するのである。支払いと貨幣との結びつき、責務と経済的取引との結びつきは、現代人の眼には自明のことのように思われるであろう。けれども、われわれが支払いと結びつけて考える量化は、解消されるべき責務が経済的取引とはまったく結びつかない時代にすでに行われていたのである。その歴史は、一方では支払いと懲罰が接近し、他方では責務と罪が接近していたところにはじまる。だが、単線的な発展を推定すべきではない。むしろ責務というのは、求婚や結婚のような、罪や犯罪とは別の起源をもっていることがあり、懲罰は威信とか優位性とかのような、聖礼上の源泉以外の源泉から生じることがある。そこで、量的な内容をもつ最終的な支払いが、懲罰そのものにはまったく含まれていない便宜的な要素をもちあわせることになるのである。

民法が刑法に従い、刑法は宗教法に従っていたということは、おおざっぱには正しい。支払いは罪人、けがれた者、不浄な者、弱き者、低き者にすべて同様に要求された。そして、その支払いは神々、神々の司祭たち、名誉ある者、清き者、強き者に対して支払われた。したがって、懲罰は、支払う者の力、神聖さ、威厳、地位、富の削減を目的とするものであって、支払う者を肉体的に破滅させなければやまないというものではないのである。

法以前の責務の大部分は慣習から生まれ、その不履行の場合にのみ罪が生じる。その場合でも、バランスの回復には必ずしも支払いを必要としない。責務は原則として特性的であり、その履行は質的行為である。そこには、したがって、支払いの基本的要素の一つ、すなわち、支払いの量的性格が欠けているのである。聖礼上の責務や社会的責務の違背は、それが神に対するものであれ、部族に対するものであれ、あるいは血縁、トーテム、村、同輩集団、カースト、ギルドなどに対するものであれ、支払いによってではなく、正しい性質の行為によって償われるのである。責務を解消するために、求愛、結婚、忌避、ダンス、歌唱、装飾、饗宴、哀悼、苦悩などの行為、さらには自殺という行為がなされる。しかし、これらの行為はその理由のために、支払いとみなされることはないのである。

貨幣の支払い機能における基本的な特徴は量化ということである。そこで、たとえば、笞打ちの回数、礼拝器の回転数、断食の日数などによって罪が許される場合のように、罪を免除する過程が数を含む時、懲罰は支払いに近づくのである。こうして、罪は今や「支払うべき責務」となったが、しかしなお、罪が償われるのは、本人から量化可能物を奪うことによってではなく、やはり主として、質的な人格的価値、あるいは神聖性や社会的地位を失わせることによってである。

貨幣の支払い機能が経済と結びつくのは、責務を負った者の返済の単位がいけにえの動物、奴隷、貝殻の飾り、食糧などのような物的なものになる場合である。しかし責務は依然として、罰金、示談金、税金、貢物の支払い、贈物とその返礼の贈呈、神・祖先・死者への祈りなど、圧倒的に非取引的な性格のものであろう。だが、ここには今や重要な違いがある。つまり、支払いをうける側が得るものは、支払いを行う側の失うものにほかならないということである――そして、このやり方のもつ効果は支払いの法的概念に合致するのである。

支払い責務の究極的意図は、やはり、支払う者の力や地位の削減であろう。古代の社会では、途方もない罰金が犠牲者を破産させただけでなく、政治的にもその地位を押し下げたのである。このようにして、力と地位が長期にわたり、純粋な経済的所有に対して優位に立ちつづけていた。このような状況下における蓄積された富の政治的、社会的重要度は、多額の支払いを行っても自己の地位が揺るがないという富者の力に示されていた（古代の民主主義社会では政治的権力の没収が法外な罰金の形をとるが、それはこのような事情が条件になっているのである）。財宝は、たとえば、ツキジデスの『戦史』の「考古学」のなかにある忘れがたい章句にみられるように、政治的に大きな重要度を獲得するものである。そこでは富は直接、権力に変換される。富者は、権力をもち敬われるがゆえに、支払いをうける。すなわち、彼のところには、彼が権力を用いて苦しめたり殺したりしなくても、贈物や貢物がつぎつぎともたらされるのである。しかも、富が贈物のもとでとして使用されるから、彼の富はそのために必要な権力を十二分に生み出すのである。

交換手段としての貨幣がひとたび社会に確立されると、支払いの慣行が広範に広まる。交換の具体的な場としての市場が導入されるとともに、新しい型の責務が法的な取引以外の取引として目立ってくるからである。支払いは、取引で獲得されるなんらかの物質的利益に対応するもののようになる。人は以前、税金、利子、罰金、殺人償金を支払わされていた。今や彼は自分が買った財に対して支払いをするのである。貨幣は、それが交換手段であるがゆえに、今や支払い手段でもあるのである。支払いに独自の起源があったというような観念は消えていき、支払いが経済的取引から生じたのではなく、一千年のあいだに宗教的、社会的、あるいは政治的な責務から直接的に生まれたものであることが忘れ去られる。

貨幣の保蔵または貯蔵機能

従属的な貨幣の用法——富の貯蔵——の起源は主に支払いの必要性にある。元来、支払いは経済的な現象ではないし、また、富もそうではない。初期の社会では、富はほとんど財宝からなっており、この財宝がまた、生活維持のカテゴリーというよりも、むしろ社会的なカテゴリーなのである。富という言葉にある生活維持という意味内容は（支払いの場合と同様に）、富がしばしば家畜、奴隷、耐久的な一般消費財の形をとって蓄積されるということから生じる。そこで、富の貯蔵をみたすものと、富から支出されるものとの両者から、生活維持ということの重要性が生じてくるのである。けれども、支払いはなお概して非取引的な理由からなされるのであるから、右のようなことは限られた範囲において成立するにすぎない。このことは、富を貯蔵している富者と、自分たちの支払いによってその貯蔵をいっぱいにする従者たちの両方にあてはまる。富を所有している者は、それによって、罰金、示談金、税金などを聖礼上の目的、政治的な目的、社会的な目的などのために支払いうるようになるわけである。彼が、高低さまざまな地位の従者から受け取る支払いは、税、利子、贈物として支払われる。その理由は取引のゆえではなく、保護に対する純粋な感謝やすぐれた資質に対する称賛をはじめとして、奴隷化や殺害に対する赤裸々な恐怖にいたるまでの、社会的、政治的理由である。こういったからといっても、なお、ひとたび交換貨幣が現れると、貨幣がすぐに富の貯蔵手段として役立つようになろうということは否定できない。しかし、支払いの場合と同じく、そのためには、量化可能物が前もって交換手段として設定されなければならないのである。

貨幣の標準としての用法

価値の標準としての貨幣は、支払いや保蔵のどれよりも、貨幣の交換機能とより緊密に結びついているように思われる。というのは、基本物資の物々交換と貯蔵とが標準の必要性を生み出す、二つの、まったく相異なる源泉であるからである。両者のあいだには一見共通点がほとんどない。前者は取引に近く、後者は管理と処分に近い。だが、なんらかの標準がなければ、この二つはいずれも有効にとり行うことができない。たとえば、ある土地を、馬車、馬具、ろば、ろば具、牛、油、衣装類およびそのほかの雑品などからなる財の組み合わせ一式と交換する場合、計算の助けを借りる以外に、どんな方法でそれが可能であろうか。交換手段のない場合、古代バビロニアにおける物々交換の有名なケースではつぎのように計算された。すなわち、その土地は銀八一六シェクルに値するとされた。他方、交換に提供された物品には、銀シェクルで各々、馬車・一〇〇、六つの馬具・三〇〇、ろば・一三〇、ろば具・五〇、牛・三〇という値が与えられ、残りの額はその他の小さな品目に割りふられたのである。

交換が存在しないところでも、同様のやり方が巨大な宮殿や寺院の蔵庫の管理（基本物資の財政）に用いられた。蔵庫の管理人たちは、一つにとどまらない複数の見地から、生活維持に必要な必需品各々の相対的な重要度を計りださなければならない状況のもとで、これらの品々を取り扱った。マニスツスの石碑《オベリスク》(5)やエシュヌンナ法(6)の冒頭に掲げられた、かの有名な会計原則、「銀一単位＝大麦一単位」は、こうしたところから生まれたのである。

調査資料を検討してみると、貨幣の交換機能がその他の貨幣の用法を生み出すことはありえないことがわかる。むしろ、貨幣の支払い、貯蔵、会計といった用法はそれぞれ別々の起源をもち、相互に独自に制度化されたのである。

特選財《エリート》流通と基本物資財政

貨幣で買うことができないのに、貨幣で支払うことができるなどと考えるのは、ほとんど自己矛盾のようにみえるであろう。だが、貨幣が交換手段として使用されていないのに、しかもなお、支払い手段として使用されていたという主張には、まさに、このことが含まれているのである。初期の社会の二つの制度が部分的ながらその説明を与えてくれる。その制度とは、財宝と基本物資の財政である。

すでにみたように、財宝は他の貯蔵された富とは区別されるべきである。その違いは主として財宝が生活維持ということにどうかかわっているかにある。言葉の正しい意味において、財宝は「高価品」や儀礼品を含む、威信用の財からなっていて、それを所有するだけで社会的な重さ、権力、影響力がその人に与えられるものである。そこで、その授受の双方が威信を強めることになるというのが財宝の特徴である。すなわち、財宝は所有者を変えるために人々のあいだを循環するのであり、また、これが財宝にふさわしい用法なのである。食糧が「財宝化する」時も、生活維持の観点からすると、それがいかに馬鹿馬鹿しいことにみえようとも、食糧は関係者のあいだを行きつ戻りつするものである。しかし、食糧が財宝として機能することは稀であった。というのは、屠殺豚のような興味をそそる食糧はもちが悪く、もちのよい大麦や石油のようなものはおもしろみがないからである。これに対して、貴金属は、ほぼ普遍的に財宝として評価されるが、生活維持のためにただちに交換されるなどということはありえないのである。なぜなら、黄金海岸《ゴールド・コースト》やリディアのような例外的な金埋蔵地域を別にすれば、庶民が金を見せびらかすのは品の悪いことだからである。

にもかかわらず、財宝は、その他の権力の源泉と同様、経済的に大きな重要性をもつことがある。それは、神、王、首長が自己の従者のサービスを財宝の提供者の自由処分に任せてしまうことができ、こうして間接的に、大量の食糧、原料、労働サービスを財宝の提供者のために確保してやることができるからである。要するに、こうした間接的処分という権力は、徴税という重要な権力を含む場合もあるが、いうまでもなく財宝の受領者が自分の部族や人民に対して及ぼす強大な影響力から生まれるのである。

以上のことは、財宝が量化可能な単位から構成されているかいないかにかかわりなく、すべて妥当するものである。財宝が量化可能な単位からなっていれば、その取り扱いから財政の性質をもつ何かが生まれてくるであろう。たとえば、古代ギリシャでは、財宝の所有者は、その金や銀を鼎や椀のような通常受け取られている贈物の形にかえ、神や族長やそのほかの政治的影響力をもつ者のおぼえをよくするために用いたのであった。しかし、これによって、鼎が貨幣になることはなかった。というのは、このような敬神的な贈物の用法を支払いとか交換と呼ぶことは、ある人工的な機構があって、はじめて可能であるからである。財宝の財政的処理行為は神々や族長たちの狭い範囲に限られていた。いくつかのものは財宝で支払うことができたが、それ以上のきわめて多くのものが財宝では買えなかったのである。

生活維持の経済の制度としての富の貯蔵は、基本物資の収集・蓄積からはじまる。財宝およびその財政は、原則として、生活維持の経済には属さないが、他方、基本物資の貯蔵とは生活資料の蓄積のことであり、普通はこれらが支払い手段として用いられることも意味しているのである。ひとたび基本物資が寺院、宮殿、荘園などによって大規模に貯蔵されることになると、必ずこうした使用法が随伴するものである。というわけで、財宝の財政が、基本物資の財政に取ってかわられることになる。

たいていの古代社会には、何らかの種類の基本物資財政の組織がある。古代の諸帝国の再分配経済を長期間にわたって特徴づけていた会計の仕組みがあるが、この仕組みがはじめて開発されたのも、大規模に貯蔵された基本物資を計画的に移転させたり、投資したりする体制においてであった。ギリシャに鋳造貨幣が導入されたのは紀元前六世紀頃のことであるが、それからさらにかなりのちになってようやく、古代帝国、ことにローマ共和国において、貨幣的財政が基本物資の財政に取ってかわりはじめたのである。にもかかわらず、そののちでさえ、プトレマイオス朝エジプトは基本物資財政の伝統を保ち、これを比類なく高い効率をもつ水準にまで高めたのである。

統合の一形態としての再分配は、原始的な状況のもとでは、しばしば中央部での財の貯蔵を意味し、財はそこから分配され、流通の外へ出てゆくことになる。中央への支払いとして運ばれてきた財は、そこからさらに外へ払い出され、消費される。それらの財は賃金、兵士の給料、そのほかの形で払い出されて、軍隊、官僚、労働者に生活資料を供給する。神官たちは、神殿に現物で納められる支払いの大部分を消費する。軍隊の装備、公共事業、政府の輸出のために原材料が必要とされ、羊毛と毛織物は輸出され、大麦、石油、ぶどう酒、なつめやし、にんにく等々は分配され消費される。このようにして支払いの手段は消滅する。それらのうちのあるものは、おそらく最後の段階で受け手たちによって私的に物々交換される。その程度に応じて、「副次的な流通」がはじまり、これが再分配経済を乱すことなく、局地的市場の主因になることさえもある。実際には、こうした市場が存在したという証拠はまだ発見されていない。したがって、財宝と基本物資の貨幣の用法の問題に対する関連性は、それらが、市場システムの存在しないところで貨幣が果たすさまざまな機能を明らかにしている点にある。

たまたま量化可能な財宝は支払いのために使用される。しかしそのような特選財《エリート》は普通交換されず、神聖な領域や対外政策の領域をのぞいては、購買のために用いられることがない。生活必需財の方が支払いのずっと大きな部分に関係していることはいうまでもない。

そのような生活物資が責務解消のため、すなわち支払いのために使用される時には、それは中央部に貯蔵され、そこから再分配上の支払いによってもとへ戻り、そして消費される。

それゆえ、概括的にいえば、支払い手段が貨幣の交換機能から独立しているような初期社会の条件がつくり出した制度上の問題への解答は、財宝と基本物資との両方によって与えられる。灌漑帝国には交換手段としての貨幣が存在しなかったために、そこにある種の銀行機関――実際には、基本物資財政をとり行った大財産管理がそれにあたる――が発達し、現物の移動と決済を可能にした。つけ加えれば、同様の手法が、比較的大きな神殿の管理でも採用されていた。このようにして、決済、振替、割符などがはじめて開発されたのは、貨幣経済における便法としてではなく、むしろ、その反対に、物々交換をより有効なものにして、市場的手段の発展を不必要にするために考え出された管理の仕組みとしてであったのである。

バビロニアとダホメ

ハムラビのバビロニアは、経済管理が複雑であり、実際上の操作が精緻であったにもかかわらず、貨幣組織に関しては貨幣材多様化の原則が強固に確立されていたという点で、典型的に「原始的」であった。細部については多くの重要な留保が必要であるが、以下のような概括的な一般化が可能であろう。すなわち、賃貸料、賃金、租税は大麦で支払われたが、価値の標準としては銀が普遍的であった。全体の制度は、「銀一シェクル＝大麦一グル」という等式に確固たる基礎をもつ会計原則によって統御されていた。土地の平均産出量が確実に増加したような場合（たとえば、大規模な灌漑事業が原因となったような場合）には、厳粛な宣言によって、一グルの大麦含有量が引き上げられた。銀が計算貨幣として広く使用されることによって、物々交換が大きく促進され、また、大麦が国内的支払いの手段として同じように広く用いられることによって、この国の再分配経済を支えていた貯蔵制度が成立しえたのである。

すべての大切な基本物資が、どれ一つとして、（財とは異なる）「貨幣」の地位にのぼることを許されてはいなかったけれど、ある程度まで交換手段として機能していたように思われる。このことはつぎのようにいい表すこともできよう。すなわち、計算貨幣としての銀の機能、支払い手段としての大麦の使用、交換手段としての石油、羊毛、なつめやし、レンガなどの多くの基本物資の同時的使用にもとづいて、精緻な物々交換の制度が行われていたのである。交換手段のなかに大麦や銀が数えられるべきであるが、この場合、これらの基本物資または他の基本物資が「より好まれる交換手段」、すなわち、われわれなら貨幣と呼ぶべきものに発展していかないように注意が払われていたのである。こうした保全策のなかには、貨幣鋳造の回避、貴金属の、宮殿や神殿の宝庫への退蔵、そしてもっとも効能のあるものとして、取引の文書化に関する厳格な法の規定が含まれていた。このうちの際立った条項によると、正式な「売買」取引は、一区画の土地、一戸の家屋、一群の家畜、個々の奴隷、一隻の小舟というような――これらの実例はすべて名前によって明示されるのである――特定の財に限られていたようである。これにくらべて、大麦、石油、羊毛、なつめやしのような基本物資ないし取り替え可能な財については、それらの相互交換に関する文書は、数千年間の楔形文字文化の時代には存在しないのである。

はるかに小規模ではあるが、十八世紀のニグロ王国ダホメが、バビロニアとそう違わない貨幣事情を教えてくれる。子安貝は国内通貨として四つの用法すべてに使用されてはいたが、価値の標準としては、奴隷がこれを補充していた。奴隷は比較的大きい額の場合の計算貨幣として用いられていたのであった。したがって、富める者の富、外国船による王への関税の支払い、外国君主への貢物は、奴隷で計算された(第三の例の場合だけは実際に奴隷で支払われた)。しかしここでは、奴隷は、ハウサ族[7]のいくつかの地域におけるように、交換手段としては用いられなかった。この交換手段の用法としては、子安貝は砂金によって補充されていた。砂金は貿易港その他、外国との接触が行われる場所において、とくに採用されたのである。富の貯蔵に関しては、子安貝だけではなく奴隷もまた使用された。このシステムを統御する会計原則として、奴隷と子安貝のあいだに等式があり、これが公布によって定められていたようである。また、砂金オンスで計算される奴隷の輸出

価格についても同様であった。これらは、バビロニアを想起させるものである。(8)

(1) "The Semantics of Money-Uses" と題する本論文は、最初、カナダのトロント大学の *Explorations* 誌、一九五七年十月号に発表された。訳出にあたっては、前掲のドールトン編集による論文集(本訳書第一章、注1)の第八章として掲載されたものを参照した。

(2) ヘロドトス『歴史』巻一の一九九。

(3) ジョージ・ドールトンの指摘によると、その著書とは、A. H. Quiggin, *A Survey of Primitive Money*, London, Methuen and Co., 1949 である。

(4) ドールトンの指摘によれば、Gregory Grossman, "Gold and the Sword: Money in the Soviet Command Economy," in H. Rosovsky, ed., *Industrialization in Two Systems: Essays in Honor of Alexander Gershenkron*, New York, John Wiley & Sons, Inc., 1966 がソヴィエト経済における貨幣の役割をみるのによい論文である。

(5) 古代バビロニアのスサ(ダリウス一世によって開かれた首都)の砦から発掘された石碑。

(6) ハムラビ法典よりもさらに古い古代バビロニアの法典。バグダード近郊から発掘された石片によってその存在が知られた。

(7) 北ナイジェリア地域を中心として住む人口数百万の民族。十世紀以前から王国をつくり繁栄したが、二十世紀には英国に支配された。

(8) ドールトンの編集になる *Primitive, Archaic and Modern Economies: Essays of Karl Polanyi* に掲載された本論文には、「原始貨幣について」と題する付論がつけられている。この付論は、一九四七年から一九五〇年までの期間に書かれ、コロンビア大学の経済史の講義で学生たちにタイプ刷りで配布された覚え書きから編まれたものであるとされている。

この付論では、四つの貨幣の用法がそれぞれ別個の起源をもっていることが強調されるとともに、貨幣、交易、市場、これら三者もまた各々独立に発生したものであり、十九世紀の経済の特徴はこれらの区別がほとんど消え去ってしまったところにあるということが付け加えられている。さらに、貨幣に関する諸学説について簡単なコメントを付している。

古典派では、貨幣は商品交換を出発点として定義され、歴史的な進展と論理的な導出とが同一視されている。新古典派――シュムペーター、ボエームバヴェルク、ヴィーザーに付言している――は古典派の考え方をほぼ引きつぎ、個々の論点に種々の工夫がなされたが、貨幣を体系的に捉える場合の理論点困難をまだ理解していなかった。ケインズ体系は、ヒュームやリカードゥの誤謬の残滓を若干残してはいるものの、正当にも貨幣の現実――これは制度的にのみ説明されうるのであって、概念的に演繹されうるのではない――を純粋にそのものとして受け取り、ここを出発点としている。ポランニーはこうした形で貨幣論史を整理しつつ、つぎの点を強調している。貨幣の効用は、それでもって物が買えるという事実から生じ、貨幣の価値は、その稀少性から生まれる。だが、このような論点は貨幣の起源――諸制度との関連で考察されるべき――を説明するものではなく、右の二つは別々の論点であり、混同されてはならない、と。

第二部　現代社会の病理

第四章　世界経済恐慌のメカニズム(1)

中央ヨーロッパ、オーストリアから事態を観察していると、日増しに、つぎのように確信せざるをえなくなってくる。すなわち戦後期の事態のすべて——あらゆる経済的激変、八年間も好景気を持続させたアメリカの経済的驚異、一部の国で長期間つづいた好況、さらにまた技術、経済をめぐって、通貨・貿易政策をめぐって、きわめて多くの異常な出来事があった暗澹たる時期、これらのすべてを含む——は、実際には、いろいろと姿を変えて世界中をうろつきまわる、まったく同一の一つの経済恐慌を意味するものにほかならなかった。そして、最近の、しかももっとも強烈なその波浪が一九二九年から三三年にかけての恐慌であった、ということである。第一次大戦後第一年目の恐慌は、けっしてほんとうには克服されず、空間的、時間的にずらされたにすぎない。不均衡に陥った国民経済の赤字を、他の経済圏が意識的にせよ無意識的にせよ再三にわたって負担して、それで局部的な均衡がかろうじて回復されていたにすぎない。どうしても清算しなければならないその時になって、古い病巣がパックリと口をあけ、考えただけで誰もがぞっとさせられるほどの深刻さと不可避性を帯びる恐怖となって現れたのである。

右のような主張を、最近十五年間の経済過程から恣意的に取り出したほんのわずかな因果関係にもとづく大胆な一般化だといわれるようなもの以上に高めようとするならば、恐慌の本質に関する一定の見解と、この主張を立証するための方法とを明らかにしなければならないし、それればかりでなく、具体的な生成の過程に即して証明を与えなければならないであろう。

自己回復はなぜ不可能であったのか

世界経済恐慌の本質はどこにあるのか。いまだに自力回復していない理由は何か。恐慌現象をしばらくのあいだ回避させ、表面的には疑似均衡の形をとらせ、国民経済の多年にわたる累積赤字の莫大な負担を空間的、時間的にずらすことができた所以はどこにあったのか。そして、とりわけつぎの問題が重要である。すなわち、恐慌をこのように把握してみることによって、事態の経過全体の背後に隠された世界経済恐慌の諸原因に、いかにしてせまることができるのか。

一九二九年以来荒れ狂っている経済恐慌は、本質的に、現代の経済が周期的に苦しめられる、あの周知の循環性恐慌と同じものであることは疑いえないところである。しかしまた、この恐慌の著しい特徴はほかでもなく、これをとりまく現時の環境から規定されているのである。だから、われわれはここで恐慌理論という複雑、混沌とした議論に立ちいる必要はないであろう。むしろ、この全般的恐慌はその発生原因を、世界大戦と、それによってひきおこされた前例のない政治的、社会的事態に負っているのであり、われわれのみるところ、一九二九年から三三年の恐慌はこの全般的恐慌のもっとも激烈な局面なのである。原因をこのように考えてみれば、なぜ自力回復が多くの困難に遭遇し、また、これらを克服することができなかったかが説明されよう。大戦がもたらした国民経済上の損害はそれ自身甚大なものであった。これを逆説的に表現すればつぎのようになるであろう。現代の戦争は経済的観点からみて三カ月以上つづけることが不可能である、という見解それ自体は正しかった。したがって、世界大戦が一年以上もつづいたというからには、それは想像を絶する損害を社会にもたらしたということになり、この犠牲を払うために政治的、社会的に強大な権力の強制と抑圧が不可避であったということになる。それにもし犠牲が純粋に経済的な混乱にのみとどまっていたならば、経済的な自力回復は容易であったろう。だが、戦争遂行に必要な手段を、経済力をはるかに超えた規模で調達するために、社会に発作的な緊張が生み出され、そこからきわめて大きな損害がもたらされたために、経済的均衡を暴力的に回復する過程はもはや社会機構には耐えることのできないものとなったのである。通常この事態をせまりくる社会革命——たしかにこうした危険は存在した——との関係において説明しようとするが、これは一面的である。戦争の損害を克服することができず、戦後経済に新しい均衡をもたらすことができなかった政治的、社会的理由は、戦争を遂行させ、一方を敗戦国に、他方を戦勝国にさせた国民的、社会的、理念的、現実的な力それ自体と同様に、ほとんど全面的なものであった。

最新の統計調査が戦争の損害の大きさの実態をはじき出している。技術革新とアメリカ経済の驚異的発展にもかかわらず、一九二九年の工業生産額——この年、景気は最高点に達していた——でさえ、戦前数十年間の発展速度によって達成されるはずの額を下まわっていた。戦争勃発後の二十年間で約二倍になってよかったはずなのである。にもかかわらず、二九年までにわずか六割方しか増加しなかったし、三三年には戦前以下にまで低下してしまった。何世代にもわたって継続してきた発展の速度にしたがえば、一九三三年のなかばには、実際の額の二倍を超えてよい計算になる。戦時には表面的ながら熱狂的な活発さ——不生産的だが——があったにもかかわらず、あるいはまた、農業生産が農業恐慌によっても停滞することなく増加してきたにもかかわらず、戦争によって農業生産の増大はまる十年、工業生産の増大はまる二十年遅らされた——二九年から三三年の恐慌を度外視してもである——という事実はおおい隠すことができないのである。(2)

三種の債権者――利子階級、労働者、農民

戦争の損害そのものが今まで考えられてきたものより大きかったか小さかったかは別として、ほぼ確実にいえることは、戦争が生み出した政治的、社会的状況のもとでは、長い期間をかけて経済的均衡を回復しようとするには、損害があまりにも大きすぎたということである。ただ、つぎに掲げる三つの社会階層が政治的解決に幻滅しないですんでいたからこそ、社会機構は戦後も存立しえたのである。

戦争を勝利に導くために財政的に参加した利子階級《レントナー》――通貨および信用に対する彼らの信頼がなかったなら、資本制経済は再建されなかったであろう。

政治的、精神的に戦争の重荷を背負ってきた労働者――こうした重荷とひきかえに、彼らにはより多くの権利とより多くのパンが約束されていたのである。

社会革命に対する唯一絶対の砦であるようにみえる農民。

敗戦国において利子階級が戦後すぐに落ちぶれてしまったという事実も、戦勝国においてこれまでのすべての辛苦が徒労にすぎなかったという事実も、利子請求権を守ることによって軽減されるようなものではなかった。それに、敗戦国の労働者といえども恐慌の影響からは免れることができなかった。もし社会の存続という問題を考えに入れないですむ

くらいの純経済的条件があったならば、利子階級、労働者、農民がその要求を強く主張しなくとも、結果的にはより多くが無条件に与えられたにちがいなかった。しかし、われわれにとってことのほか重要なことなのだが、この「より多く」はけっして彼らに与えられなかったのである。というのは、もしこれが与えられたとすれば、この時期、社会機構は社会機構として存立することができなかったであろう。

戦勝国では利子階級が先頭にたっていた。勝利は彼らの財政的な犠牲によって獲得され、経済再開の可能性は通貨、信用に対する彼らの信頼感にかかっていた。戦争のための孤立・統制経済から自由市場下の経済への転換が、危殆に瀕するような過渡期を経ることなく、即時かつ連続的になされた場合にのみ、社会の存続は可能であったのである。敗戦国においては労働者が優位にたった。戦争の精神的な重荷をもっともきびしく嘗めさせられていた彼らは、政治力を手にするにいたり、約束の権利とパンとを要求した。

戦勝国においても、社会生活上の民主化が地滑り的ともいえるほど急速に進められた。イギリスでは選挙権者の数が戦前の約八百万人から、戦後間もなく二千八百万人以上へと増加した。ここイギリスにおいても、人々は約束を信じて武器を手にしたのであった。「救国の英雄たちに住宅を！」などという派手な言葉がウェールズ人たちのあいだで流行ったものである。彼らは戦場に武器庫を提供した(3)ばかりでなく、このようなスローガンまでもたらしたのであった。戦争が勝利してしまっては、約束を守らないですます口実は何もなかった。事実、戦後になって生活水準を切りつめなければならないとは誰も考えていなかった。正しい認識にいたるのが遅すぎたのである。利子所得引き上げ(過分な引き上げ)のため、経済全体に過大な重荷が背負わされたが、この犠牲を労働者たちに一方的に押しつけるような政策をとる余地はまったくなくなっていた。

関係者の第三は農民であった。親から受け継いだ土地に定住し、市場をとおして都市と経済的対立関係にたっていた農民だけが、戦後、ボルシェヴィーキに対する安全弁――直接的にも間接的にも――として信用できるとされていた。世界観と生産者利害とが彼らを保守主義につなぎとめていた。しかしブルガリアの例は、農民が幻滅を感じた時には保守的になるばかりではないことを物語っていた。それどころか、東欧およびヨーロッパ辺境諸国の多くがたどった運命は、ことさら幻滅を感じなくとも、農民が大土地所有制の解体に手をつけだすこともあるのだということを実証しているようである。また、革命というものはなにも左から起こるとは限らないということが、今となってはヨーロッパの現実となっているのである。農民については、彼らがみずからの、社会的にも止めがたい要求を徹底的に押しとおしたのだ――この点、利子階級も労働者も農民ほどではなかった――ということを述べておけば十分であろう。

このように、三様の方向からそれぞれ主張がなされ、経済の均衡回復の企図はこれらの主張と妥協しなければならなかった。通貨価値の引き上げによる利子階級の所得保護、賃上げによる労働者の所得保護、農産物価格の引き上げによる農民所得の保護、これらが、社会機構の存続のためにはどうしても必要であった。世界大戦が莫大な経済的損害をもたらしていたところへ、これらの諸要求を満たすということが重なり、過剰消費という事態が生み出されたのである。今日、こうした認識に一片の疑いすらさしはさむことは無理である。ここに、社会機構を保つために、経済的不可能事が要求されることになった。だが、経済的可能事と社会そのものの存続とがぶつかり合うならば、経済的可能事の方があれこれと抑えつけられることになるであろう。ところが、当然のことながら、これを長期にわたって抑えつけておくことはできない。経済法則を破れば、遅かれ早かれ、さらにひどい経済的損害を招くことは免れない。しかしまた、社会の存続はなにはさておいても守られなければならないのである。

それればかりではなかった。社会機構は、世界大戦の結果生まれた国際関係のなかにあって、内部からばかりでなく外部からも経済的危険にさらされたのである。にもかかわらず、われわれは世界経済の自力回復を阻害する主因が、賠償、戦費債務、アウタルキー指向にではなく、なによりも利子階級、労働者、農民の所得引き上げ要求にあったと考えるのである。これは、均衡問題にとっては、全般的過剰消費という国内経済問題が疑いもなく決定的な意味をもっていたからである。とはいえ、内外のこれらの問題は互いに関連した全体の一部をなしている。賠償と戦費債務の問題が金融的、経済的努力の目標となっていたが、この目標は、生産的資本の乏しくなっていた世界においては、高い生活水準の全般的な維持が不可能であったのと同様、達成不可能であった。にもかかわらず、このために力が尽され、経済的に犠牲の多い干渉によって、崩壊はしばらくどうにか回避されたのである。

大規模な干渉と大戦

この十五年間の経済および金融がほとんど干渉の歴史からなっており、よくない事態はこれらの干渉から生まれるべくして生まれたのだという見方は、現実に即応した妥当な認識であろう。しかし、これらの干渉は恐慌の原因ではなかったのである。干渉のあるものはまったく誤ったものであったり、近視眼的になされたものであったりはしたが、ともかく、これらの干渉は恐慌の発現をしばらく延期させたと考える方がより妥当であろう。とはいえ、つぎのような理由により、この延期はけっして無意味なものではなかった。第一の干渉は世界大戦そのものであった。戦後の干渉のすべてが、一面では高価で犠牲の多い手段であったが、恐慌――残忍な均衡攪乱――の致命的な影響から、社会を守るためのものであったのである。他面、それらの干渉は明らかに、新しい過度の攪乱をもたらし、第一の干渉の結果を一層拡大することになったのである。このように、戦後の干渉が戦争の損害から必然的に生じていることをはっきりさせておかないかぎり、これらの干渉の真の機能を認識することはできないであろう。

さらにつけ加えれば、労働者、農民に対する施策だけを干渉と考えるのは的確ではない。このような考え方には、戦前の状態を再建しようとする措置は、いわばそれ自体で正当性を有していると考える安易さが隠されている。通貨価値の引き上げによる利子階級の所得増大が、国の新しい均衡状態において許容されるかどうかという点を考慮しないとすれば、この引き上げは、たとえ最高に人為的で暴力的な手段によってなされたとしても、干渉とはみなされないことになってしまう。契約の絶対的尊重を純粋に形式的に強調するにすぎない均衡論は、経済・金融政策的観点からすれば、何の価値もない。というのは、そのような均衡論は、現実に決定的に重要な問題、どのような所得体系が新しい均衡状態に適合しているのか、すなわち、継続的に受容しうるのか、という問題を見過ごしてしまっているからである。

すでに戦時中に根底から骨抜きにされてしまっていた戦前の世界経済構想にもとづいて、約十年まえから、何のためらいもなく、世界経済の再建努力が開始されていた。イギリスによる金平価への復帰措置は、この努力を象徴する最たるものであった。しかし、こうした失策の影響もまた、幾年か先へ引き延ばされたのであった。

恐慌発現の延期はいかにして可能であったか

利子階級にせよ、労働者にせよ、農民にせよ、均衡水準以上の消費水準を享受できるめぐまれた階級が存立しうるのは、つぎの三つの源泉が存在する場合だけであった。

第一に、国内所得の移転によって。労働者と農民だけが優遇された場合には、中産階級と工業企業の資本とに負担が転嫁された。これらの場合、負担は、財産税と貨幣価値下落――無情さと不公平さにおいて、どの税とくらべてもひけをとらない――によって転嫁された。農村での過剰消費は、都市住民の負担になる関税と、保護主義的な土地収用法に支えられていた。

第二に、資本のくいつぶしによって。国民経済の国内資本は、一部はインフレーションの過程でくいつぶされ、また一部は財産を国外へ販売、分与することによって消費された。

第三に、滞積した赤字は新規の対外債務によって埋めあわされなければならなかった。

これは実際、予想もつかない規模で行われることになった。赤字を負った国民経済はみずからの赤字を外国に背負わせ、この援助国は援助国で、より強力な国へ援助を求めた。長期にわたる外見上の安定、比較的長期間持続した好況、完全な均衡が存在しているという錯覚に導くような様相は、経済的、金融的諸困難へと一挙に様変わりした。すべてをつなぎ合わせていた紐帯が、アメリカの景気の最高点で、ほとんどまったく突然にちぎれ、お互いにもたれあってたっていた赤字経済は地滑りを開始し、安定化機構の全体は崩壊していった。

世界経済恐慌はこうした経過をたどり、現実のものとなってしまったのだが、この世界経済恐慌のメカニズムはいったいどのようなものであったのか。

恐慌発現の地理的移転と、それによる時間的延期は、戦後発展した信用メカニズムをとおしてなされ、それがもっていた類い稀な容量と張力とによっていたのである。

この信用メカニズムの特性については、いまだなお十分には解明されていない。戦争で崩壊した世界経済は戦後徐々に再建されていったが、一九二八年末から再び収縮の途をたどった。これに対し、信用制度はすでに戦時中に新しい全盛期を迎えていた。こうした逆説的な現象は、ほとんど戦後期全体を通じて現れつづけた。世界経済の方がくりかえし著しく縮小、麻痺すると、国際的信用制度がその驚くほどの流動性と容量とを示したのである。

この信用制度をつくりあげたのは戦争である。勝利した連合国側による物資の共同調達が外地でなされる場合には、この目的のために創設された信用組織をとおして行われた。これをとおして戦時の巨大な金融取引が行われた。海外有価証券や資本参加権がアメリカへ譲渡され、ポンド相場が合衆国によって保証され、同盟国間の第三国通貨支払いがすべて信用によってたな上げされたのである。生死を賭して戦う強大国が信用という武器に極度に傾斜したために、この信用組織は無限ともいえる容量をもつにいたった。まとめていえば、ここに、信用の政治化が近代資本主義の成立以来最大の規模でもたらされたことになる。こうして、ロンドン、ニューヨーク、パリの発券銀行や商業銀行のあいだで、従来よりもはるかに緊密な人的・企業間関係がつくり出されることになった。そして今や、全ヨーロッパに信用を配分する、きわめて近代的なこのパイプラインは、中央ヨーロッパ経済という大砂漠灌漑のためにも金《かね》を惜しげなくつぎこむことのできる、一見汲めどもつきない信用の新しい泉——アメリカの測りがたい富——を探りあてたのである。アメリカが戦争で儲けた、想像を絶するほどの利益が投資先を求めていた。ヨーロッパの再建は、アメリカのヨーロッパに対する債権の救出につながるばかりでなく、それよりはるかに高次の偉大な事業——先見の明ある博愛行為——であるとみなされていた。今まで存在しなかった規模の比類なく富んだ資金供給者が現れ、独自の手段でこの信用メカニズムを働かせようとやっきになった。戦争によって生じた金融負債の実態について、当時世界が犯していた誤解のほどを、現在のわれわれがなかなか理解できないとすれば、その当時「優良」とみなされていた債権を一つでも思いうかべてみればよかろう。連合国間の債務総額は二百五十億ドルであった。ジェノア会議(4)の雰囲気を左右していた背後関係に目を注ぐならば、ロシアの石油利権の分割をめぐってその会議が空中分解してしまったこと、およびロシアから債権を取りたてようと熱心になっていたのは一国だけではなかったということに思いいたるにちがいない。ロイド・ジョージは、戦時中および戦前のロシアの借金を返済してもらおうとおおいに期待していたからこそ、あの有名な提案——ロシア再建のための二千五百万ポンドの株式会社設立案——を本気で行ったのである。こうした期待は、何といっても、約三百五十億金スイス・フランというかなりの額にかけられていたのであるが、これらの債権は今日、すべて帳消しにされている。しかし驚くべきことに、これらの債権者たちはもはや債権者ではなくなってしまっているのに、みずからを金持ちであると思いこんでいたのである。イギリスとドイツがすでに金本位制に復帰していた一九二五年においても、あの会社設立案や賠償債務百六十億金マルクの換金について、トワリーなどでおしゃべりが続けられていた(5)。当時の人々が、いわば神秘的な力を有していると思いこんでいた、この信用メカニズムこそが恐慌の発現を十年間も引きのばし、延期させた立て役者であったのである(6)。

戦後の経過

戦争の結末が、恐慌の東から西へという地理的移動を規定した。ロシア、オーストリア、ブルガリア、経済的な意味においては東方の交戦地域を切りとってつくられたルーマニア、南スラブのような継承国、そして、チェコスロバキア、ポーランド、ギリシャ、辺境諸国、そして最後に、いうまでもないが、ドイツ帝国――こうした国々が敗戦国となった。

ヨーロッパの戦勝国としては、イギリス、フランス、ベルギーが存在した。また、特別の勝利国として、アメリカが一国で一グループを形成していた。

一九一八―二四年――戦後の過程は東ヨーロッパからはじまった。戦勝国とアメリカの援助によって敗戦国を再建することからであった。オーストリアの通貨は一九二三年に、ハンガリー通貨は一九二四年に、ともに国際連盟の援助によって安定化した。同時に、ギリシャ、ブルガリア、フィンランド、エストニアが「救済」された。また、ルーマニア、ポーランド、チェコスロバキア、南スラブはフランスからの借款を獲得したし、ロシアに対してさえ援助策が練られた。この期のハイライト、ドイツの金本位制の再建は、借款案を含むドーズ案に拠っていた。この借款の半分はアメリカが負担した。敗戦諸国は金本位制を再導入したため、インフレーションという秘密兵器を失ってしまった。国民経済に定着してしまった赤字は、対外債務によってどんどんカバーされ、戦勝国へと転嫁されていった。したがって、この第一期においては、援助国となった戦勝国の通貨自身はなお依然として動揺していたのである。

一九二五―二八年――戦勝国においては、彼らが敗戦国から肩代わりした赤字に加えて、彼ら自身の不均衡が発生した。戦勝国における通貨安定のための努力は、そこでの金本位制導入を契機に、その国民経済に赤字を顕在化させる結果となったのである。イギリスは、中央銀行間のいわゆる協調によって、通貨安定のために生じた経済的赤字をアメリカへ移転させた。ポンドを戦前平価で安定させようとする政策は、一九二五年四月一日に実施にうつされたが、この政策はアメリカの出動保証に支えられたものであった。一方では、ドイツへの信用供与が巨額に達していたにもかかわらず、早くもその日から、アメリカの信用政策はヨーロッパ援助であるというよりも、イギリス援助の形を暗黙のうちにとることになったのである。この期のハイライトは、一九二七年五月ニューヨークで、モンタギュー・ノーマン[7]とストロング[8]が協定を締結したことである。アメリカでは、八月あらためて低金利政策が確認かつ強化されて、二八年二月まで継続され、これによって二九年十月のウォール・ストリートを準備したのであった。アメリカにおける潜在的インフレーションは、アメリカが低利信用の輸出と国内低利子維持政策によって、金本位制に復帰したヨーロッパの戦勝国にたえずテコ入れしていたということを物語るものであった。

一九二九—三三年——ヨーロッパの戦勝国と敗戦国の赤字の総和はアメリカへ移転され、そこで恐慌の形をとって現れた。それまでの十年間、事態推移のつなぎ役を果たしてきたアメリカの信用が、この恐慌発現の過程では本質的な役割を担うことになった。アメリカはドーズ案やイギリス、フランスとの借款協定以来、賠償支払いやアメリカ自身の債権受け取りにまで融通することになり、ポンドの安定化（これは無駄ともいえる試みであった）、ドイツ再建投資の不足部分、およびウィーンに累積した東ヨーロッパ弱小諸国の赤字といった負担を背負いこまなければならなくなった。この期の主要な事件は、一九三一年五月十二日のクレディット・アンシュタルトの倒産である。これにより、ライヒス・マルクは支払いを停止し、イギリス・ポンドは平価から離脱した。この期のハイライトは、一九三三年四月十九日にドルが動揺した時である。通貨の混迷と世界経済の分断化がもたらした事態は、戦争直後に支配的であったあの大混乱にまさるとも劣らないものであった。

ポンド高政策とその結果

以上のような関連をふまえると、部分的考察では、誤りとか過失とかの評価を受けるにちがいないことの多くが、実は、必然的であったのだということになるであろう。多くの非難はひと皮むけば矛盾だらけである。よくいわれるように、機会を逸したと非難してみたところで、それは別の方途を指摘することにはなるが、その方途も結局は、現実の事態と同様の、招かれざる事態をもたらすことになったであろう。現在の時点では、イギリスの戦前平価への復帰政策は、誤った国民経済的決断の好例とされている。しかし、イギリスにおいてあらゆる機会にくりかえされた、「一九二五年時点では先の事態を予測するのは困難であった」、「フランス、ベルギーが通貨を妥当な水準以下で安定化させてしまったことによって、イギリスは両国の輸出ドライブ力に圧倒されてしまったのだ」という弁明では、やはり、無策こそ得策といった方途を示唆しているのにすぎないのである。しかるに、フランスとベルギーの通貨安定化水準について強調すべき要点は、物価水準とそれとの関係ではなく、なによりも、その本来的な平価との関係であった。フランスが国民から利子収入の八割を強制徴収していたということが重要であった。そして、つぎのような事情を考えれば、このことはなによりも重要であったのである。イギリスが一九二六年以降輸出困難な状況のもとで奮闘しなければならなかった時でも、同国では、利子負担がかさみつづけ、それに賃金コストが高かったため、生産コストが高騰していたからである。

もう一つの例をあげよう。中央ヨーロッパは、長年イギリスの経済的困難のきびしさを正当に理解しようとはしなかった。すなわち、中央ヨーロッパは、イギリスのバンク・レートがいまだに低すぎるから、ポンドの長期的な安定化は不可能であろうと、みずからの経験をもとに、独断してしまったのである。実際には、一九二五年から一九三一年のあいだに、同レートが四・五％以下であったことはほんの二カ月もなく、イギリスにとっては不釣合なほど高水準にあったのである。一九二五年に、法律によって公債利子を切り下げるか、財産税が施行されていたとすれば、通貨価値の引き上げによって生じた悪い結果を、おそらく修正することができたであろう。しかし、実行が遅れれば、こうした方策は、通貨下落の場合に劣らず、イギリスの信用を動揺させたことであろう。バンク・レートをきびしく持続的に高騰させるならば、イギリス経済の急性的な恐慌をさらに激化させる（これは実際には回避できたが）ばかりでなく、商品輸出を維持するのにどうしても必要な資本輸出を途絶えさせることにもなったであろう。(9) ところが、イギリスは通貨の安定化後も資本輸出を続行したのである。すなわち、「再建」されていない――とりわけ初期の――東ヨーロッパ経済にとって有益な資本輸出を継続したのである。ロンドン市場における資本発行によって、一九二四年だけで七億八千二百万ドルがヨーロッパ諸国に長期貸出されていた。

事実、イギリスのバンク・レート引き上げの結果、一九二七年以降、資本輸出はますます困難に感じられるようになった。ロンドン市場は目にみえない、重苦しい圧力を受けるようになった。短期貸出がはじまり、それとともに、シティ自身も外国からの短期貸付に頼るようになった。こうした状況のもつ危険性については、マクミラン報告が、三一年九月のポンド崩壊の直前に、十分に解明していた。(10) 一九二七年、ロンドンで応募された外国債はなお六億五千百万ドルあったが、二八年には五億二千五百万ドル、二九年にはわずか二億二千八百万ドルとなってしまった。しかも、これだけの額でさえ、疑いもなく、あのニューヨークによって約束された低利通貨政策に支えられながら、ようやくかき集められたものであった。

各国民経済は赤字をはらんでますます不安定な均衡下にあったが、それら国民経済を結びつける伸縮的な紐帯は、アメリカの信用援助であった。しかし、当時のヨーロッパの主な国民経済の赤字をアメリカの元帳につぎつぎと書きこませていった媒介者は、再建された金本位制であった。インフレーションという秘密兵器を失い、金本位制の不動の法則によって赤字の移転が妨げられてくると、各国民経済はみずからのもつ赤字にある程度気づかざるをえなくなってきた。少なからざる影響が新しい負債を獲得する過程に徐々に現れてきたのである。中央ヨーロッパ通貨の安定化がイギリスに低利政策――この効果は相当時間が経ってみないと顕著にはならなかった――を採用させただけであったが、イギリス自身の金本位制への復帰は、まさに、二六年から二九年のアメリカの潜在的インフレーションを生み、それをとおして、最終的には世界の信用機構の崩壊を招いたのであった。

アメリカと二重の機能をもつ信用メカニズム

戦後の経済史のなかでもっとも誤解を生みやすい現象は、おそらく、この期のアメリカにおける生活水準がおとぎ話的ともいえるほど高かったという事実であろう。この高い生活水準は、現実の富の大きさの結果でもあったが、いわば世界経済の総体を分断するような干渉行為――アメリカによる高保護関税政策と移民禁止策――に由来するところでもあった。こうした政策がとられていなかったとすれば、ヨーロッパの貧民は合衆国にも拡散し、結果として、中央ヨーロッパの敗戦国における悲惨な生活とアメリカの高い生活とのあいだの、どこか中間に新しい均衡点が見いだされたにちがいない。アメリカは、安い人的資源と安い商品の流入を禁じることによって、みずからの生活水準をヨーロッパの圧力から守ることができたのである。これらの政策はまた、金が一方的に合衆国に向かって移動する根本的原因ともなった。これこそがアメリカの生活水準を低下させないための唯一の支払い形態であったのである。

アメリカはその短見な高保護関税政策によって恐慌を悪化させただけでなく、同時にその原因をもつくったという非難が、合衆国に向けて幾度となく浴びせられた。債権国は経済的には利子取得者としてふるまい、商品輸出に対する債務国からの支払いを自国の貿易差額の赤字で軽減してやらなければならない。ところで、たとえばイギリスのように、何世代ものあいだ対外資本投資を行い、その償還受取額の方が新たな投資を超過する時期を迎えるような国は、自国の経済構造を徐々に新しい状況に適応させていくことができよう。今日、イギリスは、一方では原料を、他方では二次加工に適した織物を大量に輸入しているが、イギリスは自国に近しい世界中の債務国との、この数十年来の貿易のなかで、こうした状況に対応する経済構造へと、適応を遂げていったのである。ところが、一晩にして債務国から主導的な債権国に発展し、しかも、さしあたりこの転換が圧倒的に政治的理由にもとづいていたといわざるをえないアメリカのような場合、その国がいったいどうして気軽に貿易収支を赤字にもっていこうと望むであろうか。同盟国間の戦費債務となった一九一四—一八年のアメリカの輸出は、アメリカの経済構造をヨーロッパ大戦のもたらす需要に適応するように転換することを一方的に要求した。したがって、もし講和条約締結後まもなく利子の支払いが商品の形で行われたならば、アメリカ経済にはこれによって重大な恐慌が生まれたにちがいないのである。ここでまた、干渉をそれにふさわしい時期——世界大戦の時期——だけに限定せずに、大きな負担を伴う干渉を戦後にまで移転してしまうという誤りが犯されたように思われる。最初の干渉の恐ろしい結果がしばしば、新しい犠牲に満ちた干渉によってのみ除かれるということ、これが、まさに政治に規定された経済の現実のたたりともいうべきものである。

もし戦争から生まれた額面百十億ドルのヨーロッパ向け債権を帳消しにする政策——これがおそらく合衆国のとりうる最善のものであったであろう——がとられたとすれば、戦後も、アメリカ自身がヨーロッパの戦争コストを必ず背負いこむことになり、国内の自由公債[11]利払いの必要から、徴税圧力に長期間苦しまなければならなかったであろう。それでもアメリカは、おそらく戦前より高い生活を享受することはできたであろう。アメリカは債権を保持しつづけたばかりか、ヨーロッパ救済のために新しく巨額の信用を供与したという事実からすれば、右のような問題設定は机上の空論にすぎないかもしれない。しかし、重要な論点をこうした問題設定によって明らかにすることができるのである。

第一に、この時期のアメリカの生活水準は不当ともいえるほど高かった。債権を放棄したとすれば、生活水準は引き下げられたにちがいない。しかしまた、商品と人間のかたちで債務支払いを受け入れても、結果は同じにならざるをえなかったであろう。第二に、ヨーロッパにおいては、利子階級、労働者、農民が政治的、社会的条件に支えられて過剰消費を享受していたが、このことが一つの重要な要因となって、アメリカにおける生活水準が異常に高く維持されることになった。もっとも、このヨーロッパにおける過剰消費はアメリカの信用援助によって可能となっていたのでもある。したがって、信用メカニズムは二重の機能を果たしていたことになる。すなわち、ヨーロッパとアメリカの生活水準を均衡の水準以上に保ったのである。

数年前、連邦準備制度理事会の通貨政策に対し、アメリカに流入した金を不胎化してしまったという非難が浴びせられた[12]。ヨーロッパではこの金が不足し、その不足ゆえに信用拡大が不可能となる一方で、アメリカではこの金が故意に信用拡大に用いられなかったというのである。現在では、逆の非難が一層大きな声で叫ばれている。すなわち、アメリカは、際限のないインフレーションと無遠慮な資本輸出によって、まさに世界恐慌の原因を生み出したのだ、と。この二つの非難が両立しないことは明らかである。それに、金の不胎化説は単純な誤解にもとづいていることがはっきりしている。一九二一年から二九年にかけて、金準備が増大したことにより、連邦準備制度加盟銀行の一日平均の超過準備は七億六千万ドルも増加したのである（二一年九月から二九年九月まで）。そして、これによって約九倍から十倍の新規貸出が経済に供されたのである。

しかし、この非難は、実は別のことを物語っているのである。それは、アメリカの信用拡大がいかに大きくても、ヨーロッパにとっては満足のいく十分なものにはみえなかった、ということである。アメリカの信用援助に対して、まったく際限のない需要が生み出されていた。中央ヨーロッパ、東ヨーロッパの諸通貨の安定化、きびしい信用規制に支えられていてもなおお足もと不如意の金マルク、旧平価復帰以降のイギリスにますます重くのしかかる貿易圧力、ドーズ借款とヤング借款とのあいだに必要とされた政治的テコ入れの信用やつなぎ的信用、ドイツやその他の諸国の復興に対する信用供与、これらが信用需要を生み出していたのである。

こうした事態は、不胎化説とは対照的な、アメリカの潜在的インフレーション説——事実面だけからすれば妥当な主張である——に批判的説明を与えてくれる。この主張はそれ自体としてはまったく正しい。だが、そこから、アメリカが通貨再崩壊の責めを負うものであると断定することは（いたるところで耳にする主張であるが）正しくないのである。これは真の事実関係をほとんど逆さまにしてしまっている。諸通貨の安定は、インフレーションを必然的に生む原因となったアメリカの信用政策が背後にあったからこそ、維持されていたのである。この支援が停止されてしまうと、通貨の安定もご破算となった。ヨーロッパは、長期にわたっていくたびとなく、金融的、経済的、そしてもちろん政治的な苦境に陥った。このヨーロッパがアメリカの援助をもとめて叫ぶあの声を忘れてしまわないかぎり、一層きびしい結果をもたらすはずの別の方途——当時であれば信用援助の拒否ということになる——を云々することはできなかったであろう。ともかく、アメリカはヨーロッパから響いてくる信用拡張を励ます声にさからおうとはけっしてしなかった。そして、ヨーロッパに供与された信用が、ウォール・ストリートの南アメリカ借款にも明らかなように、一部過剰であり、また、贅沢に浪費されたということは確かである。そして、われわれは、債権国、債務国の両方において人為的につくり出された過剰消費が、なお一層の過剰消費を導き出したという事実に、致命的な経済的帰結の所以と、それと同時に、恐慌の発現が延期された所以をみるのである。

恐慌への過程

以上によって、さらに因果関係の認識にとってきわめて重要な脈絡が明らかとなる。アメリカへの金流出は、一九二一—二二年の経済恐慌時にすでにはじまっていた。しかし、ヨーロッパの主要通貨さえなお依然として動揺している事態のもとでは、金流出も信用総額を制限する圧力となるにはいたらなかった(13)。紙券通貨は金の不足に敏感ではなかったのである。一九二五年にイギリス、二六年にはフランスがそれぞれ金本位制に復帰するや否や、金の偏在についての苦情が真剣に語られはじめた。合衆国では信用制限策が何度かとられたが、債務国はそのつど必ず金不足にみまわれ、それによって一層困難な状況に陥ったのである(14)。アメリカは、景気の思わしくない時、二度にわたって「低利通貨政策」を導入した。しかし、二度とも、翌年（二五年と二八年）には金不足からこれを打ち切ってしまった(15)。一九二七年春、フランが事実上安定したことによって、イングランド銀行からフランス銀行へ大量の金が流出したが、この時、ニューヨークではモンタギュー・ノーマンとストロング連邦準備銀行理事が「低利通貨」の新時代協定を締結していた。悪戦苦闘するイギリス経済は、これによってバンク・レートを引き上げないですむはずであった。

一九二七年八月から二八年二月まで、ニューヨーク連邦準備銀行の割引率は三・五％にすぎなかった。アメリカとヨーロッパで好景気がはじまった。新生ヨーロッパの金本位制はアメリカからヨーロッパへの金の流入によって守られ、ドイツの資本輸入は一九二七、二八年には二十億ドルを超える額に達した。ニューヨークでは、バンク・レートが二八年七月に再度五％まで上がり、投機に起因する騰貴をくいとめようとする必死の徒労が開始された。アメリカからの長期信用の流出は底をついた。アメリカにおけるヨーロッパの資本発行は、二八年前期に四億四千九百万ドルであったのが、二九年同期には一億百万ドル余にすぎなくなった。

一九二五年までは、アメリカが債務支払いを金で受け取ったり、信用を供与したりすることによって、アメリカの保護関税・信用政策はヨーロッパの生活水準もアメリカの生活水準も低下させなかった。ヨーロッパにおける、というより、とりわけイギリスにおける金本位制復帰後は、アメリカがインフレーション主義に身をゆだね、利子率を人為的に低く保ち、ヨーロッパ向け資本輸出を倍に増加させたため、債務諸国は金流出からうける通貨への圧力に耐えることができた。しかし、インフレーション・メカニズムが機能しなくなると、過剰債務の金融的圧力は不可避的に経済恐慌へと急転したのである。この時、一九二九年にはアメリカとフランスがあわせて世界の金貨のほぼ五八%を所有していたのである。だが、アメリカはもはや信用を供与しなかった。金による支払いも、新規に借金をすることも、もはや不可能であった。商品で支払う以外、債務国に残された途はなかった。一九二八、二九年以来、債務諸国は輸出を強行しはじめた[16]。ヨーロッパや海外原料供給国から、買い手を求める商品が売値を問わずに世界市場に流れ出た。二九年には価格の暴落傾向が全般に拡大し、世界経済恐慌が門口に姿を現していた。三一年信用恐慌、三二年世界貿易の急激な収縮、三三年には全般的な通貨恐慌が発生した。世界経済の赤字の空間的・時間的移転はその過程を終えた。インフレーションは社会機構を救済したとはいえ、それは治癒過程の苦痛を単に長期化させたにすぎないのであって、これを人類から取り除

くことはできなかったのである。(17)

(1) *Österreichische Volkswirt*, 1933(発刊二十五周年記念別冊)所収のドイツ語論文。原題は „Der Mechanismus der Weltwirtschaftskrise" である。ポランニーは一九二四年から三三年まで、この週刊の金融誌の編集にたずさわっていた。

(2) ポランニーが用いたと思われる Institut für Konjunkturforschung の季報によると、一九二八年を一〇〇とする工業生産——製造業、鉱業、食品加工、繊維を含む——指数は、一九二九年は一一一、一九三三年は八三・二、なお、一九〇一〜一三年平均を一〇〇とすれば、一九二八年は一七五であるとされている。

(3) ウェールズはイギリスの工業地帯である。

(4) ロイド・ジョージの提案にもとづいて、一九二二年に開かれた国際経済会議。アメリカを除く連合国、ドイツ、オーストリア・ハンガリーなどの敗戦国、それにソヴィエトが参加し、戦前の債務、損害賠償、ドイツの賠償などの問題が討議された。

(5) 一九二六年九月、北フランス、エーヌ県トワリーで、フランス外相ブリアンとドイツ外相シュトレーゼマンのあいだに会見がもたれた。この会見と前後して、一九二五年から二六年にかけ、ロカルノ会議、ドイツの国際連盟加入問題、英仏外相会議など多数の国際会議が開かれている。

（6） *Kapital und Kapitalismus,* Berlin, Hobbing, 1931, S. 483 のF・ソマリー「資本の過剰・援助必要地域、国際的資本移動のメカニズムとその作用」を参照のこと。また、クレディット・アンシュタルト倒産以前に著された、信用の過度膨張に関するW・フェーデルンの一連の論文（*Oesterreichische Volkswirt* の八、九、十、十六、十七、十九、二十の各号）をも参照——原注。

（7） 当時のイングランド銀行総裁。

（8） 当時のアメリカ連邦準備制度理事。

（9） コンドリフはこの資本輸出を、「戦前の世界経済の正常なメカニズムのなかで本質的な役割を担っていたもの」と説明している。*World Economic Survey,* 1931/32, p. 48 ——原注。

（10） 「アメリカでは普通より長期の好況、イギリスでは普通より長期の不況、この二つが同時に進行したことほど、戦後期の著しい特徴はなかった。ヨーロッパの参戦国のなかではイギリスだけが追求した戦前平価への復帰という目標と、労働組合に課した重荷との二つが不況の基本的な原因であったといえよう」（F・ソマリー *Wandlungen der Weltwirtschaft seit dem Krieg,* Tübingen, 1929, S. 11）——原注。

（11） 一九一七年、アメリカの参戦と同時に、自由公債法によって発行された公債。前後四回にわたって発行されている。

（12） こうした事態は起こっていない。W・フェーデルン „Die Sterilisierung des Goldes", 前掲誌、十六、十七号を参照——原注。

(13) *World Economic Survey*, 1931/32, p. 48 のコンドリフを参照——原注。
(14) Institute for International Affairs, *Monetary Policy and Depression*, Oxford, 1933, p. 8 を参照——原注。
(15) オーリン教授の"Le Cours et la Phase de la Dépression," *World Economic Survey*, Jenève, 1931, p. 110 を参照——原注。
(16) *World Economic Survey*, 1931/32, p. 43 のコンドリフを参照。さらに同誌、1932/33, p. 171 の同氏および同誌(1931/32)、"Le Cours et la Phase de la Dépression," p. 211 を参照——原注。
(17) 最近二年間の国際連盟『世界経済年報』を起草したコンドリフ教授は、九月末に出版された一九三一・三二年号において、われわれの主張の本質的な部分に確証を与えている。「大部分の通貨、ことに債務国の通貨が互いに独立しており、外国為替相場が変動し、政府間に生じる債務が規制されないでいたあいだは、現在のような困難な状況にはいたらなかった。しかし、通貨が金本位制に復帰し、為替相場が固定され、債務が協定によって順次規制されてしまうと、新たにうち立てられた国際金融メカニズムに緊張が増大することになった。一九二五年から二九年の四、五年間は、国際的金融債務の支払いは、国民経済を根本的に改造しなくとも、債務国への大量の新規資本の流入、とりわけ合衆国からの流入があれば可能であった。一九二八年、二九年にこうした資本が枯渇しはじめると、ただちに、債務国の国際収支に課せられた重圧によって価格は押し下げられ、信用拡大にはブレーキがかけられた。そして、国際的な対処ができずに、国際通貨制度は全体的に崩壊することになった」(*World Economic Survey,* 1932/33, p. 277 参照)——原注。

第五章　機能的社会理論と社会主義の計算問題

（ミーゼス教授とF・ヴァイル博士への返答）[1]

「社会主義計算」に関する私の論文[2]は、種々の方面から、程度の差はあれ、かなり立ち入った批判を受けている[3]。手短な反論の序幕として、社会主義社会における計算問題に関して現在進行中の論争に対する私の立場を提示しておくのが、おそらく当をえたことであろう。

この問題が社会主義経済に対してもっている重大な意義は、今日では一般的な認識になっている[4]。しかし、この問題に対する解答に関しては、三つの主要グループが区別される。このうち二つは、市場経済対市場のない経済という伝統的対立の両極をそれぞれ代表する[5]が、これに対して、ようやく形成期に入りつつある第三のグループは、原理的に右の対立から独立した基礎に支えられている。この最後のグループは確かに少数のグループではあるが、われわれはこれを積極的な社会主義理論の代表者と呼ぼう。

第一と第二の主要グループは、互いに争ってはいるが、問題提起の点では一致している。

両者とも、市場経済と市場のない経済との理論的対立を資本主義対社会主義の対立と同一視し、そうすることによって、直ちに、社会主義経済を集産主義的、国家社会主義的意味のみならず、まさに交易のない、市場のない経済、集権的な指令経済と規定するのである。この二つのグループは、このほかの点でいかに争っているにせよ、新たに名のりをあげた第三のグループ――今われわれが積極的な社会主義理論家たちと呼んだグループ――に対して、水も漏らさぬ共同戦線を張っているのである。この第三のグループに、われわれは、イギリスの機能的社会主義、とくに機能的ギルド社会主義の代表者たち(6)と、E・ハイマンやJ・マルシャク(7)のような科学精神をもった社会主義理論家たちを加える(8)。正統マルクス主義派とその「ブルジョア」反対派とのあいだの論争は、われわれにいわせれば、すでに克服されている。私の論文は、この論争に対して、積極的な社会主義経済理論を創造するという要求を実現する最初の試みの一つであり、また、右の二つの伝統的方向に対しては、際立った対立のもとに生み出されたものとみなされるべきである(9)。

　積極的な社会主義経済理論の創造という要求を提出することは、すなわち、そのような理論がまだ存在しないということを認めることである。私の論文では、こうした事情から、計算問題の取り扱いに対してどのような方法論的帰結がもたらされるかを詳細に展開した。他方、諸々の定義や仮定を設定するにあたっても、同じ配慮にもとづき、社会主義経済理論の積極的取り扱いへの道を空けておくようにした。このことは、とくにつぎの三点に関してあてはまる。すなわち、一、社会主義経済の定義に関して、二、公正と経済との相互関係に関して、そして最後に、三、経済的な動機の分析に関してである。われわれは、社会主義経済を考えるにあたって、もっとも広義の共同経済が保存されるようなしかたで把握した。われわれにとっては、二つの要請――一方では、生産の最大生産性、他方では、分配および生産の社会的方向に対する社会的公正の支配――の実現が、社会主義経済の概念のすべてなのである。公正と経済との概念も同じ精神で取り扱っている。すなわち、この二つを同一の社会的実体（所有関係＝生産関係）の二つの現象形態として静的に扱うのではなく、社会的存在《ザイン》の、互いに依存し合う二つの要因として、動的に取り扱った。これによってはじめて、経済に対する公正の枠組作用と干渉作用を区別することができるのである。そして、この区別によれば、指令経済――公正によって統制された経済――と、自由経済――公正による統制から自由な経済――との、慣習的な二者択一は止揚されるように思われるのである。最後に、生産物の「自然的」および「社会的」費用の区別の問題も、「統一的経済意志」の分析――この意志を生み出す動機との関連における分析――という形に仕立てて分析したが、これによって、経済主体の内的組織と、その経済意志の構成と具体的連関を示すことができたのである。

積極的な社会主義経済理論の創造のために、まだ多くはなしとげられていない。それは、右のような事情からして、当然のことであろう。けれども、積極的な社会主義経済理論を可能にしようと思うならば、上述のような定義と仮定が設定されなければならないということは明らかであろう。イギリスの機能主義者たちもまた、不可避とされている対立——集産主義対サンジカリズム——の克服にとりかかったのである。[16] 私もまた、私の論文で、われわれの定義や仮定は機能主義的社会観の基礎の上にのみ実を結ぶことができるということを示そうと努めたのである。[17] 要するに、われわれの解答は、つぎの二つの前提にもとづいている。すなわち、経済理論にとっての市場経済か非市場経済かという対立も、社会主義経済組織理論にとっての集産主義かサンジカリズムかという対立も、ともに、不可避的な対立ではない、という前提である。

それゆえ、ミーゼスは疑いもなく問題の核心に触れていたのである。すなわち、彼は機能主義的見地そのものを攻撃していたのである。「サンジカリズムと社会主義とのあいだには、いかなる媒介も、いかなる妥協もありえない」とミーゼスは述べている(ここにいう「社会主義」はつねに集産主義的社会主義と理解しなければならない)。それゆえ、われわれの理論構成に失敗があったとすれば、それは、「サンジカリズムか社会主義かという根本問題を回避」しようとする意図を、十分明確にしなかった点にこそあったのである。このことは、とりわけつぎのような形態の社会構成が前提となっている場合にあてはまる。すなわち、コミューンと生産諸団体[18]という、二つの主要な機能的組織が社会の最高権力を体現するような形態の社会構成という前提である。ミーゼスは、自分の異論を以下のような道筋で証明することができると考えている。

彼は、私の論文からつぎのような引用を行う。「同一の人間集団の諸機能を体現するものが互いに解きがたい矛盾に陥ることはけっしてない――これが、どの機能的社会体制にとっても基本的理念である」。ミーゼスは、これにつけ加えてつぎのように論じる。「だが、この社会構成の機能的形態という基本理念は誤っている。もし、全成員の平等な選挙によって政治的議会が構成されるとすれば――そして、これがポランニーおよび他の類似の理論構成のすべてにある暗黙の前提であるが――、この議会と生産諸団体の議会――これは、右のものとまったく異なる選挙制度により選出される――とのあいだに矛盾が生じることは十分にありうることである」。さて、もしも、「コミューンも生産諸団体の議会も最終的な決定権」をもたないとすれば、「このシステムはおよそ存続できるものではない。もし最終的決定権がコミューンにあるとすれば、その場合には集権的指令経済が得られることになるが、しかし、この後者に経済計算ができないことはポランニーも認めている。また、もし最終的決定権が生産諸団体にあるとすれば、それはサンジカリズム的共同体ということになる」。

こうした論法は、ミーゼスの依拠している暗黙の大前提が正しいものならば、確かに正当なものであろう。だが、事実はそうではない。この大前提なるものは、つぎのようになるであろう。つまり、「ある社会体制は、その最終的決定権が、この体制にもとづいて承認された団体のうちのただ一つに存するときにのみ、存続可能である」と。しかし、存続可能であることに疑問の余地がない圧倒的多数の制度に関して、この正反対のことが妥当することは証明するまでもないであろう。すなわち、最終的決定権は、一つではなくて、少なくとも二つの体制的要因に存することが多いのである。

このような、ミーゼスの誤謬推理は、おそらくつぎのことによって説明される。つまり、ミーゼスは「社会体制」という言葉がもつ二重の意味に注目しなかったのである。この言葉は、一つには、まったく事実的な社会的な力の関係を意味し、他方では、社会的承認の関係を意味する。そして、第一の意味での社会体制、すなわち、社会的な力関係としてのそれに対してのみ、つぎの命題、すなわち、この力の関係は、それが効力を発揮しうるためには、支配・従属関係を体現しなければならない、つまり、決定権が二つの力のうちの一つに存しなければならない、という命題が妥当するのである。社会体制のもう一つの意味、すなわち、社会的承認関係としてのそれに対しては、けっして右の命題をおし及ぼすことはできない。ところが、ミーゼスはまさにそうすることによって、つぎのような誤った命題、すなわち、ある社会体制は、それを構成すると認められる諸要因の一つに決定権が存する時にのみ、生存可能であるという命題に到達したのである。彼の大前提となったこの主命題の誤謬は、ミーゼスにとっては、おそらく、「最終的決定権」という表現の二重の意味によって隠蔽されていたのであろう。すなわち、「最終的」という形容詞は、一方では、承認関係の背後で作用している力関係の示唆を含んでいるし、他方ではまた、承認関係自体に含まれる最高の要請を指し示しているのである。

しかし、誤った推論の背後に正当な異論が隠されていることもありうる。そこで、ミーゼスの異論を新しく捉え直すために、まず、以下では、力関係として考えられた社会体制と、承認関係として考えられた社会体制のどちらにとっても、決定権の要請からして、統一的な器官の存在が目的論的に必然的であるという命題を簡単に説明しよう。

力関係の場合には、二つの力のあいだの闘争の解決は、ただ一方の力が他方に対して永続的な優勢を保つ時にのみ可能である。それゆえ、この場合、決定権はつねに二当事者の一方に存する。したがって、当事者の力が均衡しているか浮き沈みがある場合には、力関係は概念的に無効になる。つまり、この場合、力関係の上での当事者間の闘争の解決可能性ははじめから排除されている。にもかかわらず解決を生み出そうとすれば、右の理由によって、当事者間に承認関係が入りこまなければならない（たとえば、法律、慣習などによる制度）。承認関係の上でもまた――もちろん外面的な、見かけ上のことであるが――決定権が両当事者の一方に帰属することがありうる（たとえば、交互決定や、くじ引きによる決定の過程で）。しかし、それは必然的ではないし、また、通例そうはなっていない。ここでは、当事者たちは、まさに合意の義務を負わなければならないものと相互に承認し合っているのであり、これによって、彼らのあいだに生じうる闘争の解決も基本的に保障されているのである。承認関係のレベルにおける優越――承認関係自体によって止揚されるであろう力の優勢とは区別される――が、たまたまどちらの側に存することになるかということは第二義的な問題点である。それは、当事者間の妥協点を動かすにすぎないのであって、承認関係、したがってまた、闘争の合意による解決の義務そのものを止揚することはできないのである。この優越と力の優勢との同一視が、ミーゼスの陥ったもう一つの混乱であると、われわれには思われるのである。

それゆえ、以上の諸点を正しく考慮に入れるならば、ミーゼスの異論は、たとえばつぎのように述べられるべきであろう。「生産団体に対するコミューンの（ないしその逆の）持続的な優勢は、両者のあいだの承認関係を排除する。それゆえ、両者のあいだには純粋な力関係が支配していなければならないが、これは、二つの組織のうちの一方に決定権が存する場合にのみ機能しうる。ゆえに、問題は集産主義かサンジカリズムか、である」。そして、この異論を証明するためには、ミーゼスは、当然、その力の優勢が二つの組織のどちらに持続的に帰属しなければならないかを指示しなければならなかったであろう（ここで問題になるのは持続的な力の優勢だけであるということは、すでに示したように、力の優勢が絶え間なくあちこちとゆれ動く状態は、当事者間の承認関係を許容する、否、直接それを要請するという事実から生じる）。ミーゼスはこの質問に返答できない。というのは、そうすることは、これらの機能的組織の一方を他方より優先させることが理論的に不可能であることを、彼みずからが認めてしまうことになるからである。ところが、一方を他方に優越させることができないという、この点こそ、われわれが機能的原理からの帰結として主張した点なのであり、また、ミーゼスが、彼の証明されない二者択一――集産主義かサンジカリズムか――によって論駁しようと企てたところのものなのである。

上述の問に対する解答は、もちろん存在しない。生産者としての人間と消費者としての人間は、二重の基本的動機を代表するのであるが、これら二つの動機によって同一の生活過程――個人の経済生活――が規定されている。それゆえ、これらの動機から生じる諸要求は、原則として、互いに均衡している。もし、ここで前提としているように、コミューンと生産団体が、右のような意志の方向をそれぞれ代表するものであるとすると、これらの機能的諸団体は、基本的には、やはり互いに同じ強さの要求を代表していることになる。あれこれの要求に有利な、したがって、一方の他方に対する優越をもたらすような変動は、個々人内部における場合と同様、依然として考えられはするものの、やがて、この変動の不可避的な反作用が、もう一つの、一時的に抑圧された要求、第一の要求と両極的に結びつく要求に波及し、均衡は自動的に回復するにちがいないのである。力の関係における均衡、したがってまた、この関係の止揚、そして承認関係の設定は、機能的原理自体から生じ、機能的均衡の可能性に対する内在的な異論を排除する。ちなみに、ミーゼスは、このような機能的均衡についてはまったく論及しようともしていないのである。(19)

ミーゼスの異論は、こころならずも誤りに導かざるをえないようなものであるが、ここでこの異論に立ち戻るために、つぎのことに注意しておこう。すなわち、自明のことであるが、われわれはけっして、コミューンと生産団体とのあいだにまったく闘争が生じえないと主張しているのではない、ということである。こうした闘争は、むしろ、機能の面から考えられた社会主義社会の生活要素の一つである。だが、それは、階級社会におけるような、種々の人間集団のあいだでの同種の利害の闘争ではない。社会主義においては、同一の人間集団の異なった利害のあいだの闘争が社会の、したがってまた、経済の基本的な運動原理をなす。したがって、彼もわれわれもともに強調する、主要な機能的諸集団間の闘争は、単に選挙制度の差異からだけではなく——ミーゼスはそう考えたが——機能的原理自体からも、生じるのである。われわれが機能的社会体制の基本理念として提示したものは、それゆえ、むしろつぎのようなものであったのである。すなわち、この不可避的な闘争は、この体制のもとでは、解決不能であるということはない。なぜならば、機能的組織が明白な状況では、同一の諸個人の異なった利害間の闘争は、個人の内部の種々の要求が実際にそうであるように、その均衡点を見いだすにちがいないからである。個人の要求の場合、個人は、自分の種々の機能を代表することによって、自分自身と対決するのである。この場合、諸要求のあいだの機能的均衡の必然性は個人の心的・肉体的統一性にもとづいており、それは改めて証明するまでもないし、また、証明は不可能である。こうした対決が生じえないことを証明するためには、ミーゼスには機能的原理に対する内在的な異論はないのであるから、彼の反論は機能的組織形態に対して向けられるべきであった。その場合、彼は、つぎのいずれかの証明をしなければならなかったであろう。すなわち、この機能的代表システムが諸個人の種々の意志の方向に対応せず、かつ、それらを代表してはいないことを証明するか、あるいは、この機能的民主主義自体が十分に透明ではないために、二つの面に分化している個人のアイデンティティが人々の意識に入りこむ必然性のないことを証明するかの、どちらかである。しかし、ミーゼスは、その批判――短くまとめられ、簡潔に提示されてはいるが――のなかでこれら二つの論点を主張してもいなければ、ましてや証明はしていないのである。

ところで、ミーゼスが機能主義の正しい把握から出発して、機能的諸器官間の闘争を前面に押し出し、しかもこの際、消費者と生産者の対立する諸利害の撞着のゆえに、直ちに機能的社会体制の存続不可能性を主張するところまで進んだのに対して、ヴァイルは、コミューンとギルドには「現実に相克するどんな利害もない[20]」と宣言する! それゆえ、社会主義経済の機能的構造という前提からわれわれが引き出した本質的な帰結のすべてが、彼には、純然たる「想像[21]」、「注目に値する虚妄[22]」、われわれがこの組織形態に与えているとかいう「神秘的な力[23]」にもとづいていると思われたとしても、なんら怪しむに足りない。だが、ヴァイルがこのように批判の労をとることを全面的に拒絶した理由はかなり明瞭である。彼は、不幸にも、われわれの理論展開のかなめをなす二つの術語を誤って解釈したのである。すなわち、われわれは、われわれが仮定した社会体制を「機能的」と特徴づけたのであった。そして、このように機能的に組織された社会の社会主義的経済に対して、「固定価格」、すなわち公正に固定される価格、および「協定価格」、すなわち協定された価格からなる、厳密に規定されたシステムを仮定した。[24] いずれにしても、われわれの前提する経済の記述も、この一般に受け入れられている二種類の価格の対置に依存することになるのである。ところで、ヴァイルは、この協定価格を固定価格の変種であると誤って解釈し、[25] この根本的な区別を一貫して看過している。同じことは、私の論文の中心概念、「機能的」という用語についても生じている。彼は一貫して、「機能的＝ギルド社会主義的」というように両者を同一視しており、[26] 彼の批判論文の標題「ギルド社会主義的計算」もここに由来する。だが、私の論文がギルド社会主義的に構成された生産という前提にもとづいているのは確かであるが、しかし、それも機能上から組織された社会の枠内におけるそれである。そして、われわれが議論を出発させるのは、生産のギルド社会主義的構成からではなく、社会の機能的組織からなのである！　しかるに、ヴァイルは、上述のように、機能的という語——最近の社会主義文献におけるこの語の意味は、彼にはついにわからずじまいであった——を「ギルド社会主義的」という語と等置する。この決定的な誤謬によって、私の論文を理解しようとする彼の真剣な努力も、否応なく水泡に帰することになったのである。[27] われわれの議論は、彼には矛盾のかたまりのように思われたにちがいない。だが、これらの「矛盾」は、協定価格を反対に解釈したりしなければ、また、ギルド式に構成された生産といった生産組織の観念を、社会の機能的構成形態というまったく異なった概念で置き換えれば、自然に解消するものである。[28]

このような事情では、ヴァイルの批判とわれわれの議論の実質的な一致点があったとしても、それはまったくの偶然であろう。そういう点がたった一点だけみつかったが、しかもそれは、ヴァイルが準社会的費用[29]という概念は計算不能であると宣言した個所なのである。彼はその不可能の理由をつぎのように述べた。つまり、そのためには、新生産物の費用から、「完全に想像上の大きさを差し引かなければならないだろうからである。すなわち、ここで差し引かれるのは、たとえば、例の社会的公正の理由からする干渉なるものが中止される結果として、ある特定の生産物ではなく、それに完全に代わるものとして、まったく別の生産物が生産されたりする場合に、生じるであろうような費用のことなのである」[30]。この議論は、つぎのような場合に限って妥当する。その場合というのは、ある若干の極限的なケースにおいて、すなわち、この作用がまったく新たな、つまり、従来のものと比較できないような生産条件をつくり出す場合に、社会的公正の作用によって生じる費用を憶測によって定めなければならなくなる場合、つまり、それらの費用の算出合計値が、所与の範囲内ではあるが、変動せざるをえないという場合だけである。ところで、機能的社会の経済にとっては、そのような極限的な場合は動態的な現象への移行を表現するものであり、後者は「費用の部類間の移行」を結果するであろう。[31] すなわち、動態においては、ある種の「社会的費用」は一再ならず「自然的費用」に変わるが、しかも、通例、このような社会的費用が社会の一般的生産条件になるやいなや、こうした移行が生じるのである。この場合、経済をとりまく影響の帯は強大になっていき、ついには経済の枠組となる。その結果、この影響によって生じた費用は干渉費用から枠組費用となり、[32] もはや社会的費用と解する必要はなく、自然的費用と考えられなければならない。とすれば、こうした移行に関する計算は、経済の動態に関する計算を形づくるものであり、それなしには長期にわたる数量的展望はそもそも不可能であろう。われわれが前提としている機能的社会においては、「社会的」費用部類の「自然的」費用への移行は、場合に応じて、コミューンと生産団体との合意によって確定される。したがって、ヴァイルの異論は動態的現象にかかわることであり、われわれの静態的取り扱いでは、それを等閑に付さざるをえなかったのである。そして、注でそれとなく触れておくにとどめたのであったが、[33] それも同じくヴァイルによって誤解される結果になってしまったのである。

(1) „Die funktionelle Theorie der Gesellschaft und das Problem der sozialistischer Rech-

nungslegung“ と題するこの論文は、一九二四年、*Archiv für Sozialwissenschaft und Sozialpolitik,* Bd. 52, 1 に原載されたものである。

ポランニーは「機能的」(funktionell) という言葉を、同時に「機能主義的」(funktionalistish) の意味にも使用している。さらに、「機能的組織」という時には、もちろん、社会の基本的諸機能(ポランニーの考える意味での)を代表する組織のことなのであるが、しかし、それはあくまでも機能主義的な意味でそういわれているのである。

つぎに、ここで「計算」といっているのは、むしろ「会計」に近い概念であるが、それでも、実際の会計よりはやはり抽象的、理論的なものである。しかし、同時にこれは、本文にもあるように、経済理論ではなく、その前段階の手続きである。ちなみに、ポランニーはこれらの関係を説明して、「経済的諸事実」「計算諸概念」「経済理論」を、それぞれ第一次、第二次、第三次の現象としている(次注の論文、三八一ページ)。

ミーゼスとヴァイルについては、注3を参照。

(2) Karl Polanyi, „Sozialistische Rechnungslegung“, in *Archiv für Sozialwissenschaft und Sozialpolitik,* Bd. 49, 2, SS. 377-420 ——原注。

(3) L. Mises, „Neue Beitrage zum Problem der sozialistischen Wirtschaftsrechnung“, *a. a. O.*, Bd. 51, Hft. 2, SS. 490 ff.; O. Leichter, „Die Wirtschaftsrechnung in der sozialistischen Gesellschaft“, *Marx-Studien,* Bd. V, 1, SS. 23, 77-79; F. Weil, „Gildensozialistische Rechnungslegung : Kritische Bemerkungen zu Karl Polányi, ‚Sozialistische Rechnungslegung‘“, in der

Archiv, Bd. 52, 1, 1924 を参照せよ——原注。

(4) ただし、ヴァイルは、社会主義にとってこの問題はそもそも存在しないか（前掲書評、一九七ページ）、あるいは、わずかな意義しかもたない（同、二〇五ページ）と主張する。その際、彼はマルクスをも引き合いに出すのである。しかし、これが正しくないことは、以下の引用からも知られよう。「資本主義的生産が廃棄された後も、社会的生産が維持されていれば、価値規定は、労働時間の規制と種々の生産群間の社会的労働の分配、そして最後に、これらに関する簿記が従来よりも一層重要になるという意味で、依然として重きをなす」（*Das Kapital*, Bd. III, Werke Bd. 25, Dietz Verlag, S. 859〔青木文庫版、第十三分冊、一一〇〇ページ。強調はポランニーのもの〕）。それはともかく、計算問題が社会主義の経済問題の枢軸をなすという命題は、レーニンに由来する。周知のごとく、彼はこの問題を一九二〇年のソヴィエト・ロシアで大規模な個人的プロパガンダの主題に押し立てたのである——原注。

(5) わが批判者たちのうちでは、ミーゼスが基本的には前者を、ヴァイルが後者を代表している——原注。

(6) たとえば、G・D・H・コール。注8にあげてある文献を参照。

(7) J. Marschak, „Wirtschaftsrechnung und Gemeinwirtschaft. Zur Misesschen These von der Unmöglichkeit sozialistischer Gemeinwirtschaft“, in *Archiv*, Bd. 51, 2, SS. 501 ff. を参照せよ——原注。

(8) E・ハイマンの注目すべき著書 *Mehrwert und Gemeinwirtschaft. Kritische und positive*

Beiträge zur Theorie des Sozialismus, Berlin, 1922, SS. 120, 140, 164 *et passim* を参照せよ。ハイマンはイギリスの機能主義者たちの原典を知らなかった（同書、注三八四をみよ）が、これによって、ハイマンがこの新しい社会理論の本質を誤認していたことが説明される（注三三八と、G. D. H. Cole, *Guild Socialism Re-stated*, London, 1920 および、とくに *Social Theory*, London, 1920 を比較せよ）。ハイマンが正当にも「個々の経済分枝の完全な社会化*」として論じた「組織化された利益集団間の均衡*」は、基本的には機能的基礎の上に、完成された姿を現しているからである。というのは、そこでは、消費者と生産者が、合して一つの全体を形づくるものとして対峙しているのである。こうした設定においては、オッペンハイマーの「買い手動機」と「売り手動機」の相対的強さに関する法則*は明らかにあてはまらない。しかし、ここで述べられた一般的観点からすれば、われわれの立場はハイマンを越えている。なぜなら、われわれは「完全な共同経済*」（ハイマン、前掲書、一六三ページ）を、マックス・ウェーバー的な意味、つまり「規定されたある秩序によって系統的に方向づけられている必要充足*」（同上）としてではなく、機能主義的な意味、つまり機能的な自立組織間の自由な相互作用として把握したい、と考えているからである。Heiman, *Über gemeinwirtschaftliche Preisbildung*, Köln, Vierteljahrschrift, Bd. I, 2, S. 71 をも参照せよ——原注。

この原注のなかの数項（*を付した）について、補足的説明をつけよう。

「個々の経済分枝の完全な社会化」——ハイマンはマルクス主義から派生した社会化計画案として、「サンジカリズム」「ボルシェヴィズム」「国有化」「個々の経済分枝の完全な社会化」をあげている。レーデラーによって主張されるこの最後の方式は、「基本的にはイギリスのギルド社会主義と一脈相通じ」ており、その基本的特徴は「社会化された経済分枝を資本主義システムの相互連関のなかに組みこむこと」であるという(ハイマン、前掲書、一二五―六ページ)。「組織化された利益集団間の均衡」――レーデラーのプランでは、集団としての「生産者」と「消費者」との連合がとくに最高権力をもつ。この点はギルド社会主義者にも共通するとハイマンは述べている(同右、一三一、一三九ページなど)。

オッペンハイマーの法則――オッペンハイマー(Franz Oppenheimer)はその著 *Theorie der reinen und politischen Ökonomie*, Berlin, 1910 で、全体としての売手の関心が買手のそれより強くなる傾向があると述べている(五六五ページなど。ハイマン、前掲書、一三一および一八二ページ以下を参照のこと)。

「完全な共同経済」――ポランニーは「共同経済」(Gemeinwirtschaft)と引用しているが、原文は「社会経済」(Gemeinschaftswirtschaft)となっている。ただし、ハイマンも両方の表現を同義に用いており、いずれも、「社会化された経済」、つまり「社会主義経済」のことである。

「規定されたある秩序によって系統的に方向づけられている必要充足」―― Max Weber, *Wirtschaft und Gesellschaft* (*Grundriss der Sozialökonomik*, III. Abt.), Tübingen, 1921 の以下の文章を変形して引用したものである。

「『計画経済的』必要充足とは、規定された、すなわち協定された、ないしは認可された、物的秩序によって系統的に方向づけられた、集団内部の必要充足のすべてのことである」。

(9) 私の論文(注2)の三八〇―八二ページを参照せよ――原注。

(10) ここで公正ないし社会的公正というのは、とくに社会主義経済との関連で考えられた社会全体の要請のことである。具体的には、労働の労苦と生産物との正当な分配、および社会全体の観点からする生産の方向づけのことである(ポランニー、前掲論文、三九二ページ)。すぐあとの社会主義経済の定義からもわかるように、このような「社会的公正」は、事実上、「社会主義的公正」を意味する。

(11) これに対して、ヴァイルはつぎの定義を対置する。すなわち、「われわれは、社会主義を(マルクスとエンゲルスに従って)その下で発展が進行するような社会秩序のことであると理解する」(ヴァイル、前掲論文、注九)――原注。

(12) ポランニーは、社会的公正の観点から行われる経済への働きかけを、それが費用計算に及ぼす影響のしかたに応じて、「枠組作用」と「干渉作用」とに分けている。前者は「費用原理」の実現を妨げないもの、後者はそれを阻害するものである。

つぎに、「費用原理」とは「費用の可加算性の原理」のことである(ポランニー、前掲論文、三九八ページ)。すなわち、生産過程の時間的進行方向に沿って投入の費用を積算していけば、製品(任意の段階の中間生産物を含む)の価値が得られることをいう。しかし、社会的公正の働きかけによって、たとえばある中間製品の価格が固定されれば、その工程以前の費用の積算は、この固定された価格に一致するとは限らない。つまり、「費用原理」は阻害されたことになる。

社会的公正が経済に介入する方法は、大別してつぎの二つになる(同右、四〇八―九ページ)。

一、公正な分配——賃金の設定、生産者への貨幣分配、消費者への生産物の低価格、あるいは無償での分配。

二、全般的利益のための生産調整——原料価格の社会的設定、生産条件の変更による追加費用。

ポランニーはここで「社会的費用」と「自然的費用」の区別を導入する。「社会的費用」とは「コミューン」の勘定に計上される支出であり、「自然的費用」は「生産組織」の勘定に計上される(「コミューン」と「生産組織」については後出注18を参照)。ところで、社会的公正の介入によって生じる費用がすべて「社会的費用」になるわけではない。「自然的費用」は、社会的公正の介入なしに生じる、基本的・技術的費用であるが、この介入によって生じる費用でも、「枠組作用」をもたらすものは、「自然的費用」に準じて「準自然的費用」と分類され、そちら側の勘定に計上される。他方、「干渉作用」をもたらすものにも、本来の「社会的費用」と「準社会的費用」があり、後者は第一次的には「生産組織」の勘定に計上されるが、最終的には「社会的費用」と同じ側に勘定される。

以上の諸概念を概括して示したのが次表である(同右、四一一ページ。「自然的費用」は除外)。

1 当該費用の発生理由	2 費用項目	3 勘定	4 費用部類	5 作用の種類
1 公正な分配	1 賃金	自然	準自然的	枠組
	2 分配	社会	社会的	干渉

2 全般的利益のための生産調整	3 社会的原料価格	自然	準自然的	枠組
	4 追加費用	社会	準社会的	干渉

(13) Webb, "Policy of National Minimum," in *A Constitution for the Socialist Commonwealth of Great Britain*, London, 1920, p. 10 を参照せよ——原注。

(14) ヴァイルは、このカテゴリー(「社会的費用」——訳者)のなかに、デューリング流の「分配価値」を再認しているが(ヴァイル、前掲論文、二一〇ページ)、これは誤っている。デューリングの分配価値は一つの独占価格を表すのであり、それは、デューリングが大土地所有をその一種とみなしたような暴力的所有にもとづくものである。もっとも、ヴァイルは自分の主張の根拠を何も示していない——原注。

なお、デューリングは、生産物の価値を「生産価値」と「分配価値」とからなるものとし、後者は「暴力」にもとづくものと考えていた(たとえば、『反デューリング論』第二編、第五章「価値論」を参照)。

(15) 注12を参照。

(16) ギルド社会主義の不倶戴天の敵(注13に所引の前掲書、四八、五〇ページ)ウェッブ夫妻は、イギリスの社会主義全体がすでに機能主義的な土俵にのっていると主張した(同書、第十二章、一〇七ページ)。ところで、ウェッブ夫妻の著書は、著者たちの集産主義的傾向を機能主義的原理に調和させようとする試みであるが、この試みは必ず失敗するにちがいない——原注。

(17) ポランニー、前掲論文、四一三—二〇ページ——原注。

(18) 社会は種々の団体(アソシエーション、〔独〕フェルバント)からなり、これらの団体はそれぞれの目的に応じてその社会的機能を果たし、社会全体の機能はこれらの個別機能の総体からなると考えるのが「機能主義」である。ポランニーは、本論文で社会主義的社会経済を分析するにあたって、二つの機能と二種類の組織(彼はこれを「二つの主要な機能的組織」と呼ぶ)を取り出しているが、それは狭義の「社会」を代表する「コミューン」と、「生産」を代表する「生産諸団体」である(彼は、以前には、「消費」というもう一つの機能を独立させていたが、この論文では、むしろ「コミューン」をほとんど消費機能の代表者として取り扱っているようにみえる)。もちろん、これらの二大組織も抽象的なもので、具体的には種々の組織の複合である。これらの組織の目的は、それぞれ、最大の生産性と社会的公正の追求である。注8に付した「組織化された利益集団間の均衡」の補足説明をも参照のこと。

(19) ミーゼスは、われわれの「コミューンは生産手段の所有者とみなされる。直接的処分権はこの所有権とは結びつかない。それは各生産団体に帰属する。……」という定式をも、不明確であると非難する。その理由は、この定式が「核心的な問題、すなわち、社会主義かサンジカリズムか、を回避しようとしている」からであるという(ミーゼス、前掲論文、四九一ページ)。なぜなら、「所有権は処分権である。もし処分権がコミューンではなく生産諸団体に帰属することになれば、この後者が所有者であり、われわれはサンジカリズム的な共同体を得たことになるのである」(同右、四九一ページ)。しかし、所有権は単に処分権であるだけではなく、取得権でもある。したがって、コミューンが生産手段の所有権者であるということは、生産物についての取得権も、生産手段の間接的な処分権もコミューンの手に残るということである。この二つの権利は、社会的公正により、経済の公正の枠組として行使される――原注。

(20) ヴァイル、前掲論文、注二九――原注。

(21) 同右、二一三ページ――原注。

(22) 同右、二一二ページ――原注。

(23) 同右――原注。

(24) ポランニーは、社会主義社会のモデルとして、純粋な指令経済ではなく、一種の混合経済を前提している(前掲論文、三九八ページ)。そこでは、いわゆる国定統制価格にあたる「固定価格」と、広義の市場によって決定される「協定価格」とが並存する。

(25) もっとも明瞭なのは、彼が「価格の『固定』あるいは『協定』」として、この二つの価格を等置している個所である(ヴァイル、前掲論文、二一〇、二一五ページ。さらに二〇一ページ、注二九、および第三部B)――原注。

(26) ヴァイルは「機能的=ギルド社会主義的」と等置する(同右、二〇一、二〇二、二一二ページ以下)。これについては、以下の点を指摘すれば十分であろう。ギルド運動の創始者A・J・ペンティやA・R・オレイジらは機能主義的社会理論を拒否している。同様に、しかしそれよりも幾分曖昧にではあるが、ギルド社会主義者とされるW・メラーとS・テイラーは、ギルド社会主義の反対者、さらには機能理論の支持者にも加えられる〔注一四〔注一六の誤記か――訳者〕を参照のこと〕。「機能的」と「ギルド社会主義的」とは、異なった次元の概念を表すのである。ところが、ヴァイルは「機能」と「職能」を混同してしまい、どうやら機能的組織を「職能組織」、つまり労働組合のことと理解したようである。こうして、彼はある個所〔ヴァイル、前掲論文、注一五〕では、労働組合をロシアにおけるまさにその「機能的」組織であると特徴づけ、「集権的権力」としてのソヴィエトと対置するのである。しかし、社会の唯一の機能的組織について云々するのは、ある対称形の一方の半分は対称であるが、他の半分はそうではないと主張するのと同じくらい倒錯したことであろう。「正しく理解された機能的経済」〔同右、二〇三ページ〕に関するヴァイルの論述をとにかくみてみよう。彼は、そこにおいて、消費者をして、たまたま「彼らが生産者として所属するトラストを通じて」生計をたてさせ、さらに、彼らがこの同じトラストによって「代表される」ようにさせたがっているのである。これは明らかに機能的代表の正反対であろう――原注。

(27) 彼は、たとえば第三部〔二一四ページ――訳者〕で、私の前提をつぎのような形で再現する。すなわち、「それゆえ、『二つの主要団体の合意』〔ポランニー、前掲論文、四〇五ページ〕によって、『価格』が固定される。すなわち、経済制度によって規定される多数者が各種の生産物に関する『数字』〔パラメータ――訳者〕を決定するのである」。しかし、彼のいうところとは反対に、主要団体は基本賃金と一定の原材料のみを固定するのであって、その他、各種の生産物に関しては、消費者と生産者のあいだで自由に協定される価格（協定価格）が適用されるということを、ヴァイルは理解しなかった。万事この調子である――原注。

(28) ヴァイルがこの社会構成形態を知らないということは、彼が、その注二で、「コミューン」という語を私が捏造したかのようにいっていることにも示されている。彼が自分の誤りを悟るためには、せめてコールの *Guild Socialism Re-stated* の各章の標題を知っていれば十分なのである――原注。

なお、この語は同書の第六、七章に出てくる。

(29) 注12を参照。

(30) ヴァイル、前掲論文、二〇九ページ――原注。

(31) ポランニー、前掲論文、注二四を参照せよ――原注。

(32) 注12を参照。

(33) ヴァイル、前掲論文、二〇九、二一〇ページをみよ。もちろん、「自然的」および「社会的」費用の大きさの「会計的決定」は、われわれにとっては「なんら問題ではない」。なぜなら、基本的には費用原理が維持されるし、価値原理（主観学派の意味での）が機能的に組織された「市場」を通じて作用するようになっているからである。ヴァイルはまた、われわれが費用要素の可加算性の問題を見過ごしていると非難している。しかし、この問題を最初に提起したのはわれわれであると私は信じているが、少なくとも、われわれはこの問題を詳細に論じているのである。いうまでもないが、ヴァイルは、この問題も、また、同様に本質的な生産性概念の分析をも、洒落や空虚な思わせぶりで片づけてしまうのである（同右、注二二および二〇七ページ）――原注。

なお、「費用原理」については注12、「市場」を通じての価格決定については注24、「費用の可加算性」については注12を参照のこと。

第六章　ファシズムの本質(1)

ファシズムの勝利は、社会主義運動の倒壊であるだけでなく、キリスト教が、その堕落しきった形態を残して、終焉を迎えることでもある。

ドイツ・ファシズムが労働者階級の運動組織と教会とをそろって攻撃しているのは、単なる偶然の一致ではない。ファシズムが社会主義とキリスト教の共通の敵となるような、その隠された哲学的本質がここに象徴的に表現されている。これこそ、われわれがもっとも主張したい点である。

中部ヨーロッパのいたる所で社会主義政党や労働組合がファシストの迫害を受けているが、この迫害はキリスト教平和主義者や宗教的社会主義者にも及んでいる。ドイツでは、国家社会主義が明確にキリスト教に対抗する宗教として確立しつつある。教会が圧迫をこうむっているのは、教会がキリスト教以外のレベルで世俗権力と競合しているためではない。教会が、俗世とあらゆる妥協を図ってはいるものの、なおキリスト教であることをやめてはいないからである。国家はプロテスタント教会の宗教的独立性を攻撃し、教会が独立性の擁護に成功している場合にも、あわてずに社会と教育の世俗化を進めてゆく。ローマ・カトリック教会ですら、ドイツでは激しい攻撃にさらされている。イタリアでもラテラーノ条約(2)が教会側の期待にこたえているかどうか、当然疑問がもたれるであろう。オーストリアのように、教会が自己の立場を維持している所でも、その位置は政治的、精神的に不安定きわまりない。

われわれの描く像は、ドイツにおける事態の展開の重要性に力点を置きすぎており、ファシズムと教会のあいだの闘争がけっして普遍的なものではないことを無視していると思われるかもしれない。確かに、ローマ・カトリック教会のとる方策は国によって異なっているし、一国のなかでさえ、ファシスト党に対するキリスト教諸団体の態度は千差万別である。ローマ法王は、回勅『第四十年』(3)のなかで、ファシズム社会理論と妥協する道を開いた。これは国家社会主義が勝利する以前のことであるが、将来ローマ教会が国家社会主義に対して究極的にいかなる方向をとろうとしているかを、はっきりと示していた。オーストリアで一種のカトリック・ファシズムの実験を行ったことが、この方向をきわめて明確に実証している。

しかし、カトリック側の妥協の意志を示すこうした例をみると、ドイツにおける教会の闘いの重要性は減ずるよりも、むしろ増していくように思われる。この闘いの真剣さと現実味を過小評価してはならないであろう。完全に成長したファシズムの政治的・哲学的特質を見いだそうとするなら、ドイツ国家社会主義にわれわれの眼を向けなければならないと確信するが、この確信はこういった点に支えられているのである。他の諸国における同様な運動は、ドイツでのこの原型の比較的未発達な変種にすぎない。イタリア・ファシズムはムッソリーニがいても、固有の明確な哲学をもっていない。実際、イタリア・ファシズムの特徴は、哲学を故意に欠いていることであるといってもよい。協同組合主義的オーストリアは過渡期にある。ただドイツにおいてだけ、ファシズムは政治哲学から宗教に変わる決定的段階にまで進展しているのである。ちょうど、ソ連の社会主義が、ヨーロッパの労働党政府による試行的社会主義政策のはるかに先を進んでいるのとほぼ同様に、ドイツ国家社会主義は、イタリアやオーストリアのファシズムに大きく先んじているのである。

しかし、それでもなお、ドイツの教会の闘いをファシズムに内在するキリスト教への敵対性の例証として取り上げることには異議があるであろう。一つには、キリスト教と教会が同一物であるとは明らかにいえないし、第二に、大陸ヨーロッパでは伝統的に社会主義運動と教会のあいだに確執が存在しているからである。

確かに、キリスト教会を攻撃する者はすなわちキリスト教を攻撃する者、と断定することは不可能であろう。歴史には、その逆が真実であったことが往々にしてあるからである。今日のドイツにおいても、キリスト教平和主義者や宗教的社会主義者は、これまでと同様、依然として教会の圏外に遠く離れているし、オーストリアの宗教的社会主義についても同じことがいえる。ファシズムから同様に迫害を受けても、革命的キリスト教徒の生きた信仰とキリスト教正統組織のあいだの溝は埋まらないであろう。しかし、ドイツの教会がキリスト教信仰を守って、ファシズムに対抗して立ち上がるかぎり、その使命の普遍性に照らして、教会の行う証言が重要であることは否定できない。ついでにいえば、この点から、ドイツにおけるカトリック教会の悲運とロシアにおける正教会の悲運とのあいだには、重大な相違のあることが明らかになる。ロシアでの教会迫害の原因は、教会がキリスト教の使命に忠実であったためではなく、逆に忠実ではなかったからであった。キリスト教の社会的理想が革命の側に見いだされる時代に、ロシアの正教会がツァーリ専制の政治的大黒柱であったことは、何人も否定できないであろう。

このことが第二の異議、すなわち大陸ヨーロッパでの社会主義政党と教会のあいだの伝統的確執の指摘に回答を与える一助となる。この敵対関係は、労働者階級の台頭以来存続してきたものである。

しかし、この点をわれわれの主張への異論として使うことに対しては、ロシアの例が強い警告を発している。大衆の眼には、西方のカトリック教会もキリスト教の理想をほとんど体現していない、と映っていた。キリスト教組織は社会主義の理想主義的目標に慎重なリップ・サービスを行ったものの、その実、社会主義の前進に対しては全力をあげて闘っていたのである。だが、現下の重大時にあたり、教会は圧倒的に反動的ではあるが、しかもなお、無意識のうちに、社会主義と共有するキリスト教的内実の証しを立てている。かくして、国家社会主義は、マルキシズム社会主義に敵対しているにもかかわらず、というよりも、敵対している結果として、教会を攻撃しているのである。このことこそ、まさにわれわれの主張したい点である。

このような議論は、表面的にはごく単純である。社会主義に加えられる攻撃が、社会主義運動をその宗教的、道徳的根源にまで掘り下げていない攻撃であるならば、その効果は長続きしない。しかし、その根源にこそ、キリスト教からの継承物が存在するのである。いわゆる社会主義の妄想から人類を解き放とうとしはじめているファシストたちは、イエスの教えが究極的に真なのか否かという問題を避けてとおることはできないであろう。

だが、政治は抽象的なものを扱うのではない。純粋な思考の領域では解決不能の矛盾をはらんでいるとみえるものが、現実においても衝突するとは限らない。ファシスト政府がキリスト教に邪教的要素を注入しようとして、大きな危険を冒すとすれば、それは純粋に実際的で、やむにやまれない理由からであろう。一体何がその理由なのであろうか。それは単に偶然的なものにすぎないのか、それとも、社会主義への発展の可能性を永久に取り除くために、社会構造をつくりなおそうとするファシズムの努力から、不可避的に出てくるものなのか。後者であるとすれば、ファシズムは、西欧文明の政治的・社会的機構にキリスト教の理想が与えてきたと思われる影響の形跡のすべてを同時に除去することなくしては、社会主義への発展可能性を除去することもできないであろうと思われる。それはなぜであろうか。

これに回答するためには、ファシズムの哲学と社会学に眼を向けなければならない。

一　ファシズムの反個人主義哲学

ファシズムは固有の包括的哲学体系をつくり出していない、という苦情をよく聞くが、これはウィーン大学のオトマール・シュパン教授(4)に対しては完全にはあてはまらない。イタリアのファシズム政治のなかから組合国家の理論が興ったと考えられる時点よりも、さらに五年ほど前に、シュパンはこの考え方を新しい国家理論の基礎としていた。彼は、以後の数年をかけて、この理論を人間宇宙の哲学に拡大し、それによって、一般方法論、存在論、形而上学のみならず、政治学、経済学、社会学をも、細部にわたって扱ったのである。しかし、彼の体系がわれわれの研究にかかわってくるのは、それが他に先んじるものであったという面でもなければ、その包括性という面でもない。さまざまな形をとって、あらゆる種類のファシズムの思想潮流の先導的原理になっている観念、すなわち反個人主義(5)の観念を、シュパンがみずからの体系の基礎にすえた、そのやり方こそが、われわれの研究にかかわっているのである。

まず、この点の概略を明らかにした上で、あまり明確にされていないその含意を、より綿密に探ることにしよう。

反革命の予言者であるシュパンは、一九一九年、中産階級の破産と絶望のただなかで、その活動を開始した。彼は、われわれが最後の時に達したと信じている。われわれは、二つの世界体系、個人主義と普遍主義(6)のどちらかを選ばなければならない。普遍主義を受け入れない場合には、われわれは個人主義のもたらす致命的な諸結果を逃れることはできないであろう。なぜなら、ボルシェヴィズムこそが、人間の自然権という個人主義の基本的理念を政治の領域から経済の領域へと拡張したものにほかならないからである。ボルシェヴィズムは個人主義の対極であるどころか、個人主義を一貫して実践することなのである。シュパンの主張によれば、ヘーゲルを経過しているにもかかわらず、マルクスは完全に個人主義者のままであった。マルクスは、その国家論において、無政府主義的ユートピアニズムとさえいえるまでに、個人主義的であるという。「マルクス主義における『国家の死滅』は、マルクス主義のなかに、社会を本質的に人間の支配が欠如しているところ、つまり、個人の『自由な連合』が社会であるとみなすような個人主義が内包されている結果である」。社会主義者の理想が「国家から自由な」社会であることに間違いはない。歴史的にみれば、民主主義と自由主義を経過して、個人主義はボルシェヴィズムへと到達する。

シュパン自身が自由主義的資本主義の「野蛮で荒々しく殺伐たる」支配と呼ぶものは、経済生活の社会主義的組織化への道を用意している。このような組織化への移行に際しては、代議制民主主義が政治的道具となる。中世社会の普遍的原則が個人主義のヴィールスによって最終的に滅ぼされることを、われわれがひとたび許してしまうならば、社会主義以外のいかなる結果も生じないであろう。

右のようなシュパンの体系に顕著な特色は、このヴィールスを位置づけようと試みる時の、その方法である。彼にとって、個人主義は社会哲学に限定される原則ではなく、分析方法の一形態である。基本的にいって、近代科学における自然現象への悪しき因果論的アプローチはこの方法ゆえに生まれ、そしていきつくところ、原子論的な個人主義が生まれたのである。われわれは、この原子論的個人主義によって社会を認識するようになってきたが、それはわれわれの破滅につながるであろう。シュパンは、自分の「普遍主義」[7]はこのような個人主義の総括的概念に対立する方法である、と主張するのである。

今日、社会主義に向かって働いている諸力が個人主義的性格をもっているとする確信は、あらゆる形のファシズムに深く浸透している。ドイツの代表的教育学者であるエルンスト・クリーク[8]は、国家社会主義革命を、一つは前世紀の西ヨーロッパの発展に具現された個人主義と、もう一つは社会主義に具現される個人主義との二段階と対照させている。彼の言によると、ルネッサンスの時代から「人類、国家、社会、経済生活は自律的個人の単なる総和とみなされてきた。……マルクス主義にあっては、集合性に向かう弁証法的な動きが続発する。社会主義では、総和の方がその構成部分より高い位置にある。しかし、これは代議制的大衆民主主義においてあらかじめ形成された強制のメカニズムの然らしむるところである」。かくして、個人主義は社会主義においても克服されない、と彼は主張する。社会主義では、ただ重心の移動が起こるだけなのである。簡単にいって、社会主義は民主主義のなかであらかじめつくられている。なぜなら、社会主義は、強調点こそ異なれ、個人主義にほかならないのであるから。

イタリアのファシストのあいだでも、社会主義の個人主義的、自由主義的起源について同様の主張が行われている。ムッソリーニ自身をとってみるがよい——「フリー・メイソン、自由主義、民主主義、社会主義はわれわれの敵である」と彼はいう。またカトリックのファシスト、マラパルテ(9)をとってみよう——「最近の民主主義的自由主義や社会主義において勝利をおさめたものは、もともとアングロ・サクソンの文明である」と彼は述べている。最後に反動貴族ジウリオ・エヴォーラ男爵(10)のつぎの言を引いておこう——「宗教改革は教会の階層制に代えて、信仰者が精神的に聖職者たる状態をもたらしたが、これによって権威の束縛が投げ捨てられ、万人がみずからの審判者、みずからの同胞と対等の存在となった。これこそヨーロッパにおける『社会主義的』衰退の出発点である」。

これによく似た態度はまた、国家社会主義のなかにもみられる。ヒトラーを引用しよう

――「西欧民主主義はマルクス主義の先駆であり、前者なくして後者は考えられない」。同様に、ローゼンベルク[11]はこういう――「民主主義運動もマルクス主義運動も個人の幸福の上に立脚する」。ナチ党綱領に対するゴットフリート・フェーダー[12]のなかば公式のコメントは、「資本主義と、そのマルクス主義的およびブルジョア的諸衛星」と簡単に述べているが、中間項が省略されたようなこのいい方は、逆説的外観のもとに、個人主義と社会主義とを同時にひそませ、戦術的に巧みに融合させている。

このように、どこでも同じ声があがっているのは印象的である。社会主義は、一、二世代のあいだ、批判者によって人間の個性という理念に対する敵であると攻撃されてきた。オスカー・ワイルドのような敏感な精神をもった人はその誤謬性を発見したが、それは依然として当時の著述家たちのお気に入りの責め句だったのである。ボルシェヴィズムは個性の終末である、というのが中産階級の書き物の決まり文句といってもよいものになっている。ところが、ファシズムはこのような単純な批判派と腕を組むことを完全に拒否する。ファシズムは、社会主義殲滅のきわめて強固な意志をもつために、すでに方向性を誤り、効果のなくなった責め句を武器として使うことができないのである。ファシズムは、社会主義は個人主義を継ぐものであり、現代の世界において個人主義の実質を保存しうる唯一の経済体制であるという、正しい責め句をその武器とすることにしたのである。ここから、明確なファシズム哲学、すなわち、根本的に反個人主義的な哲学の背景を提供するような、体系的な認識を生み出そうとする努力がはじまるのである。この点で、プリンツホルン[13]のような心理学者、ボイムラー[14]、ブリューエル[15]、ヴィルト[16]のような民族学者、シュペングラー[17]のような歴史哲学者などの仕事の大部分が、われわれの問題にかかわってくるのである。眼にみえない境界線がファシズムを、それ以外のあらゆる色合いの反動的反社会主義の変種と区別しているが、その境界線とは、まさに、この、個人主義への後退することを知らぬ極端な反対である、といってよいであろう。個人主義理念の精神的先駆者は、いかに尊敬されていても、ファシストからの仮借ない攻撃を避けられないであろう。ファシストたちは、ボルシェヴィズムに対して責任があるのは個人主義である、という責め句をつねにその攻撃の基礎とするであろう。

国家に支持されたドイツの新たな宗教運動は、その基盤を人種的、種族的な主張、あるいは単に民族的、超愛国主義的な主張のいずれに置いているかにかかわりなく、すべて個人主義に敵対している。これらの運動が倫理的束縛を完全に免れると公言していない場合にも、このような態度がみられる。こうして、フリードリヒ・ゴーガルテン[18]の『政治倫理』は、その非民族主義的傾向からみると、著者が後年ドイツ・キリスト者運動[19]のなかで果たすことになる役割を全然予示していないが、その目標は、明白に反個人主義的な意味づけによる社会倫理の再定義だったのである。キリスト教諸派のなかで、個人主義的要素を強調する傾きがもっとも少ないことで知られているカトリック教会ですら、ファシズムが人間個人そのものに対する理解を欠いているということを主な理由として、ファシズムの非キリスト教的傾向を非難するのは、したがって、不思議なことではない。

最後に、ドイツ信仰運動[20]に触れておく。ドイツ・キリスト者の立場には人を当惑させるような曖昧さが含まれていたが、この運動にはそれが少しもない。この運動はキリスト教的なものではなく、ドイツ的なものなのである。この運動は、キリスト教的かドイツ的かという二つの選択肢をみずから設定しておいて、ドイツ的なものを選んだことに誇りをもっている。こうすることにより、宗教の名において、人類の基本的な不平等の主張へと進むことができる。そうして、究極の目的が達せられる。なぜなら、個人主義のもつ民主主義的意味は、明らかに、個人の個人としての平等の主張から発しているからである[21]。これこそ民主主義の基礎としての個人主義であり、ファシズムが破壊に熱中する個人主義であり、福音書の個人主義である。

われわれはここで再び出発点に戻る。先にわれわれは、シュパンが民主主義は社会主義と個人主義のあいだの制度的リンクである、と主張したことに注目した。この見解から、代議制民主主義がファシズムの攻撃目標として選び出されてくる。この裏づけとなる政治的信念の堅固な基礎がつぎのような事実のなかにあることを、認識することがきわめて重要である。

かりにヨーロッパ全土にはあてはまらないとしても、中部ヨーロッパにおいては、工業労働者階級が普通選挙によって経済的・社会的立法に及ぼすインパクトが大幅に増大し、普通選挙で選ばれた議会は、大きな危機が起こるたびに社会主義的解決策へと傾いてきた。ひとたび代議制的民主主義の存立が許されると、社会主義運動が着実に発展することは、第一次世界大戦後のヨーロッパ大陸に支配的な歴史的経験となっている。この点を重要な拠り所として、代議制の権威が損われずに残りさえすれば社会主義が到来するにちがいない、という確信がヨーロッパ大陸にはみられる。かくて、もし社会主義を到来させてはならないとすれば、民主主義を消滅させなければならないのである。これこそが、ヨーロッパにおけるファシズム運動の存在理由である。反個人主義はこの政治的見解の合理化にすぎない。

反個人主義の方式は、こうした運動の実際上の要請にも、もっとも適切に見合うものである。社会主義と資本主義とを個人主義の共通の所産として非難することによって、ファシズムは大衆の前でこれら双方の不倶戴天の敵の姿を装うことができる。自由主義的資本主義に対する一般の嫌悪感は、資本主義の非自由主義的形態、すなわち協同組合的な形態をまったく忘れて、社会主義に対してもっとも効果的に向けられることになるのである。無意識的なものではあるが、このトリックはきわめて巧妙である。まず、自由主義が資本主義と同一視され、ついで、自由主義が処刑台に立たされる。しかし、資本主義はびくともせず、無傷のまま、新たな別名を使って存在しつづけるのである。

二　無神論者とキリスト教個人主義

ここでのわれわれの主要な関心は、しかし、政治にはない。前節において、反個人主義がおおむねすべてのファシズムの思想潮流にとっての鍵であることを確認することに成功したとして、では、ファシストの攻撃が向けられた個人主義とは一体何であり、それと社会主義やキリスト教との関係はどのようなものであるのだろうか。

この点についてわれわれがシュパンの議論から引き出す回答は、ひどく逆説的な性格を帯びている。つまり、社会主義が基本的に拠り所としている個人主義、シュパンの攻撃が必然的に向けられるはずの個人主義と、シュパンが実際に議論の対象とした個人主義とはまったく異なったものなのである。したがって、シュパンの議論は、批判を通じてファシズムに寄与する上では失敗しているのである。しかし、たまたま彼の議論によって、社会主義とキリスト教が共通にもつ個人主義の意味という問題の真の性格が、異常なほどの明晰さで明らかにされているのである。

シュパンの個人主義告発の基礎となっているのは、個人主義の個人および社会のとらえ方が現実から乖離しており、また、自己撞着に陥っているという二重の主張である。個人主義は、人間をいわば精神的に「自立した」独立の存在と考えるにちがいない。しかし、このような個人は現実には存在しえない。個人の精神的自立性などというものは想像上の産物である。その存在はフィクションにすぎない。同じことは、こういう個人によって構成される社会についてもあてはまる。社会は、個人が「社会形成」を決心するか否かに応じて、存在するかもしれないし、存在しないかもしれないことになる。そのような決心は、彼らが互いにより共感を覚えるか反感を抱くかとか、彼らがみずからの利益に関して合理的な見方をするか、非合理的な見方をするか、とかの偶然的な事情にかかっていることになろう。こうして考えられる社会は、必須の現実性を欠くにちがいない。

こうした主張がもつ力は誰にも否定できない。実際、これに対しては論駁の余地はない。にもかかわらず、こうした主張は、証明しようとしていることの、まさに逆を証明しているのである。

シュパンの個人主義批判は、その基本的な曖昧さのために力をそがれている。彼が誤りであることを論証しようとめざしているのは、社会主義の内容としての個人主義である。これは本質的にキリスト教的なものである。しかし、彼の実際の議論の対象となっているのは無神論的な個人主義である。これら二つの形態の個人主義の起源はいずれも神学的である。しかし、絶対者との関係について、一方は否定的であり、他方は肯定的である。事実、一方は他方のまさに対極にある。これらを混同すると、有効な結論に達することはできないであろう。

無神論的個人主義者の型は、ドストエフスキーの『悪霊』のキリーロフにみられる。「もし神がないとしたら、ぼくが神だ」。すなわち、神は人間の生命に意味を与え、善と悪とのあいだの相違を創り出すものであるから、もしこの神がみずからの外になければ、自分自身が神である。なぜなら、私がこれらのことをなすがゆえに。この議論は反駁不能である。小説のなかでは、キリーロフは死の恐怖を征服することによって、神たる自分を現実かつ真実のものにしようと決心する。彼は自殺によってこれを達成しようと計画するのである。しかし、彼の死は結局ひどい失敗であった。

ドストエフスキーによるキリーロフの仮借ない分析は、精神的に自立した人格の真の性質と限界とを疑問の余地なく示している。巨大な超人は、ニーチェが死を宣告した神々のあとを継ぐものであるが、ドストエフスキーは、ラスコーリニコフ、スタウローギン、イワン、イワンから派生するスメルジャコフなどの神秘的な人物像によって、そしてなかでも、キリーロフの姿においてもっとも力強く、人間の人格についてのそうした概念を、ほとんど完璧なまでの確かさで[22]否定してみせてくれた。個人主義に対するシュパンの批判は、ドストエフスキーが半世紀も前に対象としたニーチェの座に、遅ればせの攻撃を加えたものにすぎない。歴史的には、ニーチェもドストエフスキーも、孤高の天才ゼーレン・キエルケゴールによって先んじられている。キエルケゴールは、苦心して独特の弁証法を用い、彼ら二人より一世代も前に自立的個人を創出し、さらにそれを消し去ったのである。

オトマール・シュパンは、ドアをこじあけただけではなく、そのドアをとおって誤った場所に入りこんだのである。無神論的個人主義に、不必要な、しかし効果的な攻撃を加えることによって、彼が論駁しているのは、協同組合的資本主義であって、彼が究極的には支持するつもりの対象、つまり不平等な個人の個人主義にほかならず、彼が知らず知らずのうちに賛意を表しているものこそ、論駁の当初の対象である平等な個人の個人主義なのである。というのは、前者が無神論的個人主義と、後者がキリスト教的個人主義と分かちがたく結びついているからである(23)。

キリスト教的個人主義は、絶対者に対する関係において無神論的個人主義とまったく反対である。すなわち、「神が存在するがゆえに、個々の人格は無限の価値をもつ」と考えるのである。それは、人間みな同胞という考え方である。人々が霊魂(soul)をもつということは、彼らが個人として無限の価値をもつことを言い換えたにすぎない。人々が平等であるというのは、人々が霊魂をもっているというのと同じことにほかならないのである。人類みな同胞の考え方は、個人の人格が共同体《コミュニティ》の外では現実のものとならないことを暗に意味している。共同体の現実性とは個人間の関係であり、共同体が現実であるべきであるというのは、神の意志にほかならないのである。

真理がこのように統一性のある連関をもっていることをなによりも証明しているのは、ファシズムがこの真理のリンクの一部を棄却しようとして、結局その全部を否認せざるをえなくなっているという事実である。ファシズムは人間の平等性を否定しようと試みるが、それをするためには、人間が霊魂をもっていることを否定しないわけにいかない。幾何学の図形がもつさまざまな属性にも似て、人間が平等であると述べることと、人間が霊魂をもっていると述べることとは、まさに一つなのである。個人を発見することは人類を発見することにほかならず、個人の霊魂の発見は共同体の発見にほかならない。また、平等を発見することは社会《ソサイティ》の発見である。これらの一方は他方のなかに含まれている。結局、個人を発見することは、社会が個人間の関係であるということを発見することである。

人間という観念と社会という観念とを別個に取り扱うことはできない。ファシズムが闘いの相手としているのは、人間と社会に関するキリスト教の観念全体なのである。そして、その中心には人間についての理念がある。これは宗教的側面における個人であるが、ファシズムが一貫してこの面における個人をみようとしないことこそ、キリスト教とファシズムがまったく両立しないことをファシズムが認めている証左である。

キリスト教は、社会を個人間の関係と考える。ほかのことはすべてこの点から論理的に出てくるのである。それに対して、ファシズムの中心的な主張によると、社会は個人間の関係ではない。この点にこそ、ファシズムの反個人主義のもつ真の重要性がある。ここに含まれる否定の考え方こそ、ファシズム哲学を形成する原則であり、その本質である。ファシズムの思想が、歴史、科学、道徳、政治、経済、宗教において何をやるべきかが、ここから明瞭になる。こうして、ファシズム哲学は、社会が個人間の関係でないような世界像を生み出す努力となる。その社会では、実際、意識をもった人間そのものが存在しないか、あるいは人間の意識が社会の存立や機能と何らのかかわりももたないのである。この主張を少しでも割り引けば、社会についてのキリスト教の真理に立ち戻ることになるであろう。この主張は不可分であって、不可分な全体を発見したことはファシズムの業績である。個人主義、民主主義、社会主義の諸観念が相関関係にあることをファシズムが主張しているのは正しい。キリスト教かファシズムか、そのどちらかが闘争のなかで滅びなければならないことをファシズムは承知しているのである。

普通ならまったく絶望的としか考えられない仕事にファシズムが取りかかったことは、一見意表をついたことのように思われるであろう。しかし、ファシズムは確かにこの仕事に着手したのである。ファシズムの主張や所説が、左翼の急進派がこれまでに生み出してきたものよりも驚くべきものであることを、意外に思ってはならない。革命的社会主義は、ほぼ二千年にわたって西欧で一般に受け入れられてきた真理を、異なった形で表し、より厳密に解釈したものにほかならない。そして、ファシズムはその否定である。ファシズムがなぜこれまで曲折した道をたどることを余儀なくされてきたか、という説明は、これで明らかになるのである。

三　解決策

もう一度問題点を繰り返すと、それは個人間の関係でないような社会をいかにして考えることができるのかという点にある。ここに想定されている社会は、個人を単位とはしない社会であろう。しかし、そこでは協力も交換も――これらは共に、ひとりひとりのあいだの個人的関係である――起こりえないとすると、この社会における経済生活はいかにして可能となるのであろうか。みずからの意志や願望を表現するひとりひとりの個人が存在しないとすれば、権力は一体いかにして生じ、統制され、有用な目的にふり向けられるのであろうか。もしも人間が自分自身の意識をもたず、また人間の意識がみずからを仲間の人間に関係づける力をもたないとしたら、この社会にはどのような種類の人間が住むと想定されるのであろうか。われわれが知っているようなタイプの意識をそなえた人間には、率直にいって、こうした事態はありえないと思われる。

このようなことは確かにありえない。そこで、ファシスト哲学はことさらに意識の別のレベルに移っていく。この意識のレベルは生気論（Vitalism）と全体主義論（Totalitarianism）なる二つの言葉で示される。

生気論は、直接生命志向的な哲学としてニーチェに由来し、全体主義論はヘーゲルに端を発する。しかし、ここでは、どちらの言葉も単なる思想体系としてよりもはるかに広い内容を伝える言葉として使うつもりである。つまり、これらの言葉がここで指しているのは、特定固有の存在様式なのである。ニーチェの生気論哲学は、ルートヴィヒ・クラーゲス(24)によって驚くほど極端な形に変えられた。それは普通、意識についての肉体—魂一体論（Body-Soul Theory）といわれる。絶対精神に関するヘーゲルの哲学も、シュパンによって同様に極端な方法で使われている。これは全体主義の哲学として知られているが、時にはまた、より広い意味を含む普遍主義（Universalism）という言葉でも呼ばれる。これは、いくつかの点で客観的精神に関するヘーゲル理論のアナロジーであるが、ここで中心的な原理となっているのは、精神（Mind）ではなくて、全体性（Totality）なのである。

社会哲学としての生気論と全体主義論は、人間のあり方の異なった、というよりはむしろ反対のタイプを規定する。生気論が、暗く物質的な意識の動物的な側面を表すのに対し、全体主義論は、より曖昧で茫漠とした空虚な意識を示す。生気論にいう意識の実体は、まったく奇妙なことに「魂」（クラーゲスの取り入れた言葉）と呼ばれている。一方、全体主義論にいう意識は精神である。概して、ファシズムの思想はこの両者のあいだを行きつ戻りつするのである。ファシズム哲学の不完全な見通しと致命的な矛盾は、これら二つの概念のあいだの争いに照らしてみる時、もっともよく理解できるのである。

四　「魂」対精神

まず、この二つをおおまかに対照してみることからはじめよう。

意識の第一のタイプは「魂」であり、これは植物的、もしくは動物的な生命のレベルに属している。ここには自我（Ego）はなく、自己というものがないために、自己実現へ向かっての動きも生まれない。意識の流れがのびてゆく先は知力ではなく、その究極点はエクスタシーにある。魂の表面には精神の気配さえも漂わず、動物的本能のこのかたまりに対して精神が意志の楔を打ちこむこともない。権力も価値も、原生的存在の白昼夢のなかでは結晶することがない。生命は触覚のように直接的である。

触れあいが生まれるのは白い精神が眠っているときであり
ただそのときだけである
（中略）
人格に触れあいはない
精神的な親交に心はない
触れあいは汚染されない血と

非精神的な洪水でできている。
（D・H・ローレンス『三色すみれ』のうち「触れあいが生まれる」[25]）

これが女性による支配であるのか、男性による支配であるのかは分明でないが、いずれにせよ、若い男女の同性集団において生命の流れを規定するのは、一方の性だけからなる共同体《コミユニテイ》である。性の衝動は一本の細糸のように、同性愛的情動の豊かな流れを貫いている。血と土とが、まだ自然の子宮に付着したままの、このほとんど物質的なまでの肉体と魂の結合体に無形の栄養を与える。以上が本来の生気論における意識の構造である。

意識のもう一方のタイプは、第一のタイプからはもっとも遠く離れている。ここでは精神が主役となって、人間存在のもう一つの地平を生み出す。ここには、個人間の関係としての社会ではない社会が存在する。この、全体性（Totality）の領域である社会では、個人は構成単位とはならない。構成単位は政治的なるもの、経済的なるもの、文化的なるもの、芸術的なるもの、宗教的なるもの等々であって、個人は、彼らを包みこんでいる全体領域という媒介をとおしてのみ、相互に関係するのである。彼らが品物を交換すれば、彼らは全体性すなわち総体の調節機能を果たしているのであり、品物を生産するのに個人が協力するならば、彼らは自分たち同士相互に関係しているのではなく、その生産物と関係しているのである。ここでは、何物であれ、それが客体化されないかぎり、つまり非個人的なものとならないかぎり、実体をもつことができない。友情でさえも、二人の人間のあいだの直接的な関係ではなく、共通の友情なるものに対して彼らが共に関係しているということなのである。かかる人間は、普通個々の人間がみずからのうちに主体的経験としてもっていると思われているものに、自己の外にある色彩の乏しい半透明な客体として対面するのである。社会は、触れることのできない実在物、精神なるもの（Mind-stuff）の広大なメカニズムであり、個人の存在の中身などは影のまた影にすぎない。われわれが住んでいる世界は、生命をもっていないのは人間だけであるように思われる、亡霊の世界なのである。

以上のような大雑把な比較も、細部になると多かれ少なかれ恣意的なものとなる。また、互いに対極に位置するこれらの考え方は、共に一つの思想潮流全体の精神が混成してできたものである。しかし、これらの考え方に表されている価値や方法は、やはり、それぞれニーチェとヘーゲルから派生しているのである。第一に言及した生気論の思考体系の価値・方法は、直接生命志向的、すなわち生存欲が強く、非道徳的、プラグマティック、神話的、放埒、美的、本能的、非合理的、好戦的、アパセティックである。これに対して、第二の全体主義論の思考体系は、理性志向的であって、その価値や観念は相互に関連し、序列を与えられており、ヒエラルキーを形成しつつ、理性へと向かっている。これは心と精神が客体的に存在する領域なのである。

ニーチェもヘーゲルも共に、偉大な知的情熱をそなえた思想家であった。現在彼らの思想を具現化している者たちは、能力において二人に劣ってはいるものの、物事を一面的に考えていく力においては彼らをはるかに凌駕している。クラーゲスは超人なきニーチェであり、シュパンは弁証法ぬきのヘーゲルである。彼らに欠けている要素はいずれも致命的に重要な要素であって、彼らが先人の似姿ではなく戯画であることを示している。クラーゲスにおいてもシュパンにおいても、彼らと先人とのこの違いは、反動的な効果を強めるためにのみ役立つのである。アナキスティックな個人主義を取り去られたニーチェ、革命的なダイナミズムを奪われたヘーゲル。前者は意気軒昂な人間動物説(animalism)に、後者は静的な全体主義論に矮小化された。こうした転換によって、彼らの体系の方法は、ファシズム哲学の観点からみて、明らかにますます役立つものとなっているのである。

五　シュパン、ヘーゲル、マルクス

ヘーゲルにおける客観的精神の概念を弁証法ぬきで用いるシュパンの手法は、資本主義に対する新種の形而上学的正当化となる。このことは、資本主義社会についてのマルクスの批判と対照してみると、容易に明らかになる。

マルクスは、人間の原始状態としての原始共産主義から出発する。そこでは、日常生活における人間関係は直接的であり、個人的である。

発達した市場社会では、労働の分配が入りこんでくる。人間の関係は間接的になり、直接的な協同の代わりに、商品の交換という媒介による協同が存在するようになる。人間間の関係は現実のものとして存在しつづけ、生産者もお互いのための生産を続行するが、今やこの関係は商品交換の陰に隠され、非個人的なものとなる。この関係は、商品の交換価値という客観的な装いをまとって表現される。それはまさに客観的＝物的な関係である。他方では、商品が生命をもつような外見を呈する。商品は自分自身の法則に従い、市場を忙しく出入りし、場所を変え、自分自身の運命を自分で支配しているようにみえるのである。われわれは亡霊の世界にいるのであるが、この世界では亡霊こそが現実なのである。商品の疑似的生命によって、交換価値の客観的性格はけっして幻想ではない。同じことは、貨幣価値、資本、労働、国家などのように、「客観化」されたその他のものについてもあてはまる。これらは、人間が自己から疎外された事態の現実の姿なのである。人間の自己の一部分が、今や奇妙にも自分自身個としての性格を所有している商品のなかに具現化される。国家であれ、法、労働、資本、宗教のいずれであれ、資本主義のあらゆる社会現象について同様のことがいえる。

しかし、人間の本性は資本主義に反逆する。人と人との関係こそが社会の真の姿であって、労働の分割があるとしても、人間の関係は直接的でなくてはならない。すなわち、個々人のあいだの関係でなくてはならない。生産手段が共同体によってコントロールされることが必要である。そうすれば、人間社会は真実のものとなるであろう。このような社会は人間的なもの、すなわち個人間の関係になるだろうからである。

シュパンの哲学において社会の真の姿として措定されているものは、まさしく人間の自己疎外された状態にほかならない。こうして、まがいものの現実が正当化され、永遠のものとされる。社会の諸現象はあまねく物的なものとして表現される。ところが、自己疎外の存在は否定されるのである。ヘーゲルの場合のように、国家、法、家族、習慣などが「客観化」されるだけでなく、経済生活や私的な生活をも含む、あらゆる種類の社会グループの機能や接触が「客観化」される。かくして、個々人にとって足がかりとなるものはなにも残されず、人間は自己疎外の状態におとしいれられる。資本主義は正当であるばかりか、永遠のものとなるのである。

この立場に含まれる反個人主義的な意味は、ヘーゲルをはるかに越えている。その理由は容易に見いだすことができる。ヘーゲルによる国家の絶対性の擁護と半封建的なプロシア国家の賛美は、結局のところ政治的倫理の領域に限定されており、個人には及んでいなかった。「地上に存在する神的観念」と彼が宣明したのは国家であって、社会ではない。しかし、ヘーゲルにとっては国家それ自身が一つの人格であるから、自由の本質的な内容である自己実現という要素を完全に捨て去ることは絶対に不可能である。人間の世界から自由という概念を完全に抹殺してしまうためには、国家ではなく社会が崇高なものとされなければならない。そして事実、この点こそがシュパンとヘーゲルをわける点にほかならないのである。シュパンは、国家を彼の体系のなかのまったく目立たない位置に退け（付言すれば、こうしたやり方は中世的社会構造観と軌を一にしている）、全体概念を社会総体のためにとっておくのである。こうした微妙な操作によって、彼はほかでもない自由の可能性を抹殺してしまう。なぜなら、国家はたとえ奴隷国家であっても国家であり、それゆえ、自由になることが可能であるが、国家の強制力がなくても存在しうるほど完全に組織された奴隷社会はけっして自由にはなれないからである。このような社会は自己解放の機構そのものを欠いていることであろう。こうしてみると、ヘーゲル的手法を用いているとはいえ、シュパンのみる人間の全体像は、人格をもった個人ではなく、意識を欠いた無力な肉体にすぎない。ここには自由はなく、変化も存在しない。社会のなかに自己決定の要素がこれほど完全に欠ける状態は、これまでおそらく考えられたこともないであろう。

六　クラーゲス、ニーチェ、マルクス

客観的精神の示唆するものが、人間諸個人のうちにありながらも、彼らを結びつけ、関係づけることのないような一種の意識であるとすれば、生気論の方は、合理的な意識をま

ったくもたない人間を想定する。

ドイツの若い世代に向けて、このような驚愕すべき考え方の魅惑を示したのは、ルートヴィヒ・クラーゲスの哲学であった。クラーゲスの考え方はニーチェに由来している。しかし、ニーチェの頭のなかに存在していた二つの相異なるヴィジョンのうち、クラーゲスはその一方のみを追求するのである。ただし、その追求の仕方は完全に首尾一貫しているといえる。無意識にであったにせよ、ニーチェの忠誠心は超人と金毛獣[26]という二つの対象に捧げられていたが、クラーゲスはこの後者だけをとったのである。「ニーチェは無礼講的な快楽の哲学者であり、彼のそれ以外のものはつまらない」。クラーゲスはみずから師と仰ぐ人の偉大さと限界をこう要約している。「それ以外のもの」が意味しているのは、ツァラトゥストラであり、超人礼讃の個人主義であり、超人である。

クラーゲスは、ニーチェが一貫性を欠いていることにひどく驚いている。ニーチェは、キリスト教――自然と生命の法則に反逆した奴隷たちの、この神経の細い、堕落した、臆病な宗教――に悪罵をあびせながら、自分自身はこうした法則に従って行動することを拒み、何か「より高い」、「より高貴な」人間のあり方の幻影を、愚かにも追いかけている。ニーチェは、キリスト教を激しく嫌いながら、動物的生命では不十分であるというキリスト教の迷信を完全には乗り越えられなかった、とクラーゲスは考えるのである。自然的価値に関するニーチェの哲学は、精神的な要素によって汚されている。クラーゲスは、この汚れを取り除くことを終生の仕事としたのである。

ニーチェの無礼講的な快楽の考え方からクラーゲスが引き出したのは、人間の性格のなかの意識に関する理論、先史文化、神話学を包括する人類学であった。この仕事の多くに示唆を与えたのは、先史時代の文化における地下（chthonic）と天上（solar）の原理のあいだの対立関係を説くJ・J・バハオーフェン[27]の考え方である。

クラーゲスの人類学の核心は、一方における肉体と「魂」、他方における精神のあいだの関係にある。肉体と「魂」は一体である。クラーゲスにとって、「魂」は外在的な生命の原理（anima）ではなく、肉体に生理的に随伴している生命原理（animus）を意味する。精神はこれとは別にあり、意識の原理である。それは、肉体と「魂」が形づくる世界に割りこんできて害を及ぼす。それはまさに一つの病みである。精神がこのように暗い運命を伴って侵入してくる以前の人間は、生命あふれる自然の一部分として、自己と環境とのあいだに動物的な調和を保っていたのである。精神の侵入が起こることで意識がはじまり、自我が生じる。「魂」は精神によってとらえられ、本来の生命への寄生現象の一形態にすぎない個人、「魂」を自我の付属物にすぎない地位におとしめる個人になってしまう。

精神は、本来の生命をとらえる際、主として意志という形をとる。支配は精神が本来もっている属性であり、これこそあらゆる権力への意志の源となる。動物的本能の衝動は目的をそなえたものではなく、ギリシャ人のいう人間の意志を超えた力（*ἀνάγκη*）のように、出産に際して働く力の方にむしろ似ている。良心と倫理とは精神が行う作用の徴候であるが、そうした作用のもっとも有害な形がキリスト教である。キリスト教が精神と呼ぶものは、「魂」にとっては毒であり、生命の破壊を志向する権力への意志にほかならない。これが成功をおさめた暁には、人類の終末が到来するであろう。

クラーゲスにとって、心理学は断じて意識の理論ではない。生命は無意識的なものである。クラーゲスは心理学における六つの基本概念を区別するが、そのうちの二つだけが意識にかかわる概念である。肉体は、感覚の過程と動作への衝動のなかにその表現を見いだし、「魂」は、黙想の過程と形成(すなわち、イメージを魔術的に、もしくは機械的に具体化していくこと)への衝動のなかに表現される。一方、精神は知覚行為と意志行為に表現を見いだすのである。肉体と「魂」にかかわるはじめの四つは意識なしで起こりうる。これら四つは、全体として動物と人間の生命力を構成している「真正な」プロセスである。ところが、知覚と意志は意識の作用であり、あの異常な生命破壊原理、精神が生み出したものである。

これは、ニーチェの主意説とは非常に異なる叫びである。ニーチェによれば、意志は生命の自然の働きであり、権力への意志として、まさに生命力を具現化している。クラーゲスにおいては、意志は精神の産物であるが、精神は生命力の真正な部分ではなく、生命に寄生するあらゆるもののなかでもっとも許しがたいもの、すなわち、ニーチェその人がキリスト教のなかの敵として非難した宗教的精神（spirit）の生みの親なのである。

そこで、ここにこそニーチェにおけるあらゆる矛盾の源があることになる。ニーチェは権力への意志をキリスト教に対置しようと試みて失敗したが、それも道理で、この両者は基本的に類似しているのである。権力への意志を肯定することによって、ニーチェは知らず知らずのうちに、姿を変えたキリスト教を肯定したのである。愛の倫理の危険は、愛にではなく倫理にこそ存在する。そして、ツァラトゥストラの倫理も、それがたとえ反キリスト教的であったとしても、やはり倫理であることに変わりはないのでないか。個人の人格は、ただの人間の人格であれ、超人の人格であれ、生命の寄生物である。このようにして、誤った心理の行きつく先は矛盾また矛盾である。われわれは意志を生命力の自然の表現として受け入れなければならないか――この場合には、われわれはニーチェが肯定することを拒んだ道徳的良心と倫理とを肯定する必要がある――、もしくは、クラーゲスのように、意志と精神が人間にとって自然なものであることを否認しなければならない。後者の場合には、やはりクラーゲスと同じように、キリスト教の愛の「精神」による生命の支配に従うことをつねに拒絶しても、筋はとおる。この選択は、基本的に、人間に関する二つの概念――意識をそなえた人間か、意識を欠如した人間か――のどちらを選ぶかに帰着する。生気論の立場は明々白々であって、自然状態の人間と自然状態の社会は個々人の意識など含んでいないとする立場である。人間の真の姿は、人間が意識をそなえた一人の個人にならずにすむ能力のうちに存在するのである[28]。

生気論と調和するということができる社会理論が二つある。その一つは、カール・シュミット[29]の「敵」の原理にもとづくものである。シュミットによれば、政治は敵意の現象に基礎を置く一つのカテゴリーである。国家が政治制度の代表的な存在であるからには、国家の前提条件は、敵を物理的に破壊することの必要性が広く認められていることである。かくして、国家は武装闘争の道具と同じ意味をもつようになる。このような行動が国家の任務として想定されているかぎりにおいてのみ、国家は存在するのである。世界国家なるものは、敵が存在しないために戦争状態に入ることができず、したがって、言葉として自己矛盾である。戦争に代わる倫理的もしくは経済的な選択の道は、ここにいわれる政治の概念からして、政治からは排除されるのである。

シュミットの政治理論は、生気論の社会へのアプローチに内在する原始主義によく見合っている[30]。これは、ベルグソンが本能的、原始的な恐怖の心情の表現であることを示した、あの閉じた道徳（morale close）の典型的産物である。これに対置されるのが、キリスト教の開かれた道徳（morale ouverte）なのである。

しかし、政治についての敵意の理論は、人間社会に明らかに疑問の余地なく存在している事態の説明にはなっていない。自国民以外を殺戮することが民族国家の論理的正当化であるとしても、協調の要素もまた社会のなかに存在することも否定できないのである。クラーゲスの一番弟子であるハンス・プリンツホルンは、この現象をつぎのように説明する。人間が動物的本能をもっていることは、われわれの眼を完全な調和が支配している万物の秩序に向けさせる。どの動物も、必ず行きつく先は他の動物の胃の腑のなかである。あらゆる動物の自然環境における生活の特徴となっている完全な安心感の広がりの背後には、この事実がある。「つぎつぎに食べられていく」原理が、意識の欠如と共に自然の前提条件となって、原始的共同体の記憶と結びついているあの至福の状態が生まれるのである。

人間社会の性質についてのこの一般原理は、クラーゲスが彼のいわゆるキリスト教的要素をニーチェから取り除こうとする努力に成功したことを示している。結局、クラーゲスはニーチェから個人主義のあらゆる痕跡を除き去ったのである。現在の国家社会主義にニーチェが及ぼしている大きな影響力は、クラーゲスのライフワークによってもたらされた、個人主義をニーチェの生気論から引き離すことができる――論理的には引き離されなければならない――という確信によるところが相当に大きい。かくして、この理論は、社会を個人間の関係とみない理論の一方の極となるのである。

クラーゲスがバハオーフェンを再発見したことも注目に値する。ある考え方が、ちょうどそれにとって重要な岐路となる点において、無意識の飛躍を行うのは、いつもながら示唆的なことである。

母権制に関するバハオーフェンの業績は、モルガン(31)の仕事を別にすれば、原始社会に関するマルクスの見解の主要な源泉であった。先史時代の人間存在のあり方が統一的なものであったことを主張し、この統一性を詩的なまでに強調するバハオーフェンの仕事に、マルクス、エンゲルスは、クラーゲスに劣らず魅了されたのかもしれない。しかし、マルクス、エンゲルスとクラーゲスの心の衝動は逆方向を向いていた。ニーチェのディオニソス的原理とクラーゲスの肉体―魂一体論は、原始時代の調和のなかにみられる至福の領域へと退行する動きを示している。一方、マルクス主義は、原始状態における人間と環境の調和を、より高い段階で反復することをめざす前進的な動きを表しているのである。一瞬、社会主義とファシズムは同じ平面上にあって、いわば一層親密な人間共同体の諸条件に向かう二つの道を示しているのではないか、と思われる。しかし、反動的な道は幻想である。退行――いったいどれだけさかのぼるというのか。ドイツの民族主義者たちは一九一八年以前に戻れという。モェラー・ファン・デン・ブルック(32)のような反動的ロマン主義者たちは一七八九年以前という。シュパンやドイツ・キリスト者はルネッサンスへの反逆を唱え、退行の期間を五百年にも広げる。またドイツ信仰運動は、たっぷり二千年も時計を逆戻りさせなければ、この反動の安定性も永続性もありえない、と自覚している。さらに、キリスト教を破壊しても十分ではないことを示したのはクラーゲスの業績であろう。彼にとっては、一万年(!)もさかのぼれば目標に近づくということになろうか。

しかし、反革命的な解決法は、果てしない退革命的な解決策は現実にもとづいていた。

行を導く。

生気論と全体主義論に話を戻そう。この二つが選択肢として論理的に相対立していると考える必要はないが、両者のあいだの目立った対照性は、このあいだに表面的な対立以上のものがあることを証明し、何らかの程度の対極関係が存在することを示している。生気論は意識以前、歴史以前のものであるが、全体主義論は意識以後、有史以後のものである。前者にあっては歴史はまだはじまっていないが、後者では「……であった」と、完了形で歴史が示される。前者には変化の必要性がなく、後者にはその可能性がない。前者にとっては「魂」が現実であり、精神はそれから致命的に逸脱している。ところが、後者にとっては精神こそ現実なのであって、困難のもとは「魂」の痕跡である。前者においては、人格をもった個人はまだ社会に誕生していないが、後者にとって、個人はすでに社会に呑みこまれている。前者に弁証法がないのは「魂」が非弁証法的なものであるからであるが、後者が弁証法を欠くのは、資本主義社会がより高度の人格へ向けて前方に導いていくのではなく、無意識的な社会的有機体に向けて後方へ導いていくからである。前者が現在から動物的な過去へ逃避するのに対し、後者は非人間的な現在を聖化するのである。実際のところ、精神の世界という非人格的実体によって生命が衰え、破壊されるという生気論者の見方は、完全に現実離れしているわけではない。また、全体主義論がみているものは市場社会の現実の状況である。しかし、機械時代の高度に発達した社会で、資本主義に代わりうるものは社会主義をおいてない。生気論をまっとうすれば、ありとあらゆる文明、文化の終焉にいたる。全体主義論は、自己疎外と真実の不在のうちに自由の喪失が恒久化することを意味し、生気論は、洞穴のなかを盲目状態のまま手探りするような状況への回帰を意味する。これら二つのうちのいずれか一方を正当化することのできるものがあるとすれば、それは、もう一方が示している選択肢の恐ろしさ以外にないであろう。

七　人種主義と神秘主義

ファシズムの思想は、現実には生気論と全体主義論の二つの極のあいだを絶えず揺れ動いている。この二つの理論はどちらも、ファシズム哲学が要求している主要なもの——人格をもった個人間の関係ではないような人間社会についての概念——を打ち立てるのに成功している。これらの理論は、人間存在に関するあるヴィジョンをわれわれに提示することによって、この目標に到達しているのである。しかし、そのヴィジョンは、それを受け入れるや否や、われわれの意識は、人間みな同胞という教えによって生み出された型とは異質な型のなかに無理やりに押し込まれてしまうようなものである。ただし、ファシズムが生気論の方に傾斜していることは明白である。ファシズムがキリスト教に対してもっている不退転ともいうべき敵意のもっとも深い根は、こうした傾向のなかに明らかにされる。

ファシズムの生気論への傾斜がもっともよく終始一貫してみられるのはドイツにおいてである。こうした事態の展開のコロラリーとなっているのが人種主義と神秘主義である。この二つによって、生気論は、協同組合主義的資本主義がそれ自身では充足しえない二つのきわめて重要な要件、技術的合理主義とナショナリズムを満たすことができるのである。

奇妙なことに、生気論も全体主義論も共に、ナショナリズムに対してはその概念構造のなかのほんのわずかの場所しか残していない。クラーゲスは、一般的に妥当する人類学の法則を発見したと主張する。客観的精神に関するシュパンの方法も、人類全体に及ばないわけにはいかない。実際、ニーチェもヘーゲルも、感情的にナショナリズムには反対していたのである。

しかし、あるフィクションの助けを借りることで、民族という理念は、生気論の物質的なパターンに容易に適合させられる。すなわち、人種の概念が、原始状態が真の姿であり、近代の民族は人工的なものであることを示す公分母として働くのである。国家社会主義の哲学は、人種を民族の代わりに使っている生気論である。人種と民族がファシズム思想のなかにもっている中枢的ともいうべき性格は、本稿でもまたあとで現れてくるであろう。

もっと深刻な問題が合理性の必要性から生まれてくる。協同組合主義的資本主義においても近代的な機械を動かす必要があるとすれば、合理性の概念だけでなく、合理性が現実そのものとして確保されなければならない。あらゆる段階の生産者によって、知力と意志、すなわち自我の心理がもつ組織された意識が、仕事を成就させるために用いられなければならない。しかし、生気論は生命が意識なしで機能すると主張しており、人間の真の姿は、人格をそなえた個人とならないようにする能力のうちに求められている。ほかならぬ生気論をファシズムにするのは、まさしくこの原理である。では、人格ある個人を再確立しないでおいて、一体いかにして合理的意識を再び導入することができるのであろうか。また、技術文明と不可分な合理性の必要性が、ファシズム哲学の全構造を危険にさらすのである。我（Ego）は、対応する汝（Thou）の存在なしで、いかにして生まれるのであろうか。

ここでの問題は明らかに宗教的な問題である。事実、これは、宗教的な形態をとったファシズムの、哲学的な問題ということができる。すなわち、究極において他人の生命に意味を見いだすことなくして、自己の生命に意味を与えることが可能であるだろうか。

これに対するファシズムの解決策は疑似神秘主義にある。真の神秘主義は信仰の所産であり、信仰の証しであって、信仰に代わるものではない。信仰の伴わない神秘主義がおちこむ先は、ほとんどどのような美的または宗教的な内容でも注ぎこめるような、皮相な心的状態にすぎない。このような神秘主義が帰属するのは精神の領域ではなく、魂の領域である。異教の快楽追求的な神秘主義であれ、近代の耽美主義によくみられる神秘主義であれ、こうした神秘主義は心理的なものであって、精神的なものではない。精神に対して魂（さらには動物的肉体までも）の現実性を主張するためにこのような手法を用いることが、疑似神秘主義なのである。もともと社会的なものである宗教の観点からすれば、疑似神秘主義は否定されるべき現象である。なぜなら、神秘主義は神と人間の交わりであり、また、神によって人間が人間から分かたれることであるからである。神秘性をそなえた人間は神を身近にもち、神の永遠性によって仲間から分かたれる。神秘的な経験は、自己の隣人を除く全宇宙を包みこみ、神秘性ある自我は、それに対応する汝を人間には求めない。ここから、中世のドイツ神秘主義が、今度は信仰に代わる道としてだけであるが、改めて是認され、宗教的感情や美的感情が倫理的な方向へ逸脱することを防ぎとめるはけ口としてファシズムによって使われることになる。神秘的な心の状態においては、理性と意志に最高の価値をおき、魂の能力をまさに神格化することが、個人の人格そのものの完全な解体と共存する。しかし、こうして神秘化された理性や意志は、本質的に非社会的な性質をもっている。エッカルト(33)のキリスト教信仰における神秘主義は、新しい世界が他との接触と、より広い交わりを切実に求めているにもかかわらず、他から隔絶された状態の存続を望む中世的な魂の表現だったのである。国家社会主義における神秘主義の役割は、個人を社会的個体として確立させずに、個人にとっての合理的意識の中心を人工的につくり出すことである。エッカルトの神秘的体系においては、神それ自身が人間の霊魂のなかに生まれ、人間の霊魂の法則が神自体をも支配するのであるが、自然が合理的なものであるということを、これ以上に強く保証してくれる考え方は思いつけないであろう。こうして、疑似神秘主義は、人間の自然に対する関係がもつ極端な合理性と、人間の人間に対する関係における合理性の完全な欠落とを結びつける、妙にもってまわった非合理主義の要求に、完全に呼応するのである。結局、血と人種の崇拝が、このようにして信仰に転形された生気論哲学にきわめてよく似た内容を、右のような神秘主義の器に盛って提示するのである。これが、形成途上にある国家社会主義の宗教である。

八 生気論の勝利

政治的宗教を生み出そうとする国家社会主義の傾向は、ローゼンベルクの仕事によく現れている。彼はこれを神話の創造と呼ぶ。彼の努力は、われわれのこれまでの分析でおなじみとなったファシズム思想のあらゆる異なった側面を反映している。その側面とは、すなわち、生気論と全体主義論に二またをかけた依存、機械時代の必要性への生気論の適応、生気論が優越的地位を占めるようになる傾向、ファシズムへの適合性の最終的な試金石としての反個人主義などである。

ローゼンベルクは、クラーゲスとシュパンの体系を共に拒否することによって、みずからの哲学的位置を規定しようとした。しかし、そこには注目すべき相違点が一つある。すなわち、彼はクラーゲスを批判してはいるものの、自分自身も生気論に深くコミットしており、シュパンに対してずっと強い批判を行っているのである。

ローゼンベルクは、クラーゲスの「文明に対する悲観的見解」に激しくたてつく。「文明以前の諸力を無理に超文明に役立てることはできない」と彼は評する。旧石器時代人のパターンにそってつくられた人間の意識にもとづいて、近代的資本主義を運営しようとする試みに希望がもてないことは、彼も十分気づいている。ローゼンベルクは、ニーチェが愛の福音を排除したように、新しい生気論が権力への意志を排除したからといって、ニーチェより先に出ているわけではない、と苦言を呈している。肉体と魂はもともと一体であることを発見し、人間という動物が道徳的良心にわずらわされることなく調和を楽しめる、「まったく安心な」状態を発見してくれたクラーゲスに対して、国家社会主義の思想が感謝しなければならないことはローゼンベルクも意識している。しかし、彼は、クラーゲスには進歩に対する反動的偏見に加えて、人間の発達について一般的法則を打ち立てようとするいやな傾向があった、と抗議の声をあげる。クラーゲスのこの傾向は、何物も善でも悪でもなく、人種のみが善悪を決すると主張する人種主義の哲学の基調に完全に背馳する。ローゼンベルクは、さらに一歩を進めて、クラーゲスの人類学を人種主義の線上でつくり直そうとするのである。彼によれば、クラーゲスが原始的人間の属性とした肉体と魂の調和も、他の人種においてはこの調和をまさに破壊してしまうような心と精神のまばゆいばかりの質も、共にノーディック人種に帰せられるのである。ノーディック人種においては、高度の形態の意識が、キリスト教が呈示するような精神の病的排泄物といった形に堕落することはけっしてない。このように堕落した形態は、有史時代に入って、小アジア、シリア、地中海沿岸に居住していた劣等人種、混成人種の悪しき血が生み出したものである。これに対して、ノーディック人種の心は「生来、生気論的であり」、その宗教は太陽崇拝――東洋的魔術、魔法、迷信の犠牲になることはけっしてない健全な信仰――である。

しかし、ローゼンベルクには、クラーゲスの人類学をアーリア人の神話の要請に応えさせることのむずかしさがわかっている。完全な自然の落ち着きと調和をもつ、理想化された「魂」を、クラーゲスがギリシャ文明以前の小アジア住民の宗教的、神話的、詩的、考古学的文書から導き出したことはほぼ間違いのないところであるが、これらの住民こそ、ローゼンベルクの反セミティズム、反カトリックのイデオロギーが軽蔑する「シリア」人、「地中海の混成」人種にほかならなかった。また、クラーゲスは、たまたま、バハオーフェンの原始時代の母権制に関する理論を信じていたが、ローゼンベルクはノーディック人の父権制を信じ、説を曲げなかった。

ローゼンベルク自身の哲学は、本質的に生気論である。彼によれば、「真理とは、生命の有機的原理が真理と定めるところのものであり」、「論理や科学、芸術や詩、道徳や宗教における最高の価値は、人種のもつ有機的真理の異なった諸側面にすぎない」。彼の理論的、実践的目的をおそらくもっともよく要約している言葉は、「すべての真の文明とは、人種のもつ成長力、生命力ある特徴にしたがって意識が形成され、形づくられていくことにほかならない」、という言葉であろう。重要なのは、この人種の概念がそれ自体としては必ずしも生物学的な人種概念ではない、という点である。普通、人種は血と同一視されるが、さまざまの相異なる要素から成り立っているとみなされることもしばしばである。祖先の共通性は、支配的な要素ではあるが、そのうちの一要素にすぎない。こうして、人種概念は拡張され、肉体ではなく「魂」が人種の担い手とされると、人種理論にもとづくナショナリズムの把握が非常に容易になるのである。

クラーゲスの体系は、排除されても、ローゼンベルクの哲学の意識されない基盤として、結局、勝利をおさめている。これに対して、ローゼンベルクのシュパン理論の拒絶は一層徹底的である。ローゼンベルクは、憎悪と軽侮の念をもって普遍主義に立ち向かっていく。旧約聖書とユダヤ教の精神、新約聖書とキリスト教精神、ローマ教会とマルクス主義社会主義、平和主義とヒューマニズム、自由主義と民主主義、アナキズムとボルシェヴィズム、これらすべてが、どれも普遍主義であるとして非難される。この一連の非難の対象には、聖書の詩篇から山上の垂訓、さらには『共産党宣言』にいたるまで、彼の軽蔑するほとんどすべてのものが含まれている。生気論的傾向のファシズム思想にははっきり現れている、キリスト教へのあの激しい敵意を十分に理解するためには、ローゼンベルクが普遍主義という語に与えている意味を正確に把むことが不可欠である。

そもそも、この言葉はシュパンの「普遍主義」とは何らの共通性ももっていないのである。このウィーンの哲学者は、自分自身の全体主義の体系を叙述するのに「普遍主義」という一般的な用語を用いたのであるが、これは、彼の用語法においては、アリストテレス的な「全体は部分より前にある」、もしくはヘーゲル的な「真理がすべてである」といった考えに触発された、論理的分析の一手法をいっていたのである。ところが、ローゼンベルクは、自己の体系を普遍主義と述べる場合、この言葉をまったく異なった意味で用いている。事実は、ローゼンベルクが与えた意味は、一般に行われていると思われるこの言葉の用法——たとえば、教会が、キリスト教の使命に内在する普遍主義を暗黙のうちに否定するものとして人種主義を非難する際、教会側によって使われる意味——にほぼ相当する。普遍主義という言葉はこのように否定的な含意をもって使われ、多かれ少なかれ非人種主義の同意語となっている。この言葉の積極的な意味を、『二十世紀の神話』における広範な使われ方から推論するとすれば、それは、人類の概念を含んで使われる場合の意味である。換言すれば、人類全体、すなわち人類を構成しているすべての個人、グループにあてはまる考えとされているのである。このような意味は、異なった人種が異なった価値をもつことを自明としているため、個人の平等の理念も、人類の一体性の理念も共に否定し去る人種主義の原理とは完全に対極的な位置にある。この点において、普遍主義と個人主義は対立物ではなく、互いに関連しあう言葉なのである。したがって、ローゼンベルクの主張によれば、哲学における究極の敵対関係は、人種主義的―民族主義的原理と、個人主義的―普遍主義的原理のあいだに存在する。

シュパンの全体主義哲学に対するローゼンベルクの批判は、右の点から説明することができる。ローゼンベルクは、この哲学を「普遍主義的であるがゆえに個人主義だ」と糾弾しているのである。シュパンが反個人主義を彼の体系の指導原理としたことを想起する時、これは驚くべきことのように聞こえるかもしれない。しかし、人種的―民族的原理を受け入れまいとする、シュパンのような考え方は、人類の平等が必ず個人主義を含意する、という事実と無縁ではありえないことは、ローゼンベルクが主張するとおりであろう。シュパンが論駁するのは十九世紀の合理的、物質主義的な個人主義であって、個人主義そのものではなかった。われわれ自身もまた、シュパンの攻撃がその的――キリスト教的個人主義の論駁――を逸したことを示そうとする際に、まさしくローゼンベルクとまったく同じ議論を用いたのであった。

明確に反個人主義的な哲学は、もっとも露骨に動物学的な意味の反個人主義の場合を除けば、人類という概念を一切拒否するにちがいない。あらゆる色あいのファシストたちが人類という考え方そのものに浴びせる罵声の激しさは、ここに根ざしている。個人が織りなす社会として人類をみる人類観には、個人主義の極と普遍主義の極の二つがあるが、こうして、人種主義―民族主義の原理は、その双方に対抗する二重の機能を託されるのである。ファシズムによる国際主義の否定は、民主主義の否定に呼応するものにほかならない。協同組合主義的資本主義は権威主義的かつ民族主義的であり、個人間の不平等と国家間の不平等を同じように主張する。「国際主義と民主主義は分かちがたい」。まだ十分注目されるようになっていない演説であるが、デュッセルドルフでの国民社会主義の創設に関する演説(34)において、ヒトラーはこういい切ったのである。

個人主義―普遍主義の原理に対する人種主義―民族主義の原理の敵対関係は、宗教的な問題の核心にまで及ぶ。国民社会主義であれ何であれ、すべてのファシズムにおける至高の価値は、人種もしくは民族である。それに対して、個人と人類が、人間世界全体にわたるキリスト教イデオロギーの二つの極である。したがって、宗教的な争いが不可避的に接近しつつあるという意識は、国民社会主義の初発時から明らかに存在した。最初のナチ党綱領がたとえ積極的なキリスト教なるものへの支持を宣明していたとしても(35)、その後の事態が示すように、それ以後完全に捨て去られたほかの項目同様、この項目が厳格に守られるはずはなかったのである。ヒトラー自身の哲学は、明らかにキリスト教と対立する人種主義的な信条を含むばかりでなく、マキァベリ的な策略の原理を是認するものであった。そのため、積極的なキリスト教なるものにリップ・サービスを行う一方で、人種主義の信条にのっとって行動しても、誠実さに欠けるというきびしい非難にさらされずにすんだのである。事実、ゴットフリート・フェーダーの党綱領へのコメントが、比較的初期において早くも、国民社会主義運動の軌道のなかで畢竟新たな宗教が生起するであろうといっていた。綱領の起草者たちがおそらく心のうちでは保留していたことがこのように暗示されたわけであるが、これにつづいたのは、ローゼンベルクの『二十世紀の神話』における「積極的なキリスト教」に対する宣戦布告というべきものであった。彼は、福音書のキリスト教を「消極的なキリスト教」と巧みに名づける簡単な工夫を用いることによって、キリスト教を是認するという言質と、新型の異教を意図的にキリスト教に置き換えようとする政策のあいだの溝を埋めようとしたのである。ローゼンベルクが「生命哲学に関連する事項に関する総統の受託者」に任命されたのは、ちょうど『二十世紀の神話』によって、その著者の哲学上の見解がドイツ全体に明らかになった時であった。ヒトラーとローゼンベルクの見解が公の場で表現された時に、両者のあいだにみられた色彩の違いが、主として二人の位置や機能によって説明されることはほぼ疑いない。ドイツを荒地と化した十七世紀の宗教戦争は、ヒトラーにとっては、まさしく、われわれの時代の特色である心(minds)と精神(spirits)の亀裂になぞらえられるものである。血と民族、闘争と生存こそが一方の宗教の究極的な現実である。これに対して、対立者側は、人間の平等と人類の一体性などという有害な妄想を表面に押し立てて、それらを頑固に否定しているのである。ローゼンベルクは、ヨーロッパ人の心のなかに浸みこんでいる平和主義、人道主義という病的性格はキリスト教のヴィールスによるものである、という信念を繰り返し述べる。

彼が、ロシアの共産主義者の根深い国際主義の源を、トルストイやドストエフスキーによるキリスト教の霊感の詩的な具象化のなかにはっきりとみられる精神、あの、際限なき献身によって人類に役立とうとする精神に求めているのは、正鵠を射ている。彼にとって、ロシアの社会主義革命は歴史を通じて西欧の生命力を奪ってきた「荒野の精神」の新たな爆発にすぎず、チュートン人のヨーロッパにおける異教的魂を蝕んできた精神の疫病――キリスト教――への復帰である。

教会は、普遍主義の証人となることによって、みずからの信仰の本質のために闘っている。しかし、ドイツのファシストの側も、人間の平等性を否定しとおすことによって、みずからの信条の本質のために闘っているのである。闘いは、人格をそなえた人間を発見した宗教の代表と、かかる個人の概念を廃絶する決意をみずからの新たな宗教の中心にしようとする人々とのあいだで戦われているのである。

九　ファシズムの社会学

ファシズム哲学はファシズムの自画像である。ファシズムの社会学は写真の性格に近い。前者は自分自身の意識に反映されたままにファシズムを示してみせるのに対し、後者はファシズムを歴史の客観的な光のなかに呈示するのである。これら二つの像はどれほど対応しているであろうか。

ファシズム哲学がそのヴィジョン創出に努めている人間世界が、個人間の意識的な関係ではない社会の世界であるとすれば、ファシズムの社会学の方は、社会主義へ向かおうとする社会の発展傾向をことごとく絶滅してしまうような方法によって、社会構造を変形しようとする試みがファシズムであることを明らかにしている。この両者を実際に結びつける結節点は政治の領域に見いだされる。すなわち、民主主義の諸制度を破壊する必要性である。ヨーロッパ大陸における歴史的経験によれば、民主主義の行きつく先は社会主義であるから、社会主義の到来を妨げようとするならば、民主主義が廃絶されなければならない。ファシズムの反個人主義は、この政治的帰結の合理化なのである。こうして、個人主義、民主主義、社会主義は、人間と社会の性格に関する同一の解釈から生まれた、相互に関連する概念であるとみることが、ファシズム哲学にとって必須となる。この解釈がキリスト教の解釈であるとみてとることはわれわれにもたやすい。

こうした状況においては、ファシズム運動の社会学的な性格だけでなく、ファシズム体制の社会学的性格をも考慮しなければならない。ファシズムが狙っているのは、明らかに民主主義を単に破壊することだけではない。ファシズムは、社会が民主主義に復帰する可能性までをも除去してしまうような、そういう社会構造の樹立を試みているのである。しかし、そのためには、一体どのようなことがなされなければならないのであろうか。そしてまた、戦闘的段階のファシズムに必要なあの徹底した反個人主義の態度を、こうした試みのためにもファシズムが取りつづける必要があるのは、なぜであろうか。これに答えるためには、組合主義国家の性格を少なくとも垣間見ることが必要となる。

民主主義と資本主義が両立しないことは、それが現在の社会的危機の背景をなすものとして、今日ではほぼあまねく認められている。この点についての意見の違いは、それをどのように述べ、どのように強調するかにかかっているだけである。ムッソリーニの「ファシズムの原理」[36]の簡潔明瞭な記述によると、民主主義はアナクロニズムである。「なぜなら、権威主義的国家のみが資本主義に内在する矛盾に対処しうるからである」。民主主義の時代は過ぎ去ったが、資本主義はまだその緒についたばかりである、というのが彼の確信である。先にも触れたヒトラーのデュッセルドルフにおける演説では、政治における民主主義的平等の原則と、経済生活における生産手段の私的所有の原則のあいだの完全な矛盾が、現在の危機の主な原因であることが主張された。つまり「政治における民主主義と経済における共産主義とは類似の原則にもとづいている」。ミーゼス派の自由主義者の持論によると、代議制民主主義の行う価格システムへの介入が不可避的に商品生産量の総計を減らしていくのであり、ファシズムは自由主義経済の保護手段として許されるのである。「介入主義的」ファシストも、「自由主義的」ファシストも共に、民主主義は社会主義に通じる、という確信を抱いている。マルクス主義社会主義者たちは、何を理由とするかによってファシストたちとは異なるが、資本主義と民主主義が両立しなくなったという事実については、彼らと同意見である。一方、社会主義者は、どのような信条をもつ者も、民主主義に対するファシズムの猛襲を、現行経済体制を力によって救おうとする試みである、と非難している。

資本主義と民主主義のあいだの矛盾の解決策は基本的には二つある。一つは民主主義的原理を政治面から経済面へと拡張することであり、いま一つは民主主義的な「政治領域」の全廃である。

経済への民主主義的原理の拡張は生産手段の私有の廃止、さらには、独立した自律的経済領域の消滅を意味する。民主主義的政治領域が社会の全容となるのである。これこそ本質的に社会主義である。

一方、民主主義的政治領域をなくしてしまうと、ただ経済生活だけが残ることになる。さまざまな産業分野によって組織された資本主義が社会の全容となる。これがファシズムの解決策である。前者も後者も共にまだ実現されてはいない。ロシアの社会主義は、民主主義への傾向を明白に示してきたものの、いまだに独裁段階にある。ファシズムは、協同組合主義国家の樹立に向けて不承不承進んでいる。民主主義を知ってしまった世代に協同組合主義国家の市民となる用意ができていると確信することはできないと、ヒトラーもムッソリーニも考えているようである。

おおまかにいって、社会主義の社会学的内容は、全体が個人の意志と目的に依拠する状態を完全に実現すること、一方、全体のなかでの持ち分に対する個人の責任を持ち分にしたがって増大させることである。国家とその機関は、この目的の制度的実現に向けて働く。社会を、個人間の意識的かつ直接的な関係の媒体として、ますます柔軟なものにつくり上げていくことが目標であり、それをめざす組織の型は、全生産者の創意を奨励すること、あらゆる角度からの計画討論、産業のプロセスとそこにおける個人の役割を広く見守ること、職能と地域による代議制、政治的、経済的自治への訓練、小さなサークルにおける密度の高い民主主義、リーダーシップへの教育などを特徴とするのである。

これに対してファシズムの社会学的内容は、全体がそれを構成する個人の意識的な意志や目的に依存することを退けるような、社会の秩序枠である。こうした方向を貫徹しなければならないとすると、個人の意志とか目的とかは存在してはならないことになる。ここで反対されているのは、民主主義の形式ではなく、その実質である。民主主義のとる形が普通選挙と議会制民主主義であれ、小グループの民主主義に基礎をおく組織された世論であれ、地方団体、文化団体などにおける思想や判断の自由な表現であれ、社会を宗教と学問に特有な影響力の経路をとおして導いていこうとする宗教の自由、学問の自由という形であれ、さらには、これらを結びつけた形であれ、とにかくすべてがファシズム下ではひとしく消え失せなければならないのである。この秩序枠のなかでは人間は生産者とみなされるだけであり、それ以外のものとは考えられない。さまざまな産業分野は法的に組合と認められ、それぞれの領域で生起する経済面、金融面、産業面、社会面の諸問題に対処する特権を付与される。つまり、それまでは政治的国家に属していた立法、司法、行政の力を、組合がほとんどすべて取りこむことになるのである。社会生活の実際の組織は、職業を基礎としてつくり上げられる。代議制は経済的機能に沿って組織され、技術的かつ非人間的になる。そこに含まれる人間の思想も、価値観も、そして数さえも表現されない。このような秩序枠は、われわれが知っている人間の意識の上に存在することはありえない。人間は別の型の意識に移行しなければならないが、そのための期間は必然的に長くなるにちがいない。ヒトラーは、その長さを数世代とはかっている。ファシズム政党とファシズム国家は、あらゆる手を尽くして、この変化を制度的に実現すべく働いているのである。もしこの目的達成に成功しない場合、社会が社会主義に急激に移行することは、ほぼ不可避となっている。

ファシズムの客観的性格を単になぞってみるだけでも、ファシズム哲学についてのわれわれの解釈の正しさが示されているようである。ファシズム体制は、ファシズム運動によってはじめられた仕事——社会の民主主義的政党・組織・制度の破壊——を根気強くつづけていかなければならない。つぎに、ファシズムは人間の意識そのものを変える試みへと進んでゆかなければならない。ファシズムがキリスト教と衝突する実践的な理由は、こうした必然性に由来するのである。協同組合国家とは、社会に対する個人の意識的意志や目的も、また、それに対応する、社会のなかの自分の持ち分に対する個人の責任も存在しない、という状況なのである。だがしかし、われわれが社会を個人間の関係であると考えつづけていくかぎり、こうした意志や責任がわれわれの世界から完全に消え去ることはないであろう。

(1) 原題は "The Essence of Fascism" で、Polanyi and Kitchen, eds., *Christianity and the Social Revolution*, London, Victor Gollancz, 1935 に所収された。

(2) 一九二九年二月、ムッソリーニとローマ法王のあいだで結ばれた条約。これによってバチカンの独立が承認され、同時に、政教条約(コンコルダート)によってファシスト国家におけるカトリックの国教化も認められたが、教会とファシストのあいだの緊張関係は解消しなかった。

(3) Quadragesimo Anno 一九三一年に出されたローマ法王の回勅。キリスト教的社会秩序を論じた。

(4) Othmar Spann(一八七八—一九四七年) 本文中に明らかなように、全体主義の理論家として著名であったが、彼の身分制国家観は経済の自律性主張の根拠となる側面をも有しており、必ずしもナチ党のイデオロギーと相入れず、一九三八年にはウィーン大学を追われた。

(5)「自由主義の道徳的腐敗、民主主義をとおしての文化的麻痺、そして、社会主義による最終的堕落」がそこで不可避となる――原注。

(6)シュパンにおけるこの言葉の意味は、今日のキリスト教会で一般に受け入れられている用法と、何らの共通点ももっていない――原注。

(7)普遍主義という言葉は総称であって、シュパンが彼自身の哲学に与えた特殊名称は「全体主義」(Ganzheitslehre)である――原注。

(8)Ernst Krieck(一八八二―一九四七年)教育科学の確立を唱え、教育を社会の根本的機能として位置づけた。

(9)Curzio Malaparte(一八九八―一九五七年)本名を Curt Suckert というイタリアの著作家。はじめファシスト党員であったが、後に反対陣営に転じた。

(10)Giulio Evola(一八九八―一九七四年)イタリアのジャーナリスト、著作家。神秘主義的傾向を有する。

(11)Alfred Rosenberg(一八九三―一九四六年)ナチスのイデオロギー面の中心的指導者。

(12)Gottfried Feder(一八八三―一九四一年)ドイツの経済理論家。第一次大戦後「利子奴隷制の撤廃」を唱え、ヒトラーのドイツ労働党(ナチ党の前身)入党に与って力があった。

(13)Hans Prinzhorn(一八六六―一九三三年)ドイツの精神病医、心理学者。この論文で後述されるクラーゲスの心理学に賛同した。

(14)Alfred Bäumler(一八八七―一九六八年)ドイツの哲学者、民族学者。本論文中に後述されるバハオーフェンの影響を大きく受けた。
(15) Hans Blüher(一八八八―一九五五年) ドイツの哲学者、民族学者。ワンダーフォーゲルを中心とするドイツの青年運動の指導者。
(16) Albrecht Wirth(一八六六―一九三六年) ドイツの歴史学者、民族学者。アジア史などの著作が多い。
(17) Oswald Spengler(一八八〇―一九三六年) ドイツの歴史哲学者。『西洋の没落』で、ヨーロッパのキリスト教文化の終末を予言し、大きな反響をよんだ。
(18) Friedrich Gogarten(一八八七―一九六七年) ドイツのプロテスタント神学者。「信仰的思惟」の体系化に努めた。
(19) Deutsche Christen チューリンゲン地方から起こった親ナチのキリスト教団体。一九二七年頃に生まれ、二九年にドイツ・キリスト者という名称を採用した。神を歴史と民族性のなかに求め、ヒトラーの登場を神の意志によるものと説いた。
(20) Die Glaubensbewegung Deutsche Christen 一九三二年六月に正式に成立した親ナチのキリスト教団体で、反共、反ユダヤ主義を旗印にプロテスタントをナチスの側につけるべく運動した。前述のドイツ・キリスト者もこの運動に合流した。
(21) ヴィルヘルム・シュターペルは、彼の『ナショナリズムの神学』(副題は「キリスト教政治家」)のなかで、ほとんど無思慮ともいえるほど率直に、倫理への軽蔑感を明らかにしている。彼の意見によると、倫理は「幻想をいまだ捨てることのできない人々の感傷的心情によって存在しているにすぎない」のである。エルンスト・クリークも『教育』というハンドブックのなかで、「われわれの行動の基礎となる価値や法則が、人を従わせようとする倫理によって規定されるのを許すことはできない」と主張している——原注。

なお、ヴィルヘルム・シュターペル（Wilhelm Stapel, 一八八二—一九五四年）はドイツの著作家。雑誌『ドイツ民族』を編集し、民族的保守主義を唱えた。

(22) 実際のところ、これは部分的には『ツァラトゥストラ』の出版にも先立っていたのである——原注。

(23) 超人礼讃的個人主義は、神は存在しないという主張から人格の価値を引き出している。このような個人主義を、ルターやカルヴァンやルソーの個人主義、つまり、さまざまな面で資本主義の興隆に規定された個人主義と混同してはならない。超人礼讃的個人主義は、自由主義的資本主義が勝ち誇っていた短い移行期の哲学であり、キエルケゴールの誘惑者、シュティルナーの唯一者、ニーチェの超人にみられる無神論的個人主義なのである——原注。

(24) Ludwig Klages（一八七二—一九五六年）ドイツの哲学者。本文中にみられるように生の哲学を鼓吹した。

(25) 訳詩は福田陸太郎、倉持三郎による。

(26) 超人については『ツァラトゥストラはこう語った』、金毛獣については『道徳の系譜』を参照のこと。

(27) Johann Jakob Bachofen（一八一五—一八八七年）ドイツの法制史学者、文明史家、歴史哲学者。墓石のシンボルを手掛かりに神話と人間の霊魂の関連、宗教的原体験の問題などを説き、西洋文化の非合理的基盤を解明しようとした。

(28) まだ腐敗していない「魂」によってイメージの形成が行われるということが、この人類学の中心部分となっている。これは、エロスを普遍的なものとみ、本質的に所有性向をもたない情感の極致であって、性とは皮相的な関係をもつにすぎないとみる、エロスの理論の一部をなす——原注。

(29) Carl Schmitt(一八八八—一九八五年) ドイツの政治学者。ブルジョア民主主義の政治的、法的概念を鋭く批判して、ナチスのイデオローグとなる。

(30) カール・シュミット自身が生気論派に属している、とわれわれはいいたいのではない——原注。

(31) Lewis Henry Morgan(一八一八—一八八一年) アメリカの文化人類学者。原始社会の婚姻関係、家族形態などの分析に新境地を開いた。主著は『古代社会』(*Ancient Society*, 一八七七年)。

(32) Möller van den Bruck(一八七六—一九二五年) ドイツの思想家。ワイマール体制を右から激しく攻撃し、「第三帝国」樹立を提唱した。

(33) Meister Johannes Eckhart(一二六〇頃—一三二七年) ドイツのスコラ学者、神秘学者。汎神論的な主張を唱え、生活の目的は霊魂と神との神秘的合一にあるとした。

(34) 一九三二年一月二十七日にデュッセルドルフの工業クラブで行われた演説。この演説は、ヒトラーがドイツ産業界の支持を得る上に大きな役割を果したといわれる。

(35) 一九二〇年二月二十日に制定された綱領の第二十四項は、ナチ党が「積極的なキリスト教を支持するが、信仰の問題においていかなる特定の宗派にも縛られるものではない」と規定していた。

(36) 一九三二年『エンチクロペディーア・イタリアーナ』の第十四巻にファシズムの教義に関してムッソリーニ名で載せられた論文。本当の執筆者はジェンティーレといわれる。

第三部　非市場社会をふりかえる

第七章　ハムラビ時代の非市場交易[1]

学問のどの分野の歴史をみても、われわれにとって既知の事実が多くなればなるほど、それらが一つのパターンにあてはまる度合いは少なくなるという状況が、ある段階で現れる。バビロニアの経済に関しても、マックス・ウェーバーが一九〇九年という早い時期に、底の深い難問に気づいていたことが明らかであるが、彼自身はこの問題を二度と扱うことはなかった。当のアッシリア学者たちのあいだでは、当惑の徴候は比較的遅くなってはじめて現れたが、その時、問題は一層重大になっていたのである。パウル・コシャカー[2]は、彼以前の先駆者たちが設けたいくつかの仮定に反対する警告を繰り返し発していたが、結局、彼自身の努力も行きづまってしまったと泣き言をいうはめになった。古バビロニア国家の経済行政に関する彼の研究（一九四二年）は、彼自身の言葉でいえば、「不整合で疑点の多い記述」で終わっている。ラルサ文書[3]に記録されているような政府交易の過程は、それに取引的な用語をあてはめてみても、十分理解することは不可能であった、と彼は打ち明けている。彼は、さらにつけ加えて、この交易（それを彼は超官僚的な交易法であったと非難するのであるが）の管理面の非合理性の問題を扱うのに、その手段として合理的な概念を使うのは不適切であり、その使用をしばらく断念せざるをえないのではないか、といっている。このいい方自体については、政策的偏向があの偉大な学者の眼を曇らせたのだと考えられるかもしれない。しかし、そう考えることは、問題の中心を素通りすることにもなる。V・ゴードン・チャイルド(4)はけっして反社会主義者ではないが、その彼にも、この地域の初期の経済生活の形態にまつわる曖昧さを排除することはできなかったのである。彼の「都市革命」理論は、先史考古学の驚異的な前進の成果を反映しているが、生産と交易がどのように組織されていたかという疑問に対しては、やはり、まったく答えることができない。そこで考えられるのは、洞察の深化を妨げる障害があって、それがあらゆる歴史哲学的、あるいは経済政策的な選好に優越したということである。バビロニア経済という分野を研究する試みが経験してきた挫折は、「オイコス」論争(5)の名のもとに、ほぼ一世紀間も繰り返されてきた長期の混乱の最近の姿にほかならない、と考えてよい強い理由が存在するようである。問題は、大まかにいって、発展の最高潮期に達した時の古典ギリシャ・ローマ社会が、経済的側面において本質的に近代的であったのか、原始的であったのかという問題であったのである。

疑似経済と逆立ちした視圏

ふりかえってみると、事実に関しては大方の一致がある場合でも、その解釈に関しては捉えどころがなかったのである。しかし、なぜそうであったのかを理解するのはそうむずかしいことではない。実際に問題点となったのは、経済が市場によってさまざまな局面において組織化される、その組織化の程度であった。実際に機能している経済について証拠を集めるのは、思ったほど簡単ではない。現代という条件のもとでも、ある特定の時と所で、ある特定の財あるいはサービスに関して需要供給・価格メカニズムがはたらいているか否かを確定するのは微妙な問題であるのが普通である。遠い過去については、直接的な証拠は手に入らないかもしれない。その場合には、ある社会のなかに市場と市場活動が存在することをもっとも普通に示す、とされている文化的特徴を間接的な証拠として、これに頼らざるをえなくなる。しかし、この型の証拠はあてにはならない。一見、実業家特有の文化を思い起こさせるような特徴が、市場とは独立に、もしくは経済とさえもまったく無関係に現れることがあるのである。疑似経済の有名な例、たとえばポトラッチ[6]やクラ交易[7]は、グレート・アドミラルティ諸島のマヌス族[8]や、カリフォルニアのトロワ・トゥトゥトゥニ族[9]や、北米大陸北西海岸のクワキウトゥル族[10]などに豊富にみられるが、その細部は株式仲買人の活動にそっくりである。賭けの衝動、せりの競争、厳密な計算、リスクの誘惑、公衆の前での商いに対する誇りなどのように、現代の実業生活にもみられる、本質的には経済的といえない習慣が、原始的な共同体の社会組織でも非常に重要な役割を果たしている。このような疑似経済的な特性が、市場が存在して、機能していることの証明にならないことは明らかであろう。さらにもう一つ、曖昧な点が残る。それは、複雑な形態を有しているために、当然近代になってはじめて発生したとみなしてもよさそうな、ある種の真に経済的な制度が、古代の条件のもとでも存在した事実がわかっているということである。しかしながら、それらの制度は、構造的には似ていても、機能的には非常に異なっているであろう。そうした経済的な制度は、初期の前市場的形態では、市場の代替物としてはたらいていたが、それに対して、市場的形態では、すでに存在する市場を補足するものである。例をあげよう。最近何世紀かのあいだに、実業生活によって、複雑な信用構造、清算制度、入り組んだ形態の仲買業、および特殊目的の貨幣が生み出された。これらは全部新しいものと考えられなければならない。しかし、同じような制度は以前にも、これほど複雑な形ではなかったが、初期の社会のなかに存在していたのである。このことは簡単に説明できる。つまり、物々交換が広く行われている場合には、信用、仲買、清算、基準として用いられる貨幣などが、物々交換を行うための補助となり、交換用の貨幣の不在と市場の不在を埋め合わせるのである。

今日の用語でいえば、これらの場合には、機能的な市場を欠いているために、市場の代替物が必要になるのだ、ということになろう。交換手段としての貨幣が存在しない場合には、しばしば、基本物資《ステープル》の大規模な公的貯蔵の制度が存在し、そこには、個人の負債の勘定と清算をこの制度によって行う、という慣習があった。貨幣は、交換手段として用いられなくても、尺度標準あるいは支払い手段として使われることがあるのであり、その場合には、さまざまな物品がさまざまな目的に使用されるのである。とすれば、仲買と競売が、交換を行うための普通の方法になる。もちろん、このような慣習は、市場の発展にともなって、余計なものとなり、消滅の道をたどるのである。ところが、それらはずっとあとになって再び姿を現す。ただ、今度は複雑な形をとり、高度に発達した市場の機能を助ける役割をもたされているのである。そのような制度的な特性と操作上のしくみを現代に再現させている典型的な例は、われわれが銀行業務と呼んでいる分野である。両替商、つまりもっとも初期の銀行業者が出現したのは、歴史的には、鋳造貨幣が一般的に使用されるようになるより前だったのである。プトレマイオス朝のエジプトでは、銀行の支店業務さえもが高度に発達していた。その役割は、市場や交換の手段としての貨幣がないところで、高度の現物計画経済を推進することであった。事実、交易人のあいだでの負債勘定の清算は、プトレマイオス朝エジプトよりも千五百年前、価格決定市場ばかりか、鋳造貨幣さえもなかった「初期アッシリア」の貿易で、すでに行われていたのである。

要約すれば、「オイコス」論争のなかで曖昧だった要素とは、市場の役割のことであった。実際、問題はそこに集中していたのであるが、論者たちにはこの状況についての明確かつ十分な認識が欠けていたのである。以上のような観点からいいなおすならば、ロートベルトゥス(11)が強調していたのは、ローマ帝国末期の税制の基礎は、市場制度がないという条件のもとでは、当然、実質的に自給自足的であった奴隷所有大土地所有者の家計に対して賦課される、普通財産税にあったのであろう、ということであった。同様に、先述の観点からいいなおすならば、ビュッヒャー(12)は、近代経済を統合するものが、主として国家によってつくり出された国民市場であり、このような発展はそれ以前にはまったくみられなかったのであると認識していたのである。最後に、古代の資本主義に対するウェーバーとロストフツェフ(13)の立場は、せんじつめれば、末期以外の時代の古代ローマの経済過程が、税制以外の側面で、大小どの程度にまで市場によって制度化されていたか、という事実問題に帰着するものであった。ところで、市場の存在を主張する時には、われわれは危険な落とし穴を注意深く避けなければならない。機能が非常に異なっていながら、発展した市場条件下における経済活動が、市場前の条件下における同様な活動に類似することがありうるからである。実は典型的に原始的な、あるいは古代的な現象に直面しているにもかかわらず、歴史家が時にこれを驚くほど「近代的」な現象とみてしまうことがあった。これは「視圏《パースペクティブ》の逆立ち」とでも呼ぶべきものである。市場以前と市場以後を区別することが、この「視圏の逆立ち」を避けるのに役立つであろう。

バビロニア経済の諸問題

学界のバビロニア経済に対する理解度については、一九四二年当時のパウル・コシャカーの方が一八九五年当時のエドワード・マイヤー[14]よりもずっと確信を失っていた。その底にある理由はここで明らかになるであろう。

ビュッヒャーとマイヤーの見解の衝突があった直後、ハムラビ法典が刻まれた閃緑岩柱が発見された。そこに刻まれていたもののなかには、どこからみても、今から二十五世紀前と（その当時には）推定された商法があった[15]。商業取引上のことがらに関連する粘土板の束がそれ以前に発掘されていたが、その意味がこれで明らかになった。文明が人間の商業本能から生まれたということが明白に思われた。今日のわれわれ自身の世界の揺籃、すなわち、実業家文化の揺籃がバビロニアで発見されたのである。こうした事実の前では、古代の経済生活の原始的な性格を云々することは、物好き以外の何物でもなかったであろう。他の学問分野のどこへ出しても、まずひけをとらない批判能力をもつ何人もの学者が、この共同発見の証言者となったのである。細部について彼らのあいだに違いがなかったわけではなく、重要な欠落部分の認定についてもそうであったが、しかし、経済の一般的性格、参加者のエトス、彼らの行動を律する態度と価値尺度に関しては、疑問はまったく現れなかった。まさに、資本主義的志向をもつ実業社会《ビジネス・コミュニティ》の本質そのものがここに現れたのである。そこでは、王も神も同様に利潤追求に従事し、高利の金貸しの機会を最高度に利用し、一つの文明全体に対して、千年以上にわたって、金もうけ精神を吹きこんでいたというのである。本章では、古代近東における経済生活の実際の組織に関して疑問を提起するが、それらの疑問は、以上のような学説の傾向に照らし合わせて考察されなければならない。

この袋小路は、「オイコス」論争についてのわれわれの解釈によって簡潔に定式化することができる。それまで、バビロニアの経済生活が、最終的にはその基盤である市場体系の機能によって決定される諸活動の複合体とみえていたのは当然であろう。岩盤としての市場があって、その基盤の上で、交易の形態、貨幣の使用、価格、商取引、損益勘定、支払い不能、共同出資など、要するに実業生活の必須要件が公理ともいうべきほどに確実に決定されるのであった。したがって、そのような市場が存在しなかった場合には、経済制度とその機能方法についての以上のような説明は完全に失敗することになるわけである。

われわれは、今扱っているのがまさにその例であると考える。バビロニアには、実は、市場《いちば》もなければ、機能的な市場システムもなかったのである。

この認識こそが本章の主題であるが、この認識は、相互に支持し合うつぎのようないくつかの事実から生まれるのである。

(1) ヘロドトスは、紀元前四七〇年と四六〇年のあいだのある時期にバビロンを訪れたが、「ペルシャ人たちは市場《いちば》には通わない。実際彼らの国には市場《いちば》は一つもない」(ヘロドトス一・一五三) ことを、これ以上強調しようがないほど強く断言していた。ところが、メソポタミア経済史家はこの一節を一貫して無視してきたのである。

(2) 古バビロニア時代からペルシャ時代にいたるまでの経済取引の法的な特徴を、表面的にたどってみるだけでも、すでに容認ずみの見解の正当性は明らかであった。その見解とは、「暗黒時代」があいだに入ったにもかかわらず、経済取引の本質と特徴には、際立った変化はまったく起こらなかった、というものである。

(3) 市場《いちば》がハムラビ時代に、多少とも現存していたとすれば、それが、千年後に起こった実業活動の高揚期――ヘロドトスがバビロンを訪れたのはその直後であった――に、再生不能なほどにまで完全に消滅してしまったとは、常識ではほとんど考えられないように思われた。

(4) 信頼できる考古学的証拠によれば、パレスチナの城壁都市(ヘレニズム時代のエルサレムのみは例外)には、まさにその破壊の時代にいたるまであき地というものがまったくなかった。

(5) バビロン第一の市場《いちば》は簡単に見落とされるはずのない目印となったはずである。ところが、アシュール・バニパル王の図書館で発見されたバビロン市の寺や通りの名前、場所、配置に関する当時の記録には、この種のあき地はまったく表れていなかった。[16]

(6) さまざまな楔形文字文書のなかに登場し、いろいろな文脈で「市場《いちば》」と訳された、約半ダースに及ぶさまざまな言葉を詳しく調べてみると、それらが「市場《いちば》」を意味するものではないこと、少なくとも疑わしいものであることがわかった。

(7) 最後に、A・L・オッペンハイムから、一九五三年二月につぎのような言葉で、部分的な確証が得られた。「あなたのこの御質問に関しましては、考古学の証拠によれば、古代近東の都市に『市場《いちば》』があったということは否定されるようであります[17]」。

初期アッシリアの交易所

小アジアの中心に、ハムラビの時代、一世紀以上にわたって存在していた初期アッシリアの交易所のあらましを説明すれば、わずか二、三十年前のアッシリア学者が、この明らかに特殊な交易組織をどのように認識していたか、その概略を知ることができよう。ここで、そのような概観によって浮き彫りにされる問題は、市場の存在を仮定することによって成り立っていた伝統的な見解を、同じ資料にもとづきながら、しかし市場の存在の仮定を排するもう一つの見解でおきかえようとする時に、当然起こってくるはずの問題である。

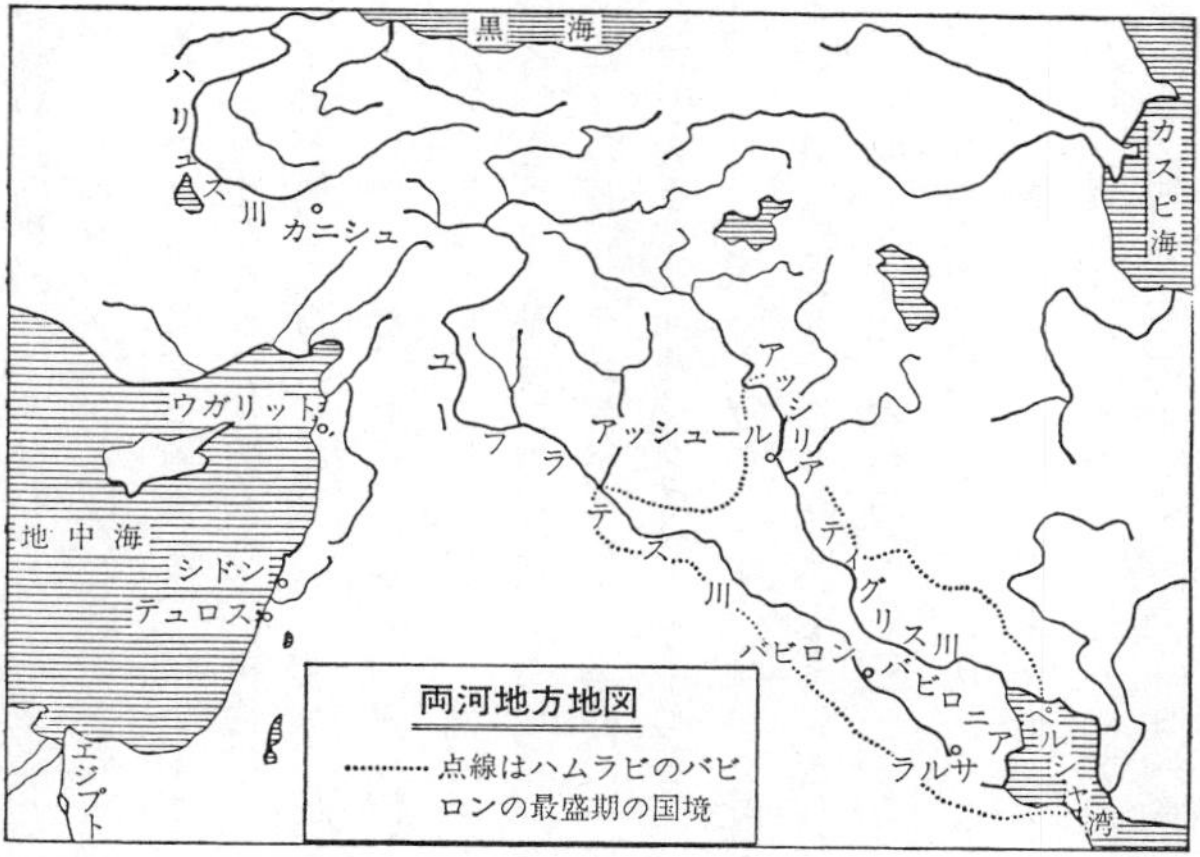

両河地方地図

………… 点線はハムラビのバビロンの最盛期の国境

バビロン第一王朝はハムラビ（1792-1750 BC）の治世にその勢力をひろげ、ティグリスとユーフラテスの河谷（アッシリアの一部も含む）を統一し、付近の通商を支配した。

アッシリア（ティグリス河谷の北部）では、灌漑の開始（紀元前4千年紀）以前は、両河地方下流域より早くから高い文化が生まれていた。ここは、バビロニア、シリア、エジプト、イラン高原をつなぐ交通の要衝に当たっていたため早くから交易の中継地となり、アッシリア商人は、ほかの国々にとっても重要な中継商人となった。

本章に扱われているアッシリア商人は、一時バビロンの支配下に入ったアッシュールを故地としながらも、その勢力範囲を大きく越える通商活動を行っていたのである。

われわれの資料——すなわち、一九二五年のランズバーガーの著作[18]と、一九三五年のアイサー、J・ルーウィの著作[19]という二つの主要な著作——からは、一つの複合的な光景が浮かびあがってくる。それを、ここでわれわれがその代替として提示している仮説的なイメージと対比させれば、ある程度の重複はまず避けられないであろう。ランズバーガーの著作は明らかに推測にもとづいているが、証拠に穴があったことを考えれば、当然そうならざるをえなかった。そこではまた、選び出した説明資料を自由な形で提出する権利が主張された。あまりにこまかく扱うと、意味のない断片しか与えてくれないような場合には、原資料をうまく整理するためにそうする、というこの主張は正当であった。アイサーとルーウィの著作はランズバーガーの著作の十年後に、多くの刻版《タブレット》をローマ字化して集めたものである。これはランズバーガーの著作とほぼ一致しており、異なるのは、細部を除けば、主に、文字の正確さと法律に関する詳細な記述である。ランズバーガーは、実業のドラマを想い起こさせるような、生き生きした光景をつぎつぎと展開してくれた。アイサーとJ・ルーウィは文献学的なコメントを与え、法の体系化を行った。彼らが、登場人物と誘因、交易品の性質、活動の性格の三点について、どのように描写していたか、省略的になるのはやむをえないが、[20]簡単なスケッチを行ってみよう。

ハリュス川沿いのカニシュの近くにアッシリア商人の居住地がある。彼らは、売買、共同出資、貸付と投資などによって利潤を得る商人団、いわゆる「カルム」の成員である。

彼らについての記録は豊富にあるが、彼らは約三世代にわたって存在し、そして突然消滅する。この商人たちは、人種的、宗教的、言語的にアッシュールに属し、その居住地から遠く隔ったアッシュールと、アナトリア中部の土着の王侯たちの家臣のあいだで中継交易者として働く。起源のいかんはともかく、現実に組織された交易所の存立理由は、アッシュール市のために銅を確保することにある。利潤は、交易品の売買、短期または長期の貸付、参加によって、それに、商会の成員のあいだと同じような利潤の分配によって得られる。商会は、必ずとはいわないまでも、多く家族の事業である。雇われ交易人、つまり下級商会員には、しばしば、旅行者《トラベラー》としての仕事の報酬として、無利子の貸付が貨幣か交易品の形で与えられる。彼はそれを自前の交易に使うことを許される(「ベウラトゥム」)[21]。仕事の主な推進力となるのは、アッシュールのおえら方(「ウンメアヌム」[22])である。彼は交易品を供給し、金を貸し、長期にわたってまとまった額を投資して、利子または参加、もしくはその両方を得る。しかし、もっと成功しているカニシュのギルド商人の何人かも同様なことを行っていることであろう。輸送は、特定の運搬人の集団によって、商業ベースで組織されている。以上のほかに、「タムカルム」[23]という正体不明の人物が存在することが明らかである。彼の機能、利害、活動は明らかではないが、重要であることは確かである。交易品は、主として、既述のように銅であり、「カルム」そのものによって独占的に扱われる。第二に、首都からの鉛(錫?)と薄布などの委託交易品がある。カニシュからは土着品の布その他の交易品が輸出される。銀の延べ棒は両方向に動く。第三に、「自由」交易品があげられる。それは「独占」も委託もされない。主な活動は、大部分委託されている交易品の売買であり、商人はそれに対して手数料を要求することができる。そのほかでは、交易品のお得意をみつけ、その販路のチャンスを最大限に利用することが彼の仕事である。価格や利子率は、まるで株式取引所におけると同じように変動するので、彼はたえずそれに注意を向けていなければならない。商人間の取引から紛争が発生し、調停によって結着がつくことも多い。そうでない場合には、厳しい精神的、肉体的な罰が、当局の手に渡った債務不履行者を脅かすようである。以上のすべては、鋳造貨幣の発明以前、法廷の決定を強制することのできる行政組織が確立する以前の市場交易の体系には、よく一致したはずである。

それ以外の点は、以上の仮定とそれほどうまく合致しないようであった。ランズバーガーがちゃんと指摘したように、利潤については明確な言及がほとんどなく、損失については事実上言及が皆無であり、価格は関心の中心ではなく、古代の交易には普通のことであったが、商人間の取引は担保や抵当によって保証されていないのである。同様に、資料に示されたところでは、現金取引以外の方法は、少なくとも委託交易品に関しては、禁止されていた。規則が、時には死刑の脅威によって施行されていたこともさらに指摘された。

以上が伝統的な説明の大筋である。

リスクのない交易

われわれがつぎに必ずしなければならないことは、アッシリアの交易基地を異なった観点からみてみること、われわれの目にうつる全体的状況に合うような交易方法を提示してみることである。といっても、われわれの仕事は、主として、先の資料を再解釈することにすぎないであろう。

非市場交易はまったく本質的に市場交易とは異なる。これが決定的な点である。これは、人、交易品、価格などにあてはまるが、多分交易活動それ自体の性格にもっとも明確にあてはまるであろう。

カニシュの「カルム」の交易人は、売買から生ずる利潤、つまり、当面の一つの取引《トランザクション》から生じる価格差によって生計を立てるものという意味での、商人ではなかった。彼らは地位による交易人であり、それは通常、出自や若い頃からの徒弟奉公によって、あるいは時におそらく任命によって決まるのであった。任命に相当量の土地の授与がともなわない場合には――「タムカルム」の場合には土地の授与がともなったと想定してもよいが、ギルドの成員の場合にはそうではなかった――彼らは、交易品の売上《ターンオーバー》から手数料を稼ぎ、それを収入としていた。これが全「利潤」の源泉であった。その利潤とは、最終的には商会内部のものと外部のもの、つまり、債権者や共同出資者の全員が分配にあずかる財貨の貯え《プール》のことであり、それには銀も含まれていた。

それらの財貨は交易品、つまり、貯蔵可能、交換可能なものであり、規格化されたもの、いいかえれば、ローマ法にいわれているように、「数と重さと尺度からなるもの[24]」であった。規格化された布を除けば、取扱品の主なものはおそらく銀、銅、鉛、錫などの金属で、これらの品の全部が銀の等価によって計算された。銀は、尺度標準として機能する以外にある点までは支払い手段でもあった。金の役割は、尺度標準としても支払い手段としても、はるかに限られたものであった。

「価格」は慣習や法令や布告の権威によって立てられる等価《イクイヴァレンシーズ》[25]の形をとっていた[26]。生活必需品は恒久的な等価に従うと考えられていた。しかし、それらは実際には、かつて立てられた時と同じやり方で、長期的な変化をこうむるのであった。これが交易人の収入に影響を与えたとは限らない。彼らの収入が価格差に依存してはいなかったからである。「価格」、つまり交易人が売買に用いる等価は、原理的にはつねに存在していた。しかし、等価の適用に関する規則が、独占交易品、委託交易品、「自由」交易品に対しても同じであることはほとんどなかった。等価という言葉につけられる無数の修飾語が、さまざまな規則とその効果を示している。「独占物」であった銅の等価は、協定《トリーティー》によって長期間固定されていた。土着民によって行われていた銅の採掘には、少なくとも等価の一部分が、おそらくは人々が非常に欲する財貨によって、必ず一定量は支払われるという、首長の保証が必要なのであった。アッシュール市でつくられる薄布と輸入鉛（あるいは錫？）を主とする委託品に関しても、「価格」は同様に固定され、交易品はその「価格」で買われそして売られた。自由交易品に対する「価格」はとくに重要である。なぜなら、市場交易の方向への発展がやがておそらくここからはじまったと考えられるからである。いいかえれば、現在の「価格」の意味は、「自由」交易品に対する等価から発生したのかもしれないのである。シュメールの祭文（ウガリットでも発見された）[27]のなかで等価につけられている沢山のさまざまな修飾語や、ラルサ文書の特異な用語法から、「等価」の扱いが複雑微妙な行政規則に従っていたにちがいないことがわかる。二十世紀の今日なら、誰もこのことに驚かないはずである。

しかし、一方における管理交易あるいは協定交易と、他方における市場交易のあいだの主な違いは、交易人の活動そのものにある。市場交易とは対照的に、ここでは、そうした活動には、価格の期待についてもリスクがなく、債務者の支払い不能のリスクもないのである。

価格のリスクは、価格変動をともなう価格決定市場がないためにありえず、また、交易組織全体が価格差にもとづく利潤に依存するのではなく、むしろ売上量に依存していることからもありえない。そこで、ここに現れてくるのが、価格に対する関心が相対的に欠如していること、当面の仕事からの利潤を云々することがないこと、そして、さらに重要なことであるが、損失を云々することがないことなどの現象である。ビジネスへの参加は、事実上、必ず利潤への参加になるのである。このことは、交易への共同出資の形態に対してはなはだしい影響を及ぼすのであるが、価格に損失が含まれないのが一般的な原則であることに留意しなければ、それを理解することはできないであろう。

債務者の支払い不能のリスクはまったくない。したがって、貸し倒れによる損失が云々されることはほとんどない。この事実は、交易の組織に対しては、価格にリスクがないことと同じくらいに決定的なことである。

近代社会とは対照的に、古代国家では、私人に対する義務は必ずしもつねに厳格であるとは限らないのに対し、公人に対する義務は「法的に厳格《ストリクティ・ジュリス》」である。公的な交易品をまかせられている個人は、確実に、その交易品そのものか、またはその等価物を差し出すことができなければならない。このことは「物と物との《イン・レム》」（「即払いで(28)」、「与えそして取る(29)」）取引の慣行と、信用の排除とによく適合する。「カルム」交易についてすでに知られているいくつかの特徴はつぎのようなものである。(1)現金以外での売却のないこと。(2)カニシュの交易人が交易品の委託を受けるのは、その交易品と同価値の担保とひきかえであること。(3)第三者に対する債務は、適当な筋、つまりアッシュール「市当局」、「カルム」、あるいは（土着民の場合には）「宮廷」に登録されなければならない。したがって、原理的には、すべての債務が公当局によって保証されている。協定貿易のもとでは、この規則が広く行われている。(4) そこでは公当局はまったくリスクを引き受けなくてよい。なぜなら、それは、手もとの担保を越える債務の保証を拒むからである。

詐欺や、法規則の違反には、もっとも厳しい罰則が適用される。

以上の点を総合して考えれば、つぎのようなさまざまな疑問を説明することができる。みたところ債務不履行は起こらないが、それはなぜか。仲裁結果が自律的に行われるのはなぜか。会計記帳当局が、相手側の受けるべき額をそのまま債務不履行者の借り勘定に記入すればよいのは何に由来するのか。「カルム」の成員権とアッシュール「市」におけるよい地位が交易の前提であるのはなぜか。支払いを保証する抵当がみられないのはなぜか。雇われ交易人が自前の交易に用いる無利子の借款、すなわち「ベウラトゥム」が不払いになることはけっしてないが、それはなぜか。事業には利潤のみがあって損失がないのはなぜか、等々。

このように、事業が行政のレールに乗ってリスクなしに行われる状況では、「取引《トランザクション》」という言葉はほとんど当てはまらない。われわれは、そこで、この型の活動を「処分的《ディスポジショ》な《ナル》」活動と名づけようと思う。

交易人の活動は多様であった。たとえば銅の調達には、鉱石の採掘、集積と輸送、精製、貯蔵と支払いが必要であった。交易人の仕事は、前払いと、おそらくは期間数年に及ぶ長期投資によって、土着民の採掘活動を刺激すること、引き渡しを確実にし、カニシュのギルド事務所にその銅を納めることであった。しかし、彼の主な仕事は、銅その他、彼が買ったもののすべてに対して支払いをすることであった。そのいくらかは精製された銅で支払われ、その他は銀や錫や輸入高級布で支払われたことであろう。残りの銅と原地産の布は輸出された。後者は、おそらく、原地で仕上げられた後に輸出されたのであろう。委託交易品と引き換えに購入されたものはすべてアッシュール市に送られた。

「固定価格」「現金渡し」「法律上の保証」「売上手数料」の原理が貫徹されたが、なおかつ、交易人の仕事はけっして単純ではなかった。土着民のあいだに間違いのない接触関係をもつこと、交易品に関する彼らの要求を正確に判断すること、財務上の手配を時間どおりに行うこと、規則、規制を厳格に順守すること、まかせられた品物を正確に処分すること、両方向の品物の質に注意すること、将来の供給者に対する前払いの資金を確保し、政府預託金の資金を確保すること、その他沢山のことが交易人の仕事であった。間違いや手落ちがあると、遅れ、借款獲得の困難、入手品の減少、不必要な出費、家庭内での不愉快さ、家族商会内での権威の失墜、同僚や当局とのトラブル、売上量の減少などの事態に見舞われるのであった。しかし、この非市場交易には、価格上の損失や投機や債務者の不払いはまったくなかった。それは職業としては興奮にみちたもので、事業としては危険のないものであった。

この処分的な営業方法が初期のアッシリア交易の主要な特徴であった。交易人の行動様式に必須の要素は、交渉によって契約をつくるための二者間的な行為ではなくて、一方的な意志表示行為の連鎖であった。それには、彼が携わる協定貿易の管理組織を律する法の支配によって、特定の効力が与えられていた。処分的な交易の基準は、以上から容易に推定することができる。

(1) 遠方からの財貨の獲得――これが真正な交易の基準である――が処分的な交易を構成する本質的な要素であった。有用な品物の入手は、財貨が両方向に動いて、平和に進められた。入手活動と品物の実際の運搬のために雇われた多勢の専門要員がいた。交易人たちはその活動から収入を得ていたから、その活動に対しては、財政上直接的な利害関心をもっていた。

(2) 交易人は、政府の組織の枠内で活動し、公的および半公的な制度の網の目のなかで活動していたとはいえ、つねに独立の行為者《エージェント》であった。彼は誰に雇われているのでもなく、どんな上役の命令に従っているのでもなく、自分の意思で自由に事業を拡大し、契約を結ぶこともでき、また完全にやめてしまうこともできた。未熟であったり、怠惰であったり、愚かであったりすれば、彼の稼ぎは下落したであろう。しかし、法に従っているかぎり、彼は雇い主や上層当局からの召喚を恐れる必要がなかった。法の支配の原理は至上であった。

(3) しかし、取引、すなわち私的な売買行為を禁止することは、原理的にもできなかった。したがって、「法の支配」の根本原理とは、交易人が公的な業務に関して行う処分活動と私的な取引とを制度的に切り離すことであった。交易人が必要としたのは、短期、長期の貸し付けか共同出資の形で提供される資本、商会の成員としての準商会員、彼のために旅行をし、近距離運搬を行ってくれる雇い人であった。彼は委託外商品を自由に売買し、商会に金を貸し、その利潤にあずかることができた。しかし、交易人の売買行為の「公的な」性格と「私的な」性格の区別については、いついかなる時にも疑いがあってはならなかった。それは、たとえば、政府の商品の委託がからんだ銅の調達過程において、交易人が公的な資格で活動していたのか、それとも公的な業務からはなれて、つまり私的に行動していたのか、という区別であった。公的な領域では、彼の踏むべき手続は定式化されており、彼の行為は処分《ディスポジション》と名づけられた。他方、私的な領域では、彼の行為は非公式であり、取引《トランザクション》と呼ぶことのできるものであった。しかし、経済活動のさまざまな分野でこのような分離を有効にはたらかせることのできた制度がどんな種類のものであったのかは、まだ大部分、われわれには不明である。この分離は、当の交易品の種類いかんによって決められたのか、取り扱われる量によったのか、それとも使用された資金の財源いかんによったのか、あるいはこうした諸基準の組み合わせによって決められたのか、われわれにはまだわかっていないのである。

(4) 文書は公書記によって記録され、官吏の監督下に作成された。文書の写しはおそらく公文書館に、すぐみわけのつく見出しをつけて保管されたのであろう。したがって、いかなる事業項目に関しても、その状態はいつでも本部で確認することができた。文書は簡潔、正確につくられていたから、関連文書の写しを正式に所持する関係者からいいつけられれば、公的請負人、すなわち「タムカルム」はいつでもそれによって行動できたのである。

「タムカルム」

「タムカルム」の機能をとく鍵は交易の方法と組織のなかにある。逆にまた、交易の方法を理解する鍵も「タムカルム」の役職のなかにある。タムカルムの様子や機能は「それ自身に固有《スイ・ゲネリス》」のものであり、その第一の任務は公的請負人としての仕事である。彼は、公認を受けた人物が適切な粘土板を彼に提示し(あるいは彼の前で読み上げ)、そして多分、写しを残していくと同時に、法に従って行動を開始する。彼の任務は場合と状況に応じてつぎのようなものになる。輸送料金やその他の少額出費の前払い。たとえば、土着の債務者が支払い不能に陥ったためにギルド商人に渡されることになった奴隷というような、担保物件の受け取り。アッシュール市からの財貨をギルド商人に買わせるための仲介や（これははっきりとは現れてこないが）交易人にかわってアッシュール市へ財貨を送り届ける仕事。貨幣や財貨に対する運搬者の責任を引き受けて、輸送の便宜をはかること。ギルド商人のためにアッシュール市で買い求められた財貨の安全のためにも輸送の便宜をはかること（この場合には「タムカルム」宛に文書が作成された。現金を必要とする場合には、債権者はその文書を別のギルド商人に譲ることができた）。交易人の求めに応じて物品を競売に付すこと。この場合、そうして得られた金額が等価より「多くても少くても」、全額を交易人の貸方に入れることになっていた。以上が「タムカルム」の主な任務である。そのほかのあまり重要でない仕事としては、とくに土着民とのくい違いが起こった場合に、「カルム」に対して法律上の助言を与えたり、法的介入を行ったりする性格のものがあった。また、重要なギルド交易人が不慮の死を遂げた時には、直ちに「タムカルム」が介入して、財貨や貨幣の没収、商会の解散が行われた。「タムカルム」は、あるきまった率に従って少額の奉仕料を交易人に要求することはあっても、自己の業務そのものから収入を得ることはなかった。彼の生活は、任命時に与えられた土地財産によって保証されていたのである。

「タムカルム」のおおよその姿が、わずかに推測によって描かれるとすれば、「ウンメアヌム」の姿は、正直なところ、まったく不明といわざるをえない。ここに述べる考えは一つの仮定的な解釈の域を出ないが、それは公益、とりわけ政府の軍需品調達のために組織された、リスクのない非市場交易のパターンに適合するものとして構成してみたものである。そのような輸入品のために資金を供給するのは公共的な仕事であったと考えられる。その交易面はそれぞれ「カルム」と「タムカルム」にまかせられ、彼らが責任をもって能率的に処理していた。その財政面が「ウンメアヌム」の役目であったようである。その役目としては、まず第一にギルド商人の勘定の取り扱いがあり、これには債務者の勘定から債権者の勘定への書き換えも含まれていた。第二に、供給の増加と安定化のために行う、外国貿易の財政面への直接投資があった。「ウンメアヌム」は「タムカルム」と同様に公人であったと思われる――この程度のことは自明のこととしておいてよいであろう。彼が行う投資と共同出資は、国庫前払《トレジャリー・アドバンス》いとでも呼ぶことができるものである。これは通常(二オンスを単位とする)金オンスの概算払いで行われる。このことは、そもそも金が宝物であったから、取引の性格に威信があったことを示すものと考えられる。土地の「おえら方」が、この特権的な事業に投資し、それに依存する(とくに女性の)労働力による製品からもうけを得る機会を与えられたかどうかという点については、よくわからない。そんな風にして、宮廷の事業が少数のお気に入りに与えられたことを述べたものは多い。たとえば、ナウクラティスのクレオメネス[30]は、穀物輸出の独占制を導入したことに対するエジプトの大地主への補償として、彼らにこの政府シンジケートでの相当有利な取り分を与えた。同様に、ダホメの王[31]は、そのとりまきに王室直轄の奴隷貿易の優遇措置を与えた。その場合でも主受益者はもちろん王であった[32]。

　さて、以上述べてきてみると、交易と事業のこの組織形態は、おそらく、歴史上ユニークなものであったと思われる。それがどの程度までのちのウガリットや、やがてはシドン[33]、テュロス[34]、カルタゴ[35]の商港《ポート・オブ・トレイド》[36]のモデルとなったかについては、いまだ推測に頼るだけである。しかし、すでにこれだけは確実になったと思われる。すなわち、伝統的な考え方とは反対に、バビロニアの交易と実業活動は元来は市場活動ではなかったのである。

　つぎの章[37]はメソポタミア経済史の鳥かん図を提示しているが、そこでは、一つならず、いくつもの点について、予想外の単純化が行われている。専門家が描き出したこの全体図には市場《いちば》がみられない。このことは、本章の主張の基底にある仮説の、非常に重要な点を支持するものと考えられる。本章では、ここに提起された見方を生き生きともっともらしいものにするために、沢山の推測が試みられた。これらの推測が、次章の新しい展望によって、こまかなところまで支持されているというわけではもちろんない。

　われわれの解釈が事実によって支持されるとすれば、今度は、つぎのような疑問が浮かびあがってくる。それは、市場交易、変動価格、損益勘定、商業的な事業方法、商業階級、市場によって組織された経済の付属物のすべてなどがいつ、どこで、どのように発生したのか、という疑問である。おそらくは、市場交易の歴史は、さらに一千年さがり、経度も何度か西方に移動して、紀元前一千年紀のイオニアとギリシャからはじまったということがわかるであろう。

(1) "Marketless Trading in Hammurabi's Time" を原題とするこの論文は、Karl Polanyi, Conrad M. Arensberg, and Harry W. Pearson, eds., *Trade and Market in the Early Empires*, The Free Press, Glencoe, 1957 の第二章、一二―二六ページに原載された。

(2) Paul Koschaker (一八七九―一九五一年) ローマ法・東方法学者、バビロニア・アッシリア法研究の先駆者。楔形文字法の解明に貢献、とくに私法史に関して大きな業績を上げた。

(3) Larsa　ユーフラテス川下流左岸の地名。古くからの遺跡がある。古バビロニア時代は商業都市として栄え、経済文書が多く残されている。

(4) V. Gordon Childe (一八九二―一九五七年) オーストラリア生まれのヨーロッパ、オリエント考古学者。マルクス主義的な考えを取り入れ、技術的、経済的側面に注目し、また、文化的側面の解釈を大胆に使って、旧石器時代から文明にいたるまでの社会進化の理論の構成に貢献した。

（5） Oikos は本来は「家」を意味するギリシャ語。J・K・ロートベルトゥスが一八六五年に、帝政期のローマを大家産の封鎖的自給自足経済の時代とみて、「オイコス経済」の語を用いた。それには、専制君主の家産的支配から古典古代市民による家計保持の支配、諸侯、豪族、領主の所領支配にいたるまでの自給的経済活動のすべてが含まれていた。古代社会の閉鎖性に関連するその社会の性格については以後さまざまな論議が起こった。

（6） ポトラッチ（Potlatch）は北アメリカ北西海岸のトリンギット族、クワキウトゥル族、その他にみられた儀礼的交換。盛大な祭宴と豪華な贈物（毛布、銅飾り板）の贈答を行い、最高潮時にはそれらの破壊が行われる。消費、破壊の多さが社会的威信の向上と関連するのであった。

（7） 本訳書第二章、注13を参照。

（8） グレート・アドミラルティ諸島（Great Admiralty Islands）はニューギニア北東部の島嶼群。マヌス（Manus）族はその中心的な島マヌス島の住民。農業、漁撈を生業とする。

（9） トロワ・トゥトゥトゥニ（Tolowa-Tututni）はアメリカの南西オレゴン、北カリフォルニアの民族。農業、家畜の飼育を主な生業とする。

（10） 本訳書第二章、注7を参照。

（11） J. K. Rodbertus（一八〇五―七五年）は地代論で有名なドイツの経済学者。学説史上、リカードゥとマルクスの中間に位置する。歴史学、言語学上の貢献もある。

（12） K. Bücher（一八四七―一九三〇年）はドイツの経済学者で、ドイツの工業政策、国民経済学、財政学、新聞学などの発達に貢献した。近代的な経済の概念を過去に適用することに反対して、封鎖的家内経済、都市経済、国民経済という独自の三段階の区分を展開した。

（13） M. I. Rostovtzeff（一八七〇―一九五二年）はロシア生まれの古代史家で、ロシア革命の時、イギリス、さらにアメリカへ亡命した。ローマ、ヘレニズム、近東の社会経済史、考古学の権威である。

（14） Eduard Meyer（一八五五―一九三〇年）はドイツの歴史学者。古代ローマ、オリエント、エジプトなどの古代地中海社会を研究し、それをとおして、社会の一般的発展形態を追究した。

（15） これは、最近では、紀元前十七世紀の後半頃と推定されている――原注。

（16） アシュール・バニパル（Ashur-banipal もしくはアシュール・バン・アプリ Aššur-bân-apli）（紀元前六六八？―六二六年）アッシリア世界帝国時代八王の一人。

（17） A. L. Oppenheim, "A Bird's-Eye View of Mesopotamian Economic History," in K. Polanyi *et al.* (eds.), *Trade and Market in the Early Empires*, pp. 30-31 を参照――原注。

（18） B. Landsberger, „Assyrische Handelskolonien in Kleinasien aus dem dritten Jahrtausend", *Der Alte Orient*, Bd. 24, H. 4.

（19） G. Eisser und J. Lewy, „Die altassyrischen Rechtsurkunden vom Kültepe", *Mitteilungen der vorderasiatisch-ägyptischen Gesellschaft*, 1 u. 2 teil 33（1930）, 3 u. 4 teil 35, Heft 3（1935）.

（20） 関係の地名については付図を参照。

（21） ベウラトゥム（be'ulatum） 無利子の貸付。なお本章二四七ページを参照。

（22） ウンメアヌム（ummeanum） については、本章二五三ページ以下を参照。

(23) タムカルム (tamkarum) については、本章二五一ページ以下を参照。

(24) *quae numero, pondere ac mensura consistunt*

(25) 本訳書第八章、注61を参照。

(26) Oppenheim, *op. cit.*, p. 32 ——原注。

(27) Ugarit はフェニキアの主要な都市、海港の一つ(現在はシリアに属する)。シリアの内陸諸国や北シリアの海岸都市の技術、生産力を背景に、交易の結節点、加工産業の土地として、紀元前二千年紀に大きく発展した。

(28) *Zug um Zug*

(29) *didontes kai labontes*

(30) Naukratis はナイル川下流の都市で、古来からギリシャ人の海港都市、交易の中心であった。ギリシャ、マケドニアの権力を背景に、ポリス制度が開花し、国家主導型の交易、公共事業などの経済が発展した。Cleomenes はアレクサンドロス大王の任命したナウクラティスの太守であったが、大王の死後、プトレマイオスにとってかわられた(プトレマイオス朝エジプトの開始)。

(31) 本訳書第九章、注30を参照。

(32) R. Arnold, "A Port of Trade: Whydah on the Guinea Coast," in *Trade and Market in the Early Empires*, pp. 154-176 を参照せよ——原注。

(33) Sidon はフェニキアの主要都市の一つであった(現在はレバノン第四の都市)。紀元前三千年紀に建てられ、二千年紀に農産物の集散地、貿易港、漁港として栄えた。

(34) Tyre は古代フェニキアの海港（現在はレバノンに含まれる）。紀元前二千五百年頃に、おそらくシドンの植民地として建てられ、シドンを凌ぐ繁栄をみせたが、現在は小邑にすぎない。

(35) Carthage はテュロスのフェニキア人によって建てられたといわれる貿易港で、現在のテュニスの近郊にあった。北アフリカ、南スペインの産物の搬出港として栄えた。

(36) R. B. Revere, "'No Man's Coast': Port of Trade in the Mediterranean," in *Trade and Market in the Early Empires*, pp. 38-63 を参照せよ――原注。

(37) 次章とは *Trade and Market in the Early Empires* の第三章、"A Bird's-Eye View of Mesopotamian Economic History" をさす。この論文は、本訳書には訳載していない。

第八章　アリストテレスによる経済の発見(1)

今日、アリストテレスの「経済学」は軽蔑の対象になっているが、この軽蔑には深い意味が潜んでいる。多種多様な分野で、何世紀にもわたって論及されてきた彼のような思想家はきわめて少ないであろう。経済は彼が格別に力を注いだ対象であり、また、現代のわれわれにとってもきわめて重要だと考えられている問題の一つである。ところが、今日の指導的な学者たちは、経済に関するアリストテレスの教えが不十分であり、無意味でさえあると判断しているのである。(2)

アリストテレスがトマス・アキナスを通じて中世の都市経済に及ぼした影響は、後代のアダム・スミスやデイヴィッド・リカードゥが十九世紀の世界経済に及ぼした影響にも比較できるほど大きなものであった。現実に市場制度が確立し、それにつれて古典派経済学が勃興した結果、アリストテレスの教理が輝きを失ったのは当然である、という見方もあるであろう。けれども、ここではそれで問題が終わるわけではないのである。近代経済学者のなかには、もっと無遠慮に、アリストテレスが人間の生活について書いたことのほとんどすべては、百害あって一利もないほどの欠点をもっているとさえ感じる者がいるようである。ところで、彼が扱った二つの広範な問題点——経済の本質の問題と、商業的な交易と公正な価格の問題——については、そのどちらにもはっきりとした結論は得られていなかったのである。人間はほかの動物同様、本来自給自足的なものである、というのがアリストテレスの描く像であった。したがって、人間の経済は人間の欲望や必要の無限性——今日の用語でいえば、稀少性の事実——から派生するものではなかったのである。商業的な交易と公正な価格という二つの政策問題に関するアリストテレスの考えは、商業的な交易は金もうけという不自然な、そしていうまでもなく、限界を知らない衝動から発生するものであり、価格は正義の規則に従うべきである（その実際の方式はかなり曖昧であるが）、というものであった。アリストテレスには、さらに、必ずしも首尾一貫はしていないが、有名な貨幣論があり、利子をとることに対する一見不可解な憤りがあった。アリストテレスがこのように貧弱で断片的な結論を下した原因は、主として、現にどうであるかという事実よりも、どうあるべきかという当為を好むアリストテレスの非科学的な偏見にあるとされてきた。たとえば、交換の当事者が共同体のなかでどういう相対的地位を占めているかによって価格がきまるというのは、きわめて愚かな見解であると思われたのである。

しかし、アリストテレスが古典ギリシャ以後の思想の主流からこのように鋭い形で分岐していることには、従来よりももっと注目する価値があるであろう。この思想家の偉大さと主題の重要性を考えれば、われわれは、アリストテレスの経済論を最終的に抹消してしまうことに懸念を感ぜざるをえないのではないだろうか。

そこで、ここでは、アリストテレスの立場について非常に異なった解釈を展開することにしよう。アリストテレスを、以後の著述家にはみられない、ラディカルな見方で人間の生活の問題にぶつかっていった人としてみることにしよう。つまり、人間生活の物質的な組織を彼ほど深く突っこんで研究した者はいない、と考えるのである。事実、彼は、経済が社会のなかに占める位置の問題を真正面から提起していたのである。

まず、われわれはずっとさかのぼって、アリストテレスが、今日「経済」とよんでいるものをなぜあのように考えたのか、つまり、交易における金もうけと公正な価格をなぜ主要な政策課題とみなしたのか、を説明しなければならないであろう。『政治学』第一章や『ニコマコス倫理学』第五章には経済理論が学ぶべきことはないという事実は、われわれも承知している。結局のところ、経済分析は市場メカニズムという、アリストテレスがまだみたこともなかった制度の機能の解明を目ざしているのであるから。

経済史家たちは、市場交易の発生にいたるまでの時間の軸の上に古典古代を位置づけるにあたって、完全に誤った位置を与えたのではないか。われわれのアプローチの根底にはこうした見方があるのである。ギリシャの経済生活は、アリストテレスの時代には、交易活動も頻繁になり、貨幣使用もかなり発達してはいたが、全体としてはまだ市場交易のごく初期にあった。哲学者として俗世間に対して超然としていたといわれるかもしれないのはもちろんとして、彼には時に曖昧さや不明瞭さがみられる。しかし、それは、当時何が現実に発展しつつあったのかを表現するのが非常に困難であったせいであって、東方文明の千年の伝統によって培われ、当時のギリシャに普及していたと伝えられる慣行が、アリストテレスに十分つきとめられなかったためではないのである。

のちに古典ギリシャは商業的な交易のレベルに達していたといわれるようになったが、右の点から明らかなことは、東方国家のいくつかがすでに市場的慣習に進みつつあったことはどんなに確かであったとしても、古典ギリシャは商業的な交易のレベルにはまだはるかに達していなかったということである。つまり、ギリシャ人というのは、よく信じられているように、遅れてやってきて、東方の諸帝国が発達させた商業慣習を単に覚えこんだというだけではなかったのかもしれないのである。むしろ、ギリシャ人は、市場の存在しない文明世界への新参者であって、ようやく市場交易へ転回しようとしていた新しい交易様式を発達させるパイオニアに、周囲の状況から無理矢理にならされてしまったのである。

以上すべてのことが、経済問題に関するアリストテレスの思考の重要性を減じることになるように、表面的にはみえるかもしれない。しかし、逆にその重要性を非常に高めるのである。というのは、メソポタミアには市場がなかったとするわれわれの理解が事実と合致しているとすれば（これはもはや疑う余地のない点であるが）、アリストテレスの著作には、文明に初めて登場した初期市場交易の、しかも原初的な特色についての目撃者の証言があると、十分考えることができるからである。

初期の社会における経済の無名性

アリストテレスは、当時「発生期の状態」にあった新しい複雑な社会現象の諸要素を理論的に把握しようとしていたのである。

経済は、商業的な交易と価格の差別化という形で最初にこの哲学者の意識をひきつけた時には、すでに、ほぼ二十世紀のちに達成される経済の形にむかって、多様な、しかし運命づけられた道を進みはじめていた。アリストテレスは、幼虫の姿から、成虫の姿を予見していたのである。(3)

名前のない状態から分立した存在へと移行する経済の移行を取り扱うために、ここに分析用具として提示する概念は、経済が、社会との関連で、社会に埋めこまれた《エンベッデッド》状態にあるか、社会から離床した《ディスエンベッデッド》状態にあるかという区別である。十九世紀における離床状態の経済は、社会のほかの部分、とりわけ政治システムと統治システムから分離独立していた。

市場経済では、物的財の生産と分配は、原則として、価格を決定する市場の自動調整的なシステムをとおして行われる。それはさらに、それ自身の法則、すなわち、いわゆる需要供給の法則に支配され、飢えの恐怖と利得の希望に動機づけられる。個人を経済に参加させるような社会的状況をつくり出すのは、血縁関係や、法的強制や、宗教的義務や、忠誠心や、魔術ではなく、私企業や賃金システムなど、特定の経済制度である。

もちろん、われわれはこのような事情にはかなり通じている。市場システムのもとでは、経済的動機によって活性化され、特殊に経済的な法則に支配される制度が人間生活を保障するのである。経済という巨大で包括的なメカニズムは、人間の権威や地位や政府の意識的な介入なしに動くものと理解することができ、貧困の恐怖と正当な利潤の要求以外のどんな動機をもち出す必要もなく、財産保護および契約履行の強制以外のどんな法的条件を定める必要もない。資源、購買力、ならびに個人の選好度の分布さえ与えられれば、結果として、すべての人の欲望満足の最適値がきまるはずである。

以上はすなわち、経済の領域が社会のなかで独立している十九世紀型の経済である。それは貨幣的利得の衝動をその弾みとしているのであるから、動機的にも特異な経済なのである。この経済は政治や統治の中心部から制度的に切断されており、それ自身の法則をもつオートノミーに到達している。そこには、交換手段としての貨幣の広範な使用に端を発する、社会から離床した経済の極端な事例がみられるのである。

埋めこまれた状態の経済から離床した状態の経済への発展は、事柄の性質としては、程度の問題である。それにもかかわらずこの区別は近代社会の理解には基本的なものである。この区別の社会学的な背景は、まず一八二〇年代にヘーゲルが問題とし、一八四〇年代にはカール・マルクスによってさらに展開された。この区別が歴史学の方から経験的に発見されたのは、ヘンリー・サムナー・メイン卿(4)によってであって、それは一八六〇年代に「身分《スタトウス》」と「契約《コントラクトウス》」というローマ法の範疇からなされたのである。そして経済人類学の包括的な観点に立ってこの立場を再述したのが、一九二〇年代のブロニスラフ・マリノフスキー(5)である。

ヘンリー・サムナー・メイン卿は、近代社会が「契約」の上に成立しているのに対し、古代社会が「身分」の上に成立していたことを証明しようとした。「身分」は生まれ――その人の家族内の地位――できまり、その人の権利義務を決定する。「身分」は、親族組織や養子縁組から発生し、封建時代に存続し、さらに、十九世紀に確立した平等な市民の時代にも多少の修正を受けながら残った。しかし、すでにローマ法のもとで、「身分」は次第に「契約」――すなわち、両当事者の協約から生じる権利義務――にとってかわられていた。メインは、のちに、インドの村落共同体の事例を用いて、「身分」組織が普遍的に存在することを示した。

ドイツにおけるメインの学問上の弟子は、フェルディナンド・テンニース(6)であった。テンニースが用いた概念は『共同体と社会』（『ゲマインシャフトとゲゼルシャフト』）という彼の著書[7]の書名に要約されている。「共同体」が「身分」に、「社会」が「契約」にそれぞれ対応した。マックス・ウェーバーも、契約型集団の意味で「ゲゼルシャフト」をしばしば用いた。つまり、社会のなかの経済の位置に関するウェーバーの分析は、時にミーゼスの影響も受けてはいたが、マルクスとメインとテンニースの思想によって形成されたのである。

しかし、「身分」と「契約」、ならびに、それに呼応する「共同体」と「社会」に対してメインとテンニースが付与した感情的な含みは著しく異なっていたのである。メインにとっては、「契約」以前の人類の状態は暗黒の部族時代を意味するものにほかならなかった。したがって、個人は「契約」が導入されたことによって「身分」の鎖から解放されたのだと彼は感じたのである。一方、テンニースは共同体の親密さに共感し、組織化された社会の非人間性にはむしろ反感を感じるのであった。彼は、共同体を、人々の生活が一つの共同経験の連続体に埋めこまれている状態として理想化したが、一方、「社会」は、彼にとって、いつも市場のつながりだけで結ばれている人間関係、つまり、トマス・カーライルが「現金結合《キャッシュ・ネクサス》」[8]と呼んだ関係とさほど違わないものであったのである。テンニースの政策的理想は共同体の復活であったが、ただし、その復活は権威と家父長主義の前社会《プレ・ソサエティ》的段階に逆もどりするのではなくて、現代の文明のあとにくるべき脱「社会」《ポスト・ソサエティ》的段階の、より高次の共同体へ上昇することによってなされるのであった。彼の描いた共同体は、人間存在の協力的段階であり、技術進歩と個人の自由という利点を保持しながら、生の全体性を回復するものであった。

ヘーゲルやマルクス、メインやテンニースによる人類文明の進化の扱い方は、大陸の学者の多くによって社会史の概説として受け取られ、彼らが切り開いた道すじには、その後長いあいだ進展がみられなかった。メインは、インドの農村などにみられる集団形態を含め、主として法の歴史に関連する問題を扱っていたし、テンニースの社会学は中世文明史の概要を再現させた。しかし、右の対立命題が経済に適用されたのは、マリノフスキーが原始社会の性質に関して、その基本的立場を述べたのを最初とするのである。そして、今では、「身分」ないし「ゲマインシャフト」が支配的なのは、経済が非経済的制度に埋めこまれている場合であり、一方、「契約」ないし「ゲゼルシャフト」が特徴的となるのは、独特の動機づけをもつ経済が社会のなかに存在する場合である、とまとめることができるのである。

右の理由は、統合に着目してみれば、容易に理解することができる。「契約」は交換の法的側面であるから、したがって、「契約」にもとづく社会が、経済的面では制度的に別個で動機的にも独特な交換の領域、すなわち市場を有することは当然であろう。他方、「身分」はそれ以前の状態、すなわち大抵互酬《レシプロシティー》性と再分配がみられる状態にほぼ対応する。互酬性と再分配というような統合状態が支配的であるかぎり、経済という概念が生まれてくる必要はない。そこでは経済の諸要素は非経済的制度に埋めこまれているのであって、経済過程そのものが親族組織、婚姻、年齢集団、秘密結社、トーテム集団、公的儀式などをとおして制度化されている。そこでは「経済生活」という語が明白な意味をもたなかったと思われる。

このような状況は、近代人をおおいにとまどわせるものであろうが、原始の共同体ではしばしば、きわめて顕著に見受けられるのである。そこでは、多くの場合、観察者が経済過程の断片を拾いあつめて、それを一つに継ぎ合わせることなどほとんど不可能であり、また、その社会の個人にとっては、「経済的なもの」と確定できるような経験を伝達することが、感覚的に不可能である。自分の生活について、あるいは「経済的なもの」と認めてもよさそうな、広く行き渡った利害関係にも、彼はまったく気づかないのである。しかも、そのような概念が存在していなくとも、彼の日々の営みがそこなわれるとは思われない。経済的領域なるものを意識したりすれば、生活の必要は主として経済的なチャネル以外のチャネルをとおして組織化されているから、それに対する彼の自動的な反応の能力を、むしろ低下させるのではないかと思われるのである。

これはすべて、そこでの経済が制度化される方式によって出てくる結果である。個人の動機は、あえてはっきりとそう名づければ、通例、非経済的な、家族、政治、宗教などの次元の事実によって構成される状況から生じるものである。小家族の経済の場は、より大きな親族集団がいろいろな場で行う活動の交点といってもほとんど違わないのである。土地は共同の牧草地として使われるか、さまざまな集団の成員に割り当てられて、いろいろに使われる。労働も、ある時々にさまざまな集団が「依頼されて」提供する助太刀行為から抽象されたものにすぎない。その結果、全体の過程は異なった構造をもつ複数の軌道に沿って進むのである。

したがって、近代以前には、人間の暮らしの形は人間の組織的存在の、そのほかの部分ほどには意識的な注意をひかなかったのである。親族組織や呪術や儀礼などが強力なキーワードをもっていたのとは対照的に、経済は名前のないままであった。原則として、経済の概念を指示するような用語は存在しなかった。したがって、われわれに判定することができるかぎりでは、経済の概念は存在しなかったのである。部族やトーテム、性や年齢集団、精神の力や儀式のしきたり、慣行や儀礼などが、高度に複雑なシンボル体系を通じて制度化されていたのに対して、経済には、人間の動物的生存のための食糧供給の重要性を伝えるような、いかなる言葉からも名前は与えられなかった。物質的な生活条件の組織を総括するような名称は、ごく最近まで、文明化した民族の言語のなかにさえも存在していなかったが、これは単なる偶然ではありえない。二百年前にやっと、フランスの神秘的な思想家の一派がこの用語をつくり出し、自分たちを「エコノミスト」と呼んだのである。(9)

自分たちが経済を発見したというのが彼らの主張であった。

経済の概念がまったく不在であった主な理由は、経済が非経済的な制度に埋めこまれているような状態では、経済過程を見いだすことが困難だからである。

もちろん、経済自体が存在しないわけではなく、経済という概念がまだ生まれていないだけなのである。自然と社会のなかには、空間的な場の動きや物の占有《アプロプリエーション》の移動が多数存在していて、それらが人間の暮らしの全体を構成する。季節の動きによって収穫期が訪れ、それには緊張とくつろぎがともなう。遠隔地との交易には、出発準備と人々の群りと、そして、荘重なしめくくりとしての冒険商人の帰還などのリズムがある。カヌーであれ、装飾品であれ、あらゆる種類の加工品が生産され、やがてさまざまな人々の集団によって使用される。家族の炉辺では毎日食事が用意される。これら一つ一つの出来事には必ず一連の経済的な項目が含まれている。しかし、それにもかかわらず、人間の意識にはこれらの事実のあいだの統一性と密接さが反映されないのである。というのは、人間とその自然環境とのあいだの一連の相互作用には、通例、さまざまな意味が含まれており、経済的な依存関係はそのうちの一つにすぎないからである。より生々しく、より劇的で、より感情的な別の依存関係が作動しているために、経済的な行動が意味のある全体をなすことができない、ということもありうるのである。このような、別のさまざまな力が永続的な制度として具体化されている場合に、経済的な力を概念化すれば、それは事態を明確にしてくれるどころか、むしろ個人を混乱させることになるであろう。人類学はそのような例を沢山提供してくれる。

人間の生活の物理的な場を、経済のなんらか表見的な部分に関連づけようとしても、それができない場合、その人間のすみか――彼の家庭とそれに接する環境――は経済的な意味連関をほとんどもたない。通例、一つの場で交差する動きが異なる経済過程に属し[10]、同一の過程に属するさまざまの動きがいくつかの不連続な場で行われる場合に、このようなことが起こるのである。

マーガレット・ミード[11]は、ニューギニアのパプア語を話すアラペシュ族[12]が、自分の物理的環境をどのようにみるかを、つぎのように述べている。

したがって、典型的なアラペシュの男は、少なくとも時々は(というのは、だれもが庭小屋や、狩りをする林の近くの小屋や、自分のサゴやし[13]の近くの小屋のほかにも、二つ以上の部落に住んでいるから)、自分のものではない土地に住むことになる。家のまわりには彼の妻が育てている豚がいるが、それは彼の妻の親戚か彼の親戚のだれかの豚である。家のそばにあるココやしとびんろう樹もまただれか別の人のものであり、所有者か、所有者が処分をまかせた者の許可がないかぎり、彼はその実にけっして手をふれない。少なくとも狩猟期間の一部をさいて、義理の兄弟か従兄弟の林で狩りをし、もし彼に自分の林があれば、残りの時間は、ほかの人たちといっしょにその自分の林で狩りをする。自分のサゴ林だけでなく、ほかの人々のサゴ林でも、幹からサゴをとる。大きな壺や丹念な彫刻のある皿や立派な槍など、彼の家にある耐久価値をもった私有財産は、すでに息子たちに譲られることになっている。息子たちがたとえよちよち歩きの幼児でも、そうである。彼自身の豚ははるか遠くの別の部落にあり、彼のやしの木は、三マイル離れたこちらの方向と、三マイル離れたあちらの方向に散在していたりする。サゴやしはもっとばらばらに分散しており、菜園もあちこちにあって、そのほとんどは他人の土地の上にある。彼の燻製用の網に肉がかかっていれば、それはほかの人――彼の兄弟か、義理の兄弟か、姉妹の息子など――が殺して彼にくれたもので、その場合は彼と彼の家族が食べてよいのである。そうでないとすれば、その肉は彼自身が殺したもので、ほかのだれかにやるために燻製にしているのである。というのは、自分が殺した肉を自分で食べるということは、それがたとえ小鳥の肉であっても道徳的欠陥者――これはアラペシュ族にとっては精神的な欠陥者を意味する――だけが行う卑しむべき犯罪であるから。彼の今いる家が名義上彼のものだとすると、少なくともその一部は、他人のとりこわされた家か、現在だれも住んでいない家から借りてきた柱や板で建てたものである。自分の家の寸法に合わせるために、もってきたたるきが長すぎるからといって切ってしまったりはしない。なぜなら、あとで形や寸法の違うほかのだれかの家に使われるかもしれないから。……これがつまり、普通、一人の男の経済関係の略画である。(14)

このような日常の出来事の原因となっている社会関係の複雑さは、まったく呆然とするほどである。しかし、経済的な状況の諸要素は、非経済的な性質をもった無数のさまざまな社会関係のなかにはめこまれており、アラペシュ族の男は、彼自身の体験の経過のなかで鮮明に、しかも意味あるものとして展開する社会関係、自分が慣れ親しんでいる社会関係に接する時にだけ、自分と経済的な状況とのかかわりを見いだすことができるのである。互酬性が支配的な経済過程の、場の側面についてはここまでにしておこう。

二　経済が原始社会において統合効果をもたないもう一つの大きな理由は、数量性の欠落である。たとえば、十ドルもっている人間は、その一ドル一ドルを別の名称でよんだりすることはなくて、置き換えたり、足したり引いたりすることのできる、相互に交換可能な単位と考えるのが普通である。ところが、そうした操作的手段がなくて、そのため、資金とか損益とかいった用語が意味をもつためのよりどころもなければ、経済という観念は実用的な目的をほとんどまったくもたないことになる。その観念によって規律的な行動を行わせたり、組織的な努力をつづけさせたりすることもできない。しかし、経済過程そのものがそのような手段をおのずから生み出すのでもないのであって、生活物資が計算の対象になるかならないかは、単に、その生活物資がどのように制度化されるかによって定まるのである。

たとえば、トロブリアンド諸島(15)の経済は間断ない取引《ギブ・アンド・テイク》として組織されていながら、収支残高を求めたり、資金の概念を使ったりする可能性はまったくない。互酬性は妥当な呼応行為を求めるのであって、数学的な等価を求めるものではないのである。したがって、当然、取引や決定はいかに分類しても、経済的にみて厳密な分類にはならない。いいかえれば、物的な欲望充足にどのように影響するかによって、取引や決定を分類することはできないのである。数字は、あったとしても、事実と対応しない。ある一つの行為の経済的意義が大きくても、その相対的重要性を評価する方法は存在しないのである。

マリノフスキーは、無償の贈与から明白に商業的な交換まで(16)という、一つの極からもう一つの極までのさまざまな種類の取引《ギブ・アンド・テイク》を列挙した。彼が一つにまとめた「贈与、支払い、取引」には七つの項目があり、その一つ一つを生じさせる外枠となる八つの社会的関係と、それらをそれぞれ相関させたのである(17)。彼の分析結果はつぎのようなことを明らかにした。

(a)「無償の贈与」の範疇は例外的なものである。なぜなら、慈善は要求も奨励もされていなかったからである。さらにまた、贈与の観念にはつねに十分な返礼（しかし、もちろん等価ではない）の考えが含まれていたからである。本当に無償の贈与であっても、贈主に供されたなにか架空の奉仕に対する返礼であると解釈された。マリノフスキーは「原住民たちが、無償の贈与を全部同じ性質のものと考えることはない」ことを発見している。「丸損」の観念がないところでは、資金の収支計算をするというような操作は実行不可能なのである。

(b) 取引の分野では、贈物が経済的に等価なやり方で返されることが期待されるのであるが、そこにはわれわれを混乱させるもう一つの事実がある。われわれの考え方からすれば、これは現実には交易と区別できないはずの範疇である。ところが、まったく違うのである。時には完全に同一の品物が当事者間を往来することがある。つまり、経済的な目的も意味も考えられない交換が成立していることになる。直接ではなく、迂回して返すとしても、豚を贈主に返すという単純な方法によって、等価《イクイヴァレンシー》物の交換が、経済的合理性への一歩ではなくて、実利的な考え方の侵入に対する歯止めになっている。この場合、交換の唯一の目的は、互酬性の紐帯を強化することによって、相互の関係をより緊密化することにあるのである。

(c) 実利的な物々交換（「ギムワリ」[18]）は、ほかのどのタイプの贈物交換とも異なっている。魚とヤムイモの儀礼的交換（「ワシ」[19]）では、たとえば不漁か凶作の時には献呈量を減らすなどして、双方が充足しているとされるのが原則であるのに対して、魚とヤムイモの実利的な物々交換では、駆け引きや折衝の、少なくともみせかけが行われる。その他の特徴としては、特別のパートナー関係がないこと、加工品が対象になる場合には新製品の方が不利であることである。これは、中古品の方が個人的価値が付加されていると考えられるからである。

(d) 社会的に規定されている関係——そういう関係が多いわけであるが——においては、交換は、その関係に適合するために、不平等なものになるのが普通である。このように、財とサービスの占有の移動がある種の取引を不可逆的なものにし、多くの財を交換不可能なものにするような形で制度化されている場合が多いのである。

このように、「贈与、支払い、取引」の見出しでまとめられる広い範囲の暮らしのなかに、数量性が作用しているとはほとんど思えないのである。

三　一定の物を処分する権利としての「所有権」の概念は、われわれにはなじみの深い概念であるが、原始的状態には適用できないもう一つの概念である。つまり、表面的な財産目録など役に立たないのである。ここでは同一物に対して何人もの人々のさまざまな権利が存在する。権利がこのように分断されているので、所有権の側面からみた場合の物の統一性は破壊されている。占有の移動の指示対象物となるのは、たとえば一つの土地といった完結した物ではなく、その個別的使用権だけとなるのが通例である。かくして、物に対する所有権の効力が所有権の概念から欠落するのである。

四　経済的取引そのものは、血縁的共同体からはなかなか生じてこない。初期の取引は、人およびみずから動くそのほかのもの――嫁、妻、息子、奴隷、牛、舟など――の地位に関して行われる公の行為である。定着民族の場合には、一つの土地の地位の変化も公に証明されたのである。

そのような地位の取引には、おのずから経済的に重要な意味が含まれることになったであろう。求婚、婚約、婚姻、養子縁組、奴隷解放などには、即座にか、ずっとあとになってか、いずれにせよ、それにともなう財の移動が発生する。しかし、このような取引の経済的な意味は、それがいかに大きくても、その人の地位を社会の文脈のなかに確立する上で取引が発揮する重要性からみれば、二義的なものであった。人に関連して行われる典型的な親族取引から、やがて、財に関する取引が分岐していったのであるが、それはどのように進んだのであろうか。

土地、家畜、奴隷のように、地位を示す財のごく少数だけが譲渡可能な財であるあいだは、独自の経済取引などまったく必要でなかった。なぜなら、以上のような財の移動は地位の変化に付属するものであったのであり、そのような変化を起こさない財の移動はそもそも集団から認められなかったにちがいないからである。ついでながら、財の運命はその所有者の運命と分かちがたくつながっていたのであるから、そのような財に経済的な価値が簡単に付加されるなどということはありえなかったであろう。

分離独立した財取引は、初期には、二つのもっとも重要な財、すなわち土地と労働とに限られていた。こうして、まさに自由に譲渡することがもっともむずかしい「財」が、まず最初に、限度ある取引の対象となったのである。限度ある取引といったのは、土地と労働がそれ以後もずっと社会組織の一部として残り、勝手に移動すれば、必ず社会組織そのものを破壊してしまう存在であったからである。土地も自由人も公然と売られることはなかった。この二つの移動は条件つきであり、一時的なものであった。譲渡は所有権の無限定な移動にまではいたらなかったのである。十四世紀、部族封建時代のティグリス河畔のアラファ[20]にみられた経済取引のなかでも、土地と労働に関連した取引が右の点を例示している。土地と人に対する所有権は、ヌジとともに氏族、豪族、村などの集団に属しており、用益権だけが移動した。土地所有権の移動が部族時代にはいかに例外的なものだったかは、アブラハムがヒッタイト人から家族の地下納骨堂を購入する話[21]の劇的な筋書にもみられよう。

「用益権のみ」の移動の方が所有権の移動よりも、はるかに「経済的」であるというのは特異な事実である。所有権の交換に際しては、威信や感情的要因が重く作用するのに対し、用益権の譲渡に際しては、実利的要素が支配している。今日の用語でいえば、用益権の時間的な価格である利子が、もっとも早く制度化された経済量の一つであったということになるであろう。

実際には人を指示対象とする地位の取引から、やがておそらく、経済的な薄膜が「剝離」するようになるであろう。その時、経済的要素はただ持ち主を変えるだけで、その取引は地位の取引としてカムフラージュされる。しかも、その取引は虚構の取引に終わるのである。氏族の成員以外に土地を売るのは禁止されているから、購入者から土地を取り戻すために、氏族に残されている権利は、合法的な工夫によって無効にされることがある。そうした合法的な工夫の例が、買い手を仮の養子にしたり、さもなければ、氏族成員が売買行為に虚構の承認を与えたりするやり方である。

独自の経済的取引に発展するもう一つの方向は、すでにみたように、「用益権のみ」の移動をとおしてのものであった。この場合、氏族や家族の残存所有権は明確に維持されたのである。同じ目的は、品物自体の返還を保証しながら、二つの異なる品物の「用益権」を相互に交換することにより、達せられるのであった。

古典時代アテネの抵当の形態（プラシス・エピ・リュセイ[22]）は、（例外的に）債権者には利子として収穫の一部を保証し、債務者には従来どおりの位置を与えておくものであった点を除けば、おそらく、このような用益権のみの移動であったのであろう。債権者は自分の名前と負債額とを彫りこんだ境界石をたてることによって保護された。ただし、その石には返済の日付けも利子も言及されていなかった。アッティカのホロス(23)についても、この解釈が正しいとすれば、耕作地は、一定の収益分与を条件とする無期限の抵当に入っていたことになる。しかも、これが友好的に行われていたのである。債務不履行やそれにともなう差し押えなどはきわめてまれにしか起こらなかった。すなわち、債務者の土地の没収とか、その家族全体の破産とかの場合にしか起こらなかった。

「用益権」だけが切り離された移動は、ほとんどの場合、家族、氏族の絆を社会的、宗教的、政治的な紐帯によって一層強化するという目的を果たすのである。この場合、用益権の経済的活用と、そのような友好的な紐帯の親密化が同時に実現する。また、このようにして、個々の成員の取り決めに対する集団の統制が維持される。しかもなお、経済的要因は取引にはほとんど表れてこないのである。

五　多くの古代社会においてその富を構成するのは、財ではなくてサービスである。奴隷や召使や家来がそのサービスを提供する。しかし、人間がその地位ゆえにサービスを提供するようになることは（経済的権力というよりは）政治的権力の方の目標である。富を構成する成分として、物質的成分が非物質的成分よりもふえるにつれて、政治的手段による統制が後退して、いわゆる経済的統制に道を譲る。たとえば、農民ヘシオドス(24)は、貴族哲学者のプラトンとアリストテレスが政治以外にも社会的規律があることを知る何世紀も前に、倹約と耕作という規律について語っていた。さらに、二千年後の西欧では、新中産階級が商品による富を創り出し、封建領主に対抗して「経済学」を論じた。そして、さらにその一世紀後、産業時代の労働者階級は、商品による富というカテゴリーを新中産階級から受け継いで、これを彼ら自身の解放の道具とした。貴族階級の方は政府の独占をつづけ、商品生産を軽蔑したのである。こうして、従属的な労働が支配的な富の要素であるかぎり、経済そのものは影の薄い存在にとどまるのである。

六　アリストテレスの哲学のなかには、幸運な人生の目的《プライズ》が三つあった。それは(1)名誉と威信、(2)生命と身体の安全、(3)富である。一番目は特権と尊敬、位階と順位を意味し、二番目は公然の敵や秘密の敵からの安全、裏切りや内乱からの安全、奴隷の反乱からの安全、強者の圧制からの安全、さらには法の強制からの保護をも保証してくれるものである。三番目の富とは、主に家宝や財宝の所有者としての幸福である。一般に、食糧や物資などの実利的な財も名誉と安全の所有者に属することは確実であるが、栄光が財にまさるのである。他方、貧困は劣った身分を意味する。生活のために働く、しかもしばしば、他人の命ずるままに働くことを意味する。そして、命令が無制限になればなるほど、状況は惨めになる。農民の地位がつねに尊敬されることに明らかなように、筋肉労働がサービスを提供する人間を蔑視する原因になるのではなくて、他人の個人的な気まぐれや命令のままに従属することが、蔑視の理由となるのである。ここでも、低所得という純経済的な事実は視野にはいってはいないのである。

七　いろいろな善（アガタ）(25)こそ人生最高の目的であり、もっとも望ましいものであり、かつもっとも稀なものである。近代の理論は、稀少性という財の特性を「経済性」の基準とみなすにいたっているが、その特性に、まさにこの意外な文脈において出会うのである。善という人生の目的について考えをめぐらす明晰な頭脳にとっても、経済学者の言から予想させられるものとはまったく違う「稀少性」の源泉に出会うのは、予想外なことにちがいない。経済学者にとって、稀少性とは自然の吝嗇か、もしくは生産にともなう労働の負担の反映である。しかし、至上の名誉や稀なる名声がその二つの理由のいずれかによるものであることは、きわめて少ない。それらが稀少性をもつのは、ピラミッドの頂上に立つことはできないという明白な理由による。善《アガタ》の稀少性は、身分にも、特権にも、財宝にも固有の性質である。つまり、多くの人々に得ることができるようなものなら、善《アガタ》は善《アガタ》ではなくなるのである。かくして、現実に実利的な財が稀少になることがあったとしても、初期の社会には「経済的な意味」の稀少性はなかったことになるのである。稀有な目的は、経済の次元のものではなく、この場合の稀少性は非経済的な次元から生じるものなのである。

八　人間生活のぎりぎりの基本的条件である、人間集団の自給自足性は、「必需品」の供給が物的に可能な時に確保される。ここでいう物とは、生命を支えるもの、貯えうるもの――すなわち、長持ちするもの――のことである。とうもろこしやぶどう酒や油はもちろん必要品（クレーマタ）[26]であるが、羊毛やある種の金属もそうである。飢餓や戦争の時、市民たち、家族の成員たちがそれらに頼ることができなければならない。家族や都市が「必要」とする量は客観的に要請される量である。家計は最小の、都市国家は最大の消費単位であるが、どちらの場合にも、「必要」なものはその共同体の標準によって定められる。ここから、必要品の量は本来的に限られている、という考え方が出てこよう。この意味は「配給」の意味にきわめて近い。このような生存必要品は支払いや賃金の単位として実際に使われたが、そのような物に対してのみ、慣習か法によって等価物が定められていた。したがって、「必要量」の観念は共通に貯蔵される基本物資《ステープル》と結びついていたのである。こうした実際のはたらきからいっても、人間の欲望・必要の無限性の観念――稀少性の論理的な相関概念――はこのアプローチにはまったく無縁の観念であった。

以上のようなことが主な理由となって、独自の関心領域としての経済領域の誕生は長いこと妨げられていた。考えることを専門とするアリストテレスにさえも、人間は食わなければならないという事実が綿密な考察に値するとは思われなかったのである。

アリストテレスの模索

経済生活の端緒をほとんどみることのなかった思想家から、経済生活の本質について決定的な言葉を聴こうとするのは、矛盾していると思われるかもしれない。しかし、アリストテレスは、実際には経済の境界時代に生きていたから、この問題の意義を把握するのに有利な立場にいたことになるのである。

この事実は、なお、つぎのことを説明する理由になるように思われる。今日われわれが直面している、社会のなかの経済の位置の変化は、その規模において、アリストテレスの時代に起こりつつあった、市場交易の先触れとなった変化に比較すべきものである。そうした時代においてこそ、経済と社会の関連についてのアリストテレスの洞察が赤裸々な現実性をもって迫ってくるのである。

したがって、経済の問題について、従来アリストテレスの功績と考えられてきたものよりもはるかに巨大な、そしてはるかに重要な公式化がなされたであろうと考え、それを彼の著作から探し出そうとすることは十分に理由のあることである。事実、彼の『倫理学』

や『政治学』のなかに散在している断片は、不朽の思想的統一性を伝えているのである。

経済の問題に触れる時、アリストテレスはつねに社会全体に対する経済の関係を明らかにしようとしていた。その時のフレーム・オブ・レファレンスは、機能しているあらゆる人間集団のなかに存在するさまざまなレベルの共同体であった。つまり、今日の言葉でいえば、人間の問題に対するアリストテレスのアプローチは社会学的であったということができる。アリストテレスが、ある一つの研究分野を構想するとすれば、制度的な起源と機能をもつすべての問題を社会の全体性に関連づけようとするであろう。共同体、自給自足性、公正が中心となる概念であった。現に動いている組織としての集団は共同体（コイノニア）[27]を形成しており、その成員は善意（フィリア）[28]の絆により結ばれている。家（オイコス）[29]にも都市（ポリス）にも、それぞれのコイノニアに特有の、ある種のフィリアがあり、それを離れては集団は存続できないであろう。フィリアは、互酬行動（アンティペポントス）[30]、つまりお互いに交代ですすんで負担を引き受けたり、共有したりすることによって表現される。共同体を存続させ、維持するのに必要なことは、その自給自足（アウタルケイア）[31]を含めて、それがなんであれ、「自然」なことであり、本来的に正しいことである。自給自足《アウタルキー》とは、外部からの資源に依存することなく生存する能力といってもよいであろう。「公正」には（われわれの見方とは逆に）共同体の成員が不平等な地位をもつという意味が含まれている。人生の目的の配分に関するものであれ、紛争の解決に関するものであれ、サービスの交換の調整に関するものであれ、公正を保証するものは、集団の存続に必要であるから、よいものである。そこで、規範は現実から分離することのできないものとなる。

アリストテレスの体系の全体を以上のように略述しておけば、つぎに交易と価格に関する彼の見解を概観することができるであろう。外界との交易が自然なものになるのは、それが共同体の自給自足性を支えることによって、共同体の存続に役立つ時である。拡大家族が人口過剰となり、その成員が分散して住まなければならないようになるや否や、このことが必要になってくる。今や、自分の余剰から一部を与える（メタドシス）[32]という行為がなければ、成員の自給自足は全面的に崩れることになるのである。分け与えられるサービス（すなわち、最終的には財）が交換される比率はフィリアの要請、すなわち成員間の善意によって支配される。なぜなら、フィリアがなくなれば、共同体自体が停止する。したがって、公正な価格はフィリアの要請から生じるのであり、あらゆる人間共同体の本質である互酬性に表現されるのである。

これらの諸原則から、アリストテレスはまた、商業的な交易を非難し、交換の等価物、すなわち公正な価格を設定せよと断言する。すでにみたように、交易は、自給自足性がそれを要請するかぎりにおいて「自然」なのである。価格は、共同体の成員の地位に一致して定められれば、公正に定まり、またそうすれば、共同体の基盤である善意を強化する。

財の交換もサービスの交換にほかならない。それは自給自足性に規定された財の交換であり、公正な価格によって、お互いに分有する形をとって実施される財の交換である。このような交換には利得は含まれない。財にはあらかじめ設定された周知の価格があり、例外的に利得を含んだ小売りがあるとしても、それは市場《いちば》での財の分配の便宜を考慮してのことであって、市民以外の者によってなされる。アリストテレスの交易・価格理論は、人間の共同体に関する彼の一般理論の単純な応用にほかならなかったのである。

共同体と自給自足性と公正——これらがアリストテレスの社会学の軸をなし、経済の本質、政策問題、そのほか何が問題になっていても、経済問題のすべてに関する彼の思考のフレーム・オブ・レファレンスとなっていたのである。

社会学的な傾向

経済の本質に関するアリストテレスの出発点は、いつもと同じく経験主義的である。しかし、もっとも明白な事実についてさえも、その概念構成は意味深く、また独創的である。ソロンの詩[33]には、人間の富の欲求は無限であるとあった。問題を提起するにあたって、アリストテレスはそうではないといった。正しくは、生命を維持するために必要で、共同体の保管のもとに安全に貯えられているもの、そして共同体の生存を象徴するものが富なのである。家計にとって必要なものであれ、都市にとって必要なものであれ、人間の必要物は無限ではない。また、自然のなかにある生活物資が稀少であるとはいえない。近代人の耳にはまったく奇妙にきこえるこの議論が、強力に主張され、注意深く展開される。あらゆるところで制度に対して明示的な言及がなされ、心理学が忌避されて、社会学が強く押し出される。

この、稀少性原理の否定（とわれわれならよぶもの）は、まず動物の生活状態にもとづいて唱えられ、そこから人間生活の状態に敷衍される。動物は、生まれた時から、自分の生存に必要な物資が環境のなかに用意されていることを見いだすではないか。そして、人間もまた、生存に必要な物資をまず母乳に見いだし、そしてやがて、狩猟民でも、牧畜民でも、農耕民でも、それをそれぞれの環境のなかに見いだすではないか。アリストテレスにとって奴隷制は「自然」であるから、奴隷狩りをちょっと変わった獲物の狩猟であるとみなしても矛盾はなく、したがって、奴隷を所有する市民の余暇は環境から供給されたものとして扱われている。生活必需物資以外の必要は、認められるどころか、考えられもしない。したがって、われわれがよくいうように、稀少性が「需要サイド」から生じるとすれば、アリストテレスはそれを、より豊かな物質的財への欲望と快楽への欲望をよい生活とみなす誤った考え方のせいにするであろう。よい生活——一日中劇場で感動すること、陪審団に加わること、交互に公職につくこと、選挙運動をすること、応援演説をすること、立派なお祭りをやることから、さらには陸戦、海戦のスリルを味わうことにいたるまで——の妙薬は隠匿したり、物質的に所有したりはできないものである。事実、よい生活には、市民がポリスの仕事に献身するための余暇をもつことが必要である、と「一般に認められていた」のである。ここでもまた、奴隷制が解答の一端をなしている。そして、解答のもう一つの、より辛辣な側面は、すべての市民が公共の義務の実施に対しては支払いをすること、それ以外では、これはアリストテレス自身推奨したと思われる措置であるが、職人には市民権を認めないことであった。

アリストテレスにとって稀少性の問題が生じないことには、さらにもう一つの理由がある。経済は——オイコス、すなわち家計に関する事柄という語根が示すように——家という自然的な制度を構成する人間同士の関係に直接関連するものである。親と子と奴隷が家計を構成するのであって、所有物がそれを構成するのではない。アリストテレスはまた、庭の手入れや、飼育や、その他の生産活動の技術を経済学の範囲から除外した。重点は完全に制度的なものにあり、せいぜい生態学的なものに及ぶだけであって、技術は有用な知識という従属的な領域に落とされる。つまり、アリストテレスの経済の概念は、ほとんど、生活必需物資を確保する、一つの制度化された過程が経済であるとみてもよいような概念なのである。同様に勝手な言い換えをするとすれば、アリストテレスは、人間の欲望の無限性、あるいは財の一般的稀少性という誤った観念を、つぎの二つの状況のせいにしているといってよいであろう。一つは、商業的な交易者を通じての食糧の入手。これは生活必需物資の追求に金もうけの要素をもちこむ。もう一つは、よい生活とは物質的な快楽の功利的な蓄積だとする誤った考え方である。交易の諸制度が正しいものであり、何がよい生活かについての理解が正しくさえあれば、人間の経済に稀少性の要因がはいりこむ余地はないと、アリストテレスは考えた。彼はこの点を奴隷制、幼児殺し、快適さを重視しない生活様式などの制度の存在と結びつけることを忘れなかった。このような言及しうる経験的な事実がなかったならば、アリストテレスによる稀少性の否定は、今日における稀少性の公準化と同じくらいに、教条的となり、また、実証研究に不向きなものとなっていたであろう。しかし、彼にとっては、人間の欲求が制度と慣習を前提条件としていることが決定的なことであったのである。

経済の実体的な意味に固執することが、アリストテレスの議論全体の基点であった。そうでなければ、彼はそもそもなぜ経済を模索しなければならなかったのだろうか。さらに、このおぼろげにしか理解されていない分野の重要性は、富の誘惑、つまり人間に共通の飽くことを知らない衝動にあるとする一般の信念に対して、なぜ彼は一連の反論を開始しなければならなかったのだろうか。彼は何の目的をもって、人間の欲望・欲求が無限ではないこと、有用なものが本来稀少ではないことを例示するためだけに、家族や国家の起源までをも含む定理を展開したのだろうか。まして、この本来的に逆説的な理論編成は、アリストテレスのきわめて経験主義的な傾向に全然そぐわないほど、思索的にすぎると思われたにちがいないのであるが、その裏にはどのような動機があったのであろうか。

その説明は明らかである。二つの政策的課題――交易と価格――が解答を必要としていたのである。商業的な交易の問題と価格の設定が、共同体の存続とその自給自足性の要請に結びつけられないかぎり、両者を判断する合理的な方法は、理論的にも実践的にも、まったく存在しない。そのようなつながりが提示されれば、答えは簡単であった。第一に、自給自足性を回復するのに役立つ交易は「自然に合致する」交易であり、そうでないものは「自然に反する」交易であった。第二に、価格は共同体の紐帯を強化するようなものであるべきであり、さもなければ、交換はつづかないし、共同体も存在しなくなるであろう。ここで媒介となっている概念は、どちらの場合も、共同体の自給自足性である。経済は、その時、共同体の生存に必要な穀物、油、ぶどう酒などの生活必需品から成り立っていたのである。この結論は絶対であり、別の結論はありえなかった。そこで、経済は人間の生活を支える物的・実質的なものに関するものとなるのであった。さもなければ、一方の交易や価格などの事柄と、他方の自給自足的な共同体という公準とを結ぶ合理的なつながりは、経験的にはまったく与えられないことになるのであった。経済の実体的な意義をアリストテレスが強調した論理的必然性は、以上から明白であろう。

かくして、経済論の序章で、アリストテレスはソロンの詩句にびっくりするような攻撃[34]

を加えるのであった。

自然的な交易と公正な価格

商業的な交易、すなわち、われわれの用語でいえば、市場交易は、当時の時代状況から生じた火急の問題であった。あまりに複雑で新奇なものであったから、的確に位置づけることも、説明することも、判断することもできなかった。ものを売り買いするという単純なからくりで、今や立派な市民が貨幣を手にしていた。それまでこのようなことは知られていなかった、というよりは、呼び売り商人——これは外国人住民（メティック）(35) であることが多かった——という下層階級の人々に限られていた。彼らは、市場《いちば》で食糧を小売りすることにより、かろうじて生計を営んでいる者たちであった。そのような人々は、買い入れた価格とは別の価格で売り払うことによって利潤を生み出していた。今やこの慣行が立派な身分の市民層にまで普及してしまったように思われ、以前は不名誉なものとみなされていたこの方法で、多額の金をもうけるようになった。では、この現象自体はどのように分類すべきか。このような方法で系統的に生み出された利潤は、その動きをどう説明すべきか。そして、どのような判断をこの行為に対して下すべきか。

市場制度の起源はそれ自体複雑で曖昧な問題である。その歴史的なはじまりを正確に跡づけるのは困難であるし、初期の交易形態が市場交易へ発展していった段階をたどるのは、さらに困難であろう。

アリストテレスの分析はその根本をついていたのである。商業的な交易をカペーリケー[36]と名づけて――それにはそれまで何の名もつけられていなかったのである――、その規模を除けば、何も別に目新しいことはないことを示そうとした。つまり、それは呼び売り商売を大きくしたものにすぎなかった。市場《いちば》でしばしばみかけられた付加金の方法によって、互いに相手「から」(アパレーローン[37])金をもうけているのであった。

アリストテレスの論点は、相互付加金というような考え方には不十分さがあったが、人間の経済の歴史の重要な移行段階、つまり、市場制度が交易の軌道のなかに進入しはじめた時点を、反映していたのである。

最古ではないかもしれないが、最初の都市市場の一つがアテネのアゴラ[38]にほかならなかった。アゴラが都市アテネの開基と時期的に同じであったことを示すものは何もない。アゴラに関する最初の確実な記録は、紀元前五世紀のものである。その時にはアゴラはすでに確立していたと述べられているが、まだ議論の余地がある。その初期の歴史を通じて、少額貨幣の使用と食糧の小売りとは平行して行われていた。したがって、アテネのアゴラのはじまりは、紀元前六世紀初期の銀貨(オボル[39])鋳造と同時期であるかもしれない。アジア地域では、あらゆる点で完全にギリシャ型の都市であったリュディアの首都サルデイス(40)に、その先駆がみられたようである。ここでもまた、砂金を含めて考える場合はとくに、少額貨幣の使用開始が道筋を示している。この点についてはヘロドトスがほとんど疑問の余地なく語っている。(41)ミダス(42)の伝説によると、フリギアに大量の砂金が存在したのが紀元前七一五年頃であり、一方、サルディスでは、市場をパクトロス川(43)という砂金のある川が横切っていたという。ヘロドトスの生地ハリカルナッソス(44)にはアリアテス(45)への巨大な記念碑が立っていたが、その建立費用にはリュディアの娘達の売娼が非常に大きく貢献したようである。またその頃、メルムナス朝の創立者ギュゲス(46)はエレクトロン貨(47)の鋳造を開始したようである。アリアテスの息子クロイソス(48)は大量の金を寄進して、デルポイを飾った。貨幣の材料として用いられたかもしれない玉や貝の存在は、小アジアからは伝えられていないから、したがって、砂金に言及していることはきわめて重要である。貨幣の鋳造と食糧の小売りというリュディアの二つの改革が、いっしょにアテネに導入された可能性は大きい。この二つはまだけっして互いに分かつことができないものであった。貨幣の鋳造に関してはアテネに先行したアイギナ(49)では、貨幣は外国交易にのみ使用されたのかもしれない。リュディアの貨幣についても同じことがいえるかもしれないが、食糧市場と売娼取引では砂金が通用していたのである。今日でも、ナイジェリアのヌペの首都ビダ(50)の市場《いちば》は、真夜中を過ぎると傭兵たちの社交場に一変し、そこではおそらく砂金が通貨として流通しているという。リュディアでも、砂金の存在が市場での食糧の小売りを誘発していたかもしれないのである。アッティカもこれにならったが、ただ、砂金粒のかわりに銀のオボルの小片を用いていた。

概していえば、硬貨の普及は市場の普及よりもはるかに速かった。交易が盛んになり、標準貨幣が流布しても、市場の数はわずかであり、散在していた。

アテネは、四世紀末までには、だれもが安く食事をすることのできる商業的なアゴラの存在で有名になっていた。貨幣の鋳造は野火のように広まっていたが、アテネ以外では市場の習慣がとくに普及していたとはいえない。軍隊が現地の市場からの調達に依存することは例外的にしかできないことであったから、ペロポネソス戦争には従軍商人の船隊が海軍に同行した。四世紀の初めになっても、イオニア[51]のいなかには定期的な食糧市場はなかった。当時、市場の主な推進者となったのはギリシャ軍、なかでも冒険的な商売に頻繁に雇われるようになった傭兵部隊であった。伝統的な自己装備の装甲歩兵軍は、大麦袋を本国から持参して、短期の軍事行動に従事していただけであった。五世紀の変わり目までには、正規の遠征軍が編成されるようになったが、幹部だけがスパルタやアテネの市民で、あとは外国から募集された。そのような軍隊の傭兵は、とくに友好的な領土を横断しようとする時に、学識ある将軍たちが好んで論じたがる兵站上の問題をひき起こすのであった。

クセノフォンの小論には、新しい戦略が市場に要求する現実の役割と理想の役割の例が多数示されている[52]。部隊は（現地徴発が実行不能の場合）司令官から支払われるべき手《ハン》付金《ド・マネー》で食糧を補給しなければならなかったが、その食糧市場は、利潤のために従軍してくる従軍商人たちからの食糧補給と、戦利品、とくに奴隷と家畜の販売という、より広い問題の重要な一部であった。せんじつめれば、食糧市場の問題が市場の沢山の問題になって現れたのである。その一つ一つについて、軍事行動の責任者、王や将軍や政府がとった組織活動、財政的活動の証拠がある。軍事行動そのものにも、どこかの外国政府に軍隊を貸し出すことによって、その冒険的事業に商売として財政援助をした母国に利益をもたらそうとするものがあった。そうでなければ、軍事行動は戦利品略奪の合理化にほかならないことがしばしばであった。しかし、至上の要請が軍事的効率にあったことはいうまでもない。遠征軍が戦利品を販売するということは、軍事的な戦術上の理由だけからいっても、遠征部隊への定期的な食糧供給と同じくらいに、効率に関係する問題であったし、また、遠征軍は、一方で、友好的中立勢力の敵対化をできるだけ回避しようとしたのである。積極的な将軍たちは、現地の市場活動を刺激し、部隊に奉仕する従軍商人に資金を与え、現地の職工たちを武器供給のための即成の市場に従事させるために、新しい方法を工夫した。時には現地側が乗り気でなく、躊躇していることがあっても、将軍たちは、あらゆる可能な手段を用いて、市場供給と市場サービスを促進した。しかし、結局、現地住民の自発的な商業精神に依存することはほとんどなかったのである。スパルタ政府は、戦地の軍隊を指揮する王とともに、非軍人の「戦利品販売人」委員会を派遣した。彼らの仕事は、獲得した奴隷と家畜をその場でせりにかけることであった。アゲシラオス王[53]は、予定の旅程上にある友好都市に対し、自分の部隊のための市場を「準備し」「設置し」「提供させる」ことに忙しかった。クセノフォンはキュロス帝国のユートピアのなかで、従軍を望み、供給品購入のための資金を必要とする商人が、司令官のところへゆき、自分の信用証明をしたあと、その目的用の資金から手付金を受け取る有様を述べている。[54]同じ頃、アテネの将軍テイモテウス[55]は、従軍商人からの資金要求をよくきき、クセノフォンの小説の教えと同じように行動した。オリュントス戦争[56]（紀元前三六四年）の時、彼は、兵士に銀のかわりに銅で支払ったあと、兵士から同じ値段でその銅を受け取るように商人たちを説得し、また、戦利品購入の時はその同じ値段で彼らから銅を受け取ること、戦利品購入のあと残った銅はすべて銀で償還することを固く約束したのである。[57]以上はすべて、現地市場への依存は、軍隊の助力がなければ、食糧調達手段としても、戦利品のはけ口としても、まだどれだけ小さいものであったかを示しているのである。

とすれば、アリストテレスの時代の地方市場は、微妙な成長期にあったことになる。つまり、緊急の場合か特定の目的のある場合に、時たま設けられたのであって、しかも、政治的な都合で必要になった場合に限られたのである。地方の食糧市場もまた、けっして長距離交易の機関として存在したのではなかった。〔外部〕交易と市場との分離が一般法則であったのである。

やがて結局、この二つを結びつける制度となった需要供給・価格メカニズムは、アリストテレスの知らないものであった。いうまでもなく、その頃の交易のなかに現れはじめたこのような商業的慣行を、真の意味で樹立したのが需要供給・価格メカニズムである。伝統的には、〔外部〕交易は商業性をまったくもっていなかった。交易は、起源においてなかば戦闘的な職業であり、つねに政府と結びついていた。政府との結びつきがなければ、どんなに小規模な交易も古代の状況では行われなかった。もうけのもとは、戦利品や贈物（自発的なものにしろ、脅迫されたものにしろ）であり、公的な栄誉や賞讃であり、諸侯や都市が賦与する金冠や賜地であり、獲得した武器や財宝――『オデュッセイア』の「ケルドス」[58]――であった。これらのいずれも、ポリスの地方的な食糧市場とは、まったくなんの物的なつながりをもたなかった。フェニキアの「エンポロス」[59]（市場の商人）が宝物や装身具を君主の宮殿や領主の邸宅で展示している時に、船員は外国の土地に定着して自分たちの食糧を生産し、これが彼らにとって一年の総生産となった。その後の交易は行政の枠組に沿って行われ、貿易港の洗練された役人によって滑らかに進められるようになった。慣習的な価格や協定価格《トリーティー・プライス》の存在が大きくなっていった。商人は、手数料で補えない場合には、冒険の結果入手した輸入品の売り上げから「もうけ」を生み出すようになっていった。

協定価格は交渉の産物であり、それを決定する前には外交的なかけひきがおおいに行われた。一旦協定が成立すれば、交渉取引《バーゲニング》は終了した。なぜなら、協定が意味するものは、その後の交易がそれによって進められる設定された価格《セット・プライス》であったからである。協定のないところに交易は存在しなかったように、協定の存在は市場行為の不在を意味した。交易と市場とは、単に場所や、地位や、人員が異なるだけでなく、目的においても、エトスにおいても、組織においても異なっていたのである。

　駆け引きと、価格によって生み出されるもうけとが、いつどのような形で交易の領域にはいってきたのか、アリストテレスは暗示しているが、われわれとしてはまだ確言することはできない。国際的な市場が存在しないところでも、海外交易で得たもうけはすでに正常なもうけとされていた。いずれにせよ、この理論家の鋭い目が、当時の話題であった新種の交易利潤がアゴラの呼び売り商人の小細工と関係のあることを、察知していたことは疑いない。しかし、この両者の連関を確立させたからくり——需要供給・価格メカニズム——には、アリストテレスも気づかなかったのである。その時代には、市場での食糧の分配は、まだこのメカニズムが作用する余地をほとんど与えなかったからである。さらに、遠距離貿易は個人的競争によってではなく、制度的要因によって動かされていた。また、地方市場と遠距離貿易のどちらも、価格の変動を目立たせるものではなかった。紀元前三世紀になって、ようやく国際貿易における[60]需要供給・価格メカニズムのはたらきが気づかれるようになったのである。これは、デロスの開放港で、まず穀物について、ついで奴隷について明らかになっていった。したがって、アテネのアゴラに遅れること約二世紀にして、市場メカニズムをそなえたといえるような市場が、はじめてエーゲ海に設けられたことになるのである。この時期の後半期に著作活動をしたアリストテレスは、価格差を利用して得られたもうけの初期の例に注目し、これを交易組織が発展していく徴候であると考えたが、事実そうであったのである。しかし、価格形成市場が不在であったから、金もうけという新しい衝動が有用な目的に役立つかもしれないという期待に出会えば、アリストテレスはそこに邪心しかみようとしなかったであろう。ヘシオドスについていえば、有名な彼の平和的闘争のすすめも、前市場段階の、荘園的レベルでの競争の恩賞――陶工に与えられる賞讃とか、木こりに与えられる大切り身の肉とか、試合に勝った歌手に与えられる贈物など――をでるものではなかったのである。

等価物[61]の交換

『倫理学』のなかでアリストテレスは一つの価格理論を提起したのだという見解は、以上述べてきたことによって打ち消されるはずである。市場、すなわち、需要と供給を均衡させる価格を生み出すことを主要な機能とする市場、を理解するのに必要な中心的な理論は、なるほど確かに、価格理論であろう。しかしながら、これらの概念のどれ一つとして、アリストテレスに知られているものはなかったのである。

自給自足性の公準には、自給自足《アウタルキー》を回復するために必要な交易は自然であり、したがって正しいものであるという考えが含まれていた。交易は交換行為をともなったが、その交換行為にも、交換が行われる一定の比率がやはり含意されていた。しかし、そもそも、物々交換の行為をどのように共同体の枠組のなかにあてはめるべきなのか。そして、かりに物々交換があったとした場合、それはどのような比率で進められるべきであったのか。

物々交換の起源に関しては、このゲマインシャフトの哲学者にとって、個人に固有のものとされているスミス的性向ほどつまらなく思えたものはなかった、ということがいえよう。アリストテレスによれば、交換とは、成員が共同の所有物を元来共同に使用していたような拡大家族の必要から生まれたものである。成員の数が増加し、別々に住まなければならなくなった時、以前は共同に使用していたもののいくつかが不足するようになり、そこで、必要なものをお互いのあいだで入手し合わなければならなくなったのである。(62) これが結局、相互的《ミューチュアル・》分与《シェアリング》というものになっていった。簡単にいえば(63)、分与の互酬性は物々交換の行為を通じて実現し(64)、そこから交換が生まれたのである。

つまり、交換比率は、共同体を維持していくようなものでなければならなかった。(65) ここでも再び、個々人の利益ではなくて、共同体の利益が支配原理であった。異なる地位の人々の技術は、おのおのの地位に比例した比率で交換されなければならなかった。たとえば、建築師の仕事は靴直しの仕事の何倍かの物と交換された。そうでなければ、互酬性が損なわれ、共同体は保持されなかったのである。[66]

アリストテレスは、その比率（すなわち価格）を設定するための公式を提出した。[67] すなわち、二当事者のおのおのの地位を表す二つの対角線が交差する点で比率が与えられる。[68] この点は各対角線上に二つずつの、計四個の量によって正式に決まるとされる。しかし、この方法は漠としており、結果は不正確である。経済分析では四つの決定量が正確かつ厳密に表示される。すなわち、需要曲線上に一対の指標、供給曲線上に一対の指標を指示することによって、市場を支配する価格が決定されるのである。重要な相違点は、近代経済学者が市場における価格の形成の記述を目的としていたのに対し、そのような考えが、アリストテレスの思念とはまったく無縁であったということである。アリストテレスは、価格が設定されるべき公式をさがすという、まったく異なった、そして本質的に実際的な問題と取り組んでいたのである。

驚くべきことに、アリストテレスは、設定価格《セット・プライス》と取引価格《バーゲン・プライス》のあいだの相違点は、つぎのように時点の違いだけであると考えたようである。すなわち、前者は取引が実行される前に存在するもので、後者は実行後にはじめて生じるものとしたのである。[69] 彼の主張によると、取引価格は需要がまだ満たされていない時に合意されるから、過大なものになりがちとなる。この点は、確かに、市場のはたらきに関するアリストテレスの素朴さを示す十分な証拠といえよう。彼は明らかに、公正に設定された価格は取引価格とは異なるはずであると信じていたのである。

設定価格は、その公正さのほかに、自然な交易を不自然な交易から区別する利点を提供した。自然な交易の目的はもっぱら自給自足性を回復することにあり、設定価格はもうけを排除することによって、その目的を達成させるのである。したがって、等価物《イクイヴァレンシー》——以後設定された比率のことをこう呼ぶことにしよう——は「自然な」交易を保証する役割を果たす。取引価格は、当時者の一方を犠牲にして他方に利潤をもたらし、したがって、共同体を強固にするどころか、その緊密性を破壊するものになりかねなかった。

近代の、市場に慣れてしまっている精神にとっては、上に述べられたアリストテレスのものとされる思考の流れは逆説の連続にみえるにちがいない。

すなわち、アリストテレスの一連の思考には、交易の媒介手段としての市場の否定、市場の機能としての価格形成の否定、自給自足性に対する寄与以外の交易のすべての機能の否定、市場で形成される価格が設定価格と違わなければならない理由の否定、市場価格は当然変動するものとされる理由の否定、最後に、市場決済の役割を果たし、したがって、唯一の自然な交換比率とみなしうる特徴をもった価格を生み出す装置としての競争の否定、が含まれるのである。

そこでは、そのかわりに市場と交易が別々に分離した制度と考えられている。価格は習慣や法律や布告によって生み出されるものであり、もうけを生む交易は「不自然」であり、設定価格は「自然」であり、価格の変動は望ましくないものであり、そして、自然な価格は交換される財の非人格的な評価などではなくて、生産者の地位の相互評価を表現するものである、と考えられている。

このような一見矛盾と思われる点を解決するために、等価物の概念が決定的な概念として導入されるのである。

アリストテレスは、交換（アラゲー）[70]の起源に関する重要な一節のなかで、古代社会の基本的な制度、すなわち等価物の交換に対して、完全無欠の規定を与えている。家族の規模の拡大の結果、その自給自足性は終焉を迎えなければならなかった。何かの物に不足するようになって、家族はその供給をお互いに依存せざるをえなくなった。アリストテレスは、いくつかの野蛮な民族はいまだにそのような物々交換を実行していると述べた。「なぜかといえば、そのような人たちは、ある生活必需品、たとえばぶどう酒と交換に、別の生活必需品、たとえばとうもろこしを、きっちり当座の必要量だけ、一方を渡してそれと引き換えに他方を受け取るといったやり方で、交換していると思われるのである。そして、それを同様の種類の主食物のすべてについて行っているようである。このようなやり方やタイプの物々交換を行うことは、したがって、自然に反するものではなく、また、富を取得する技術の一種でもなかったのである。なぜなら、これは人間の合自然的な自給自足性を回復するために設けられたのであるから[71]」。

等価物交換の制度は、すべての家長が、その時たまたま所有している基本物資と引き換えに、一定比率で、必要な基本物資に対する分有権をもつことを保証するためにつくられたものである。というのは、かわりに何も受け取らずに、ただ求めに応じて自分の財をやってしまうような人はだれもいなかったからである。事実、かわりに差し出すべき等価物を何ももっていない貧者は、自分の負債を働いて少しずつ返済しなければならなかった(ここから負債奴隷制の大きな社会的重要性が生まれてきた)。かくして、物々交換の起源は生活必需品を分有する制度であり、物々交換の目的は、すべての家長に対して、生活必需品を自給自足の水準に達するまで供給することであり、すべての家長が義務として、余剰を、たまたまその必需品に不足しているほかの家長のだれに対しても、求めに応じて、その不足分だけ、しかも、必ずその限度内で、渡すことが制度化されていたのである。そして、その交換は、相手の家長がたまたま供給分をもっていた基本物資によって、確定した比率(等価性)にもとづいてなされたのである。状況はこのように原始的であったが、それに対して可能なかぎり法律用語を適用するとすれば、家計支持者の義務は、物による取引によって果たされ、請求者の実際の必要に応じてその程度が限定され、貸借なしの等価比率にもとづいて遂行され、すべての基本物資を含んでいたのである。

アリストテレスは、『倫理学』のなかで、交換される財は等価であっても、当事者の一方、すなわち、取引を提案せざるをえなかった方が利益を得ることになることを強調した。しかし、長期的には、つぎの機会にもう一方が利益を受ける番になることもあるから、この方法は結果として相互分与になった。「国家の存在そのものが、このような比例的な互酬性の行為によっているのであって……それが行われなければ、分与などは生じえないが、われわれを互いに結びつけているのもその分与行為なのである。それゆえ、われわれは公の場所に美徳の女神の神殿を建立し、親切は受けたら返すことを人々の胸に銘じさせるのである。というのは、他人からの奉仕に返礼するだけでなく、つぎには自分から進んで奉仕をすることが義務であるからして、親切を返すことこそが美徳の際立った特徴となるからである」(72)。私はこの説明ほど互酬性の意味をよく示しているものはなかったと思う。これこそ正真正銘の互酬性と呼ぶことができるであろう。ここでは、交換は互酬性の行動の一部をなすものとして考えられており、互酬性の観念に付随する寛容や美徳とは正反対の性格を、物々交換に与えるようになった市場的な考え方とはまさに対蹠的である。

以上のような戦略的に重要な文章がなかったならば、最近二、三世代のあいだの考古学者たちの発掘した証拠記録が山のようにあっても、古代社会のこの枢要な制度を確認することさえできなかったかもしれないのである。東方学者はこれまで一貫して、異なる種類の財の単位間の数学的比率を表した数字を「価格」と翻訳してきた。というのは、市場を当然のこととして仮定したからである。これらの数字は、実は、市場とか市場価格とは無関係の等価物を表すものであったのであり、その固定性は本源的なもので、言葉そのものがここではわれわれの思うとおりにならないが、「設定《セッティング》」とか「固定《フィクシング》」とかの語句が意味するような、それに先立つ変動をある過程によって終結させたというようなものではないのである。

原文《テキスト》

私の解釈が従来の解釈と相違している点は数多いが、ここでそれらについてさらに詳述するつもりはない。しかし、原文そのものを手短に参照してみなければならないであろう。アリストテレスの議論の対象となったものについて、間違った見解が形成されてしまったのはやむをえないことであったといってもよいであろう。商業的な交易が議論の対象であると思われたが、それは彼の時代にやっと実行されはじめたばかりであったということが、今になって明らかになったのである。商業的な交易を発展させたのはハムラビ王のバビロニアではなくて、ギリシャと西アジアのギリシャ語圏であったが、しかし、それは千年以上ものちのことであった。したがって、アリストテレスには、発達した市場メカニズムのはたらきを述べたり、それが交易の倫理に及ぼす影響を論じたりできるはずがなかったのである。彼の基本的な用語のいくつか、なかんずく、「カペーリケー」、「メタドシス」、

「クレーマチスチケー」などがここでも誤訳されたわけである。ある場合には、誤りは微妙なものとなる。「カペーリケー」は、「商業的な交易」の技術と訳されるかわりに、小売り交易の技術と訳され、「クレーマチスチケー」は、供給の技術、つまり、生活必需品を物で調達する技術ではなくて、金もうけの技術と訳された。また別の例では、明白な歪曲がなされる。「メタドシス」は交換、物々交換の意味にとられたが、明らかにその逆の「分け与える」という意味なのであった。

順番に略述しよう。

「カペーリケー」とは、文法的には「カペーロス」の技術という意味である。(73) ヘロドトスが五世紀中葉に用いた「カペーロス」は、ある種の、とくに食糧の小売り商人や、料理店の主人や、食糧や調理ずみの食品の売り手というような広い意味であるとされていた。ヘロドトスは、また、鋳貨の発明と、リュディア人がカペーロスになった事実を結びつけた。さらに、ヘロドトスの物語るところによると、ダリウス帝はカペーロスとあだ名されたという。実際、彼の治下で軍の店が食糧の小売りを実行しはじめたかもしれないのである。「カペーロス」は最後には、「いんちき、詐欺、ごまかし」と同義語になった。その軽蔑的な意味は本来固有のものであったのである。

不幸なことに、これではまだ「カペーリケー」という語のアリストテレス的な意味はまったく不確定なままである。「イケー」という接尾辞は「——の技術」を意味するから、

「カペーリケー」というのは「カペーロス」の技術を意味することになる。実は、こんな言葉は使われていなかったのであって、辞書には（アリストテレスは別にして）一例が載せられているだけで、その例では、予想どおり、「小売りの技術」を意味している。では、アリストテレスが、小売り交易とか商業的な交易とかにけっして限定することのできない、重要度第一級の対象に対する見出しとしてこの言葉を導入するにいたったのは、どのような経緯によってなのであろうか。ほかでもない、まさにこの点こそまぎれもなく彼の議論の主題なのである。

その答えをみつけるのはむずかしいことではない。もうけのための交易に対する痛烈な攻撃の文章のなかで、アリストテレスは「カペーリケー」を皮肉な調子で用いていたのである。商業的な交易は呼び売りでもなかったし、小売り交易でもなかったことはいうまでもない。それが何であったにせよ、それは「エンポリア」の一形態ないし変形と呼ぶに値するものであった。この「エンポリア」とは海上交易の通常の名で、その他の大規模な交易や卸し交易の形をも含むものであった。アリストテレスは、種々さまざまの海上交易にとくに言及するときには、「エンポリア」の語を通常の意味で用いていた。ところが、彼は主題の理論的分析ではそれを用いず、かわりに新しい、しかも軽蔑的な内容を含んだ言葉を使用したのであった。それはなぜであったのか。

アリストテレスは造語を楽しんだ。彼のユーモアは、ひとたび用いられると、バーナード・ショー顔負けのものであった。「カペーロス」は喜劇舞台で確実にヒットする人物像であった。すでに、アリストファネスが『アカルナイの人々』[74]の主人公を「カペーロス」にしており、その姿でコロスから荘厳な讃歌を受けさせ、コロスに彼を時代の哲学者とたたえさせていた。アリストテレスは、にわか成金と、神秘化されていた彼らの富の源に対して、自分は感銘を受けないことを思い切った表現で伝えようとしたのである。商業的な交易はけっして神秘ではなかった。要するに、呼び売り商人を少しばかり大きくしたものにすぎないのであった。

アリストテレスは「クレーマチスチケー」[75]を、「金もうけ」という通常の意味にではなく、意図的に、生活必需品の供給という文字どおりの意味で使用した。ライスナー[76]はこれを「供給の技術」と正しく訳しており、アーネスト・バーカー[77]はその注釈書のなかで、「クレーマタ」[78]の本来の意味を想起し、それが貨幣ではなく、必需物資そのものであることに注意を喚起した。この解釈はドフールニ[79]によって支持され、また、M・I・フィンレー[80]の未公刊の講演でも支持された。富を自然物によって解釈する立場にたたなければ無意味になってしまう、自給自足《アウタルキー》の公準を堅持したアリストテレスにとっては、確かに、「クレーマタ」の非貨幣的な意味は論理的必然であったのである。

『政治学』と『倫理学』の三つの重要な文章に現れる「メタドシス」[81]を、「交換」と翻訳した典型的な誤りは、もっと根が深い[82]。「メタドシス」の場合、アリストテレスはこの言葉を通常の意味どおりに使っていたのに、勝手な解釈を翻訳者が持ちこんだのである。共同の饗宴、襲撃パーティー、その他の相互的扶助行為と互酬的実践行為によってなる古代社会においては、「メタドシス」という用語は特有の営為を内包する用語である。すなわち、それは「分け与えること」、とくにその機会が宗教祭儀、儀式の饗餐、その他公の共同作業である場合に、共同の食糧プールに対して「割当を渡すこと」を表徴した(83)。これが辞書のなかの「メタドシス」の意味である。この語源では、与え、献じ、分与する営みという一方向的な特性が強調されている。にもかかわらず、アリストテレスが交換は「メタドシス」から派生したことを強調している三つの文章の翻訳では、この語が「交換」あるいは「物々交換」と訳され、正反対の意味にされたのである。この訳し方はおもだった辞書でも是認され、しかも、「メタドシス、参照」の項にはあの重要な三つの文章が例外として記されたのである！　簡単な原文からなぜこのように乖離してしまったかは、後世の翻訳者に、この点についての原文の意味を汲めないような市場的偏見があり、その偏見がこのように表れたのだと考えて、はじめて理解できる。彼らにとっては、交換は人間自然の性向であって、説明の必要などまったくなかったのである。たとえ説明の必要があったとしても、交換が「分与すること」という「メタドシス」の一般に受け入れられていた意味に由来する、とは考えられもしなかったであろう。そこで、彼らは「メタドシス」を「交換」と訳してしまい、その結果、アリストテレスの論旨を空虚で陳腐な言い草に変えてしまったのである。この間違いのために、アリストテレスの経済思想の全体系がもっとも重要な点においてゆるがされることになった。アリストテレスは交換が「分与」から派生するという考え方で、経済一般に関する彼の理論と現実の経済問題とを論理的につなごうとしたのである。今まで述べたように、彼は、商業的な交易は不自然な形の交易であるとみなし、自然な交易は自給自足性を維持するためのみのものであるから、もうけのないものであるとした。これを裏付けるために、彼はつぎのようなその当時の状況に効果的に訴えることができた。すなわち、生活必需品について、自給自足性を維持するのに必要な一定限度の分量を、しかもその分量に限って、設定された等価比率によって現物交換するということが、まだいくつかの野蛮民族のあいだで広く行われていたのである。それは、機会に応じてある時は一方が利益を受け、つぎには相手が利益を受けるというやり方であった。かくして、食糧の共同プールに対する分与から交換が派生したという事実をくさびとして、共同体の自給自足性の公準と、自然な交易と不自然な交易の区別の二つを基礎とする経済理論が成立したのである。しかし、以上のすべてが市場的頭脳には奇異なものであったために、翻訳者たちは原文の意味を転倒させて、その場のがれをし、結局議論全体の手がかりを失ってしまったのである。アリストテレスのおそらくもっとも大胆な学説は、今日でも、考える人々をその驚くほどの独創性によって圧倒するにちがいない。しかし、そのような学説もこのようにして陳腐なものにされてしまったのである。アリストテレスは、そのように陳腐化された自説がたとえ何らかの意味をもっていたとしても、人間経済の基盤である究極の力に関するあまりにも浅薄な見解として、これを拒《しりぞ》けたであろう。

（1） “Aristotle Discovers the Economy” を原題とするこの論文は、Karl Polanyi, Conrad M. Arensberg, and Harry W. Pearson, eds., *Trade and Market in the Early Empires*, The Free Press, Glencoe, 1957 の六四―九四ページに原載された。George Dalton, ed., *Primitive, Archaic and Modern Economies : Essays of Karl Polanyi* には第五章として再録されている。翻訳にあたっては、ドールトンにしたがって、冒頭の五パラグラフを除いた。

（2） J. A. Schumpeter, *History of Economic Analysis*, New York, 1954（邦訳、シュムペーター、東畑精一訳『経済分析の歴史』全七冊、岩波書店、一九五五―一九六〇年）はつぎのようにいっている。「アリストテレスの業績は……端正で、陳腐で、いささか平凡で、且つまたある程度勿体ぶった常識にほかならない」（五七ページ。邦訳、第一分冊、一〇九―一一〇ページ）。シュムペーターは、アリストテレスが「現実の市場機構の分析」を行ったと信じて疑わなかった。そして「事実の問題として、アリストテレスがこれを試みようとして失敗したのを示す若干の章句がないとはいえない」（六〇ページ。邦訳、第一分冊、一一八―一一九ページ）と評した。アリストテレスの経済学のメリットについては、最近の詳細な研究もシュムペーターに劣らず否定的である。C. J. Soudek, "Aristotle's Theory of Exchange," *Proceedings of American Philosophical Society*, V. 96, NR. 1 (1952) をみよ。唯一の例外は Joseph J. Spengler の論文 "Aristotle on Economic Imputation and Related Matters," *Southern Economics Journal*, XXI (April, 1955) である。その脚注五九（三八六ページ）に「アリストテレスは価格が市場でどのように形成されるかに関心をもっていたのではない」とある――原注。

(3) Karl Polanyi, *The Great Transformation*, New York, 1944, p. 64 をみよ――原注。

(4) 本訳書第二章、注14を参照。

(5) 本訳書第二章、注3を参照。

(6) 本訳書第二章、注15を参照。

(7) Ferdinand Tönnies, *Gemeinschaft und Gesellschaft : Begriffe der reine Soziologie*, 8 Aufl., 1887（邦訳、鈴木晃訳『共同社会と利益社会』二巻、春秋社、一九三三―一九三五年、杉之原寿一訳『ゲマインシャフトとゲゼルシャフト』理想社、一九五四年、改訂版、二冊、岩波文庫、一九五七年）。

(8) トマス・カーライル（一七九五―一八八一年）は『過去と現在』の第三巻第九章で「現金払いだけが人と人との唯一の結び目《ネクサス》ではない」といっている。

(9) Paul Robert, *Dictionnaire alphabétique et analogique de la langue Française* (1955) によれば、フランスで最初に "économiste" という名詞を "économie" からつくったのは神父ニコラス・ボドー（一七三〇―一七九二年）で、一七六七年のことであった。ボドーは最初は僧院の神学教授であったが、一七六五年ごろからは、ケネー学派に反対する自由重商主義の経済学者として活躍をはじめ、その後転向して重農学派となった。主著は *Première introduction à la philosophie économique,* 1771.

(10)「動き」(movement)と「経済過程」(economic process)との関係についてのポランニーの考え方は、本訳書第十章の論文に詳しく説明されている。

(11) Margaret Mead(一九〇一―一九七八年)現代アメリカの女流人類学者。サモア、ニューギニア、バリなどの島で原始民族の文化人類学的研究を行った。主著に *Coming of Age in Samoa,* 1928; *Growing Up in New Guinea,* 1930; *Male and Female,* 1949(邦訳、田中寿美子、加藤秀俊訳『男性と女性』上、下、創元新社、一九六一年)など。

(12) アラペシュ(Arapesh)族は北東ニューギニアの海岸からセピク川の分水嶺までの、沿岸地帯と山岳地帯に住む。ここに扱われている平地に住むアラペシュ族は豊かな食糧に恵まれて、まったく緊張をしらない生活を送る。政治的単位は存在せず、いくつかの村を集めた地域に分かれるだけである。一つの父系に属する部落が狩猟と耕作の単位である。

(13) 東南アジアからメラネシア諸島の、主に沼沢地に群生するヤシ科サゴヤシ属の植物の総称。開花直前の茎に多量の澱粉を貯蔵するので、住民はこれを切り倒して、なかの繊維を打ちほぐし、水を注いで精製したものを主食としている。

(14) Margaret Mead, *Cooperation and Competition among Primitive Peoples,* New York and London, 1937, p. 31 ――原注。

(15) ニューギニアの近くの群島。文化人類学の方面では、マリノフスキーが二年間の実地調査にもとづいて、原始社会文化の機能主義的な研究に新生面を開くことになった舞台として知られる。

(16) Bronislaw Malinowski, *Argonauts of the Western Pacific: An Account of Native Enterprise and Adventure in the Archipelagoes of Melanesian New Guinea*, George Routledge & Sons, Ltd., London, 1922（邦訳、マリノフスキー、寺田和夫、増田義郎訳『西太平洋の遠洋航海者』、泉靖一編『世界の名著59マリノフスキー・レヴィ＝ストロース』中央公論社、一九六七年、五五―三四二ページ。ただし、これは全訳ではない）、第六章。

(17) この部分は注16の邦訳では省略されているので、原書にしたがって、仮訳を試みると、「贈与、支払い、取引」の節にまとめられている七つの項目とは、(1) 純粋の贈与、(2) 慣習的な支払い（不規則に再支払いがなされ、しかも厳密な等価性によらない）、(3) 与えられたサービスに対する支払い、(4) 経済的に等量な形で返礼される贈与、(5) 特権、称号、非物質的所有物と交換される物質的な財の交換、(6) 支払いが延期される儀礼的な物々交換、(7) 単純にして純粋な取引、である。それらの外枠となる八つの社会的関係とは、たとえば、夫と妻の関係、姻籍関係などで、贈与、支払い、取引の項目と社会的関係とのあいだの相関の一例をあげれば、第一の純粋の贈与はことに夫婦関係と親子関係とに強く結びつく、というようなものである（Malinowski, *op. cit.*, pp. 177-191）。

(18) "gimwali" とは、「取引」を意味するトロブリアンド諸島の言葉。

(19) "wasi" は、トロブリアンド諸島における魚と野菜類の儀礼的交換（注17にあげた七つのタイプのうちの六番目のもの）である。内陸の野菜を主要作物とする部落と水辺の漁民部落の各戸のあいだにはパートナーの関係が定まっており、一方が野菜を相手の家に運ぶと、相手はそれを必ず受け取り、定められた等量分の魚を返さなければならない。

(20) アラファ（Arrapha）はティグリス河上流左岸、東経四四度三五分、北緯三五度にあるキルクーク（Kirkūk）の古名。紀元前十四―十三世紀のこの地方にはスバラエアン人が住み、シュメールと古バビロニア文化の要素を含む固有の文化をもっていたが、アッシリアに征服されてからは、セム系の言語と法慣習を採用した。発掘されたキルクーク・タブレットから当時の法慣習、商習慣が判明した（Sidney Smith, *Early History of Assyria*, London, 1928 を参照）。なお、ヌジ（Nuzi）は未詳。

(21)『創世記』二十三章には、アブラハムがマクペラの洞穴を墓地として買い取る時、ヘブロンの地は「ヘトの子孫」すなわちハッティ人（あるいはヒッタイト人）の所有であったと記されている（Jack Finegan, *Light from the Ancient Past: The Archeological Background of Judaism and Christianity*, Princeton, 1951, 1952, 邦訳、ジャック・フィネガン、三笠宮崇仁、赤司道雄、中沢洽樹訳『古代文化の光――ユダヤとクリスト教の考古学的背景――』増補版、岩波書店、一九六一年、一五七ページ参照）。

(22) *prasis epi lysei* は「評価によって価格を決める」（to fix a price by valuation）の意で、アテネの法律用語としては「所有物を評価にしたがって抵当とする」（to mortgage a property according to valuation）ことを表した。

(23) アッティカはギリシャ半島南端の三角部分の地名。アテネはその首都である。ホロスとは同地方における土地の抵当標のことで、有名なソロンの改革の一つは、この抵当標を取り去って、債務を棒引きにさせたものである。

(24) みずからの詩のなかで語るところによれば、詩人ヘシオドスの父はアイオリスのキュメの商人であったが、のちボイオティアのヘリコン山麓に移住して農業を営み、ヘシオドスと弟ペルセスをもうけた。ヘシオドスはその主要作品『仕事と日々』で、心を正しく額に汗して働けと放縦な弟を訓した。

(25) *ἀγαθά* (agatha), E. goodness. 以下、ギリシャ語単語の英訳はすべて Liddell and Scott, *Greek-English Lexicon*, Oxford による。

(26) *χρήματα* (chrēmata), E. goods ; money.

(27) *κοινωνία* (koinōnia), E. association, partnership, joint-ownership.

(28) *φιλία* (philia), E. love, friendship.「愛」と訳す方がギリシャ語の原語には近いが、ここでは、ポランニーの英訳 "good will" にしたがって「善意」と訳す。

(29) *οἶκος* (oikos), E. house.

(30) アリストテレス『ニコマコス倫理学』一一三二ページ右欄、二一、三五行 (邦訳、高田三郎訳『ニコマコス倫理学』岩波文庫、一九七一―七三年、上、一八五―一八六ページ) ——原注。*αντιπεπονθός* (antipeponthos), E. reciprocal proportion. 右の邦訳では、この語は「応報」と訳されている。なお、アリストテレスの原文の引用個所を示す数字は、Immanuel Bekker の校訂本のページ、行を示す。

(31) αὐτάρκεια (autarkeia), E. self-sufficiency.

(32) 本章注81を参照。

(33) 「ソロンの詩」とは、「富の如何なる限界も判然たるものが人間に対して定められてあることなし」(Bergk, Poetae, Lyrici Graeci 4, Solon, 13, 71) をさす。これに対して、アリストテレスは「けれども他の術の場合のように富にも限界は定められているのである」という（山本光雄訳『政治学』岩波文庫、一九六一年、五〇―五一ページ）。

(34) 『政治学』第一巻の第三章から第十三章（邦訳、三七―六六ページ）がそれに相当する。

(35) 「メティック」(metic) 語源は μέτοικος（メトイコス）という古代ギリシャ語。古代ギリシャの都市に住む外国人居住者で、ある程度の市民権を与えられていた。

(36) 本章注73を参照。

(37) ἀπ'ἀλλάσσω (ap'allēlōn), E. set free, remove from.

(38) ἀγορά (agora), E. market-place, plade of assembly.

(39) 「オボル」(obol) 古代ギリシャの銀貨（のちに銅貨）。一ドラクマの六分の一の値であった。ギリシャ語で ὀβολός.

(40) 紀元前七一六年から五四六年まで小アジアに存在したリュディア王国の首都。中心にはメレス王が建立したと伝えられる城が三重の城壁に囲まれて存在していた。サルディスがペルシャ帝国を興したキュロス王の奇襲攻撃に陥落するさまは、ヘロドトスによって語られている（ヘロドトス『歴史』第一巻第八一―八四節、松平千秋訳、岩波文庫、上巻六六―六九ページ)。
(41) ヘロドトス『歴史』第五巻。
(42) フリギア王ミダスの欲張った祈りのために、彼が手をふれると食物までがすべて金になってしまったが、ディオニソスの命によって、パクトロスの水源で水浴したところが助かった、という伝説。この時からパクトロス川には豊かな砂金が残された、とこの伝説にはいう。
(43) トモロス山に発し、サルディスを経て、ヘルムス河に注ぐ小川。その金の砂は有名で、注42にあるようなミダスの伝説になり、リュディアの富の源泉にもなった、この小川の両岸にサルディスの町が広がって建設されていた(ヘロドトス『歴史』第五巻第一〇一節を参照)。
(44) 小アジアの有名な都市。今日のブドルム。ペルシャのリグダミスが独裁者として君臨し、その娘アルテミシアはクセルクセスのギリシャ遠征(紀元前四八〇年)を助けた。紀元前三五二年、アルテミシア二世が夫マウソルスのために建立したおたまや(モウソリウム)は古代世界七不思議の一つとして有名で、沢山のギリシャ彫刻に飾られている。
(45) 紀元前六一七年に王位についたリュディアの王。巨石群の上に土もりをした彼の墓は、今日もサルディスの北に残っている。
(46) ギュゲスは紀元前六八〇年頃にリュディアの王位を襲って、メルムナス家の王朝を創った。三十八年間の在位中、デルポイの神託所に献げた献げものはヘロドトスによって伝えられ(『歴史』第一巻、第一四節)、よく知られている。
(47) サルディスの金と銀の合金が「エレクトロン」と呼ばれる最初の例はソフォクレスの『アン

ティゴネー』にある。ヘロドトスはサルディスからの「白い金」をクロイソスのデルポイへの献げものとして語っている（『歴史』第一巻、第五〇節）。

(48) クロイソス（紀元前五九〇年頃に出生）はメルムナス王朝最後の王（第五代、五六〇―五四六年）。クロイソスは、彼を殺害しようとする陰謀を覆した料理人のために、デルポイにこの料理人の金の像を献げるなど、多くの献げものをした。ソロンはその宮廷に招かれて、クロイソスの富を批判し、不興を買ったという（ヘロドトス『歴史』第一巻、第三〇―三三節）。紀元前五四六年、ペルシャのキュロス王によって滅ぼされた。

(49) サロニカ湾内の島。石の多い土地で生産に適さないため、島の住人は早くから海上商業に進出、商業のために最初に貨幣を鋳造したのも彼らではないかといわれている。海上貿易上、アテネの好敵手であった。

(50) ビダ（Bida）はニジェール河の中流左岸、北緯九度六分、東経五度九分にある都市。ヌペ（Nupe）はナイジェリアの王国の一つ。

(51) 小アジア西岸及びその近海の諸島を含む地方。ミレトス、エペソス、スミュルナなどのギリシャ人の植民都市があった。

(52) クセノフォン（紀元前四三〇年頃―三五四年頃）はソクラテスの弟子であったが、紀元前四〇一年にサルディスにゆき、傭兵としてキュロスの兄でペルシャ王のアルタクセルクセスに対する謀叛の軍に加わった。キュロスの戦死後、退路をたたれた一万人のギリシャ軍を指揮した。彼の作品『アナバシス』はこの遠征と撤退の物語である。

(53) アゲシラオスはスパルタの王（在位紀元前三九八―三六〇年）。紀元前三九六年から三九四年にかけて小アジアへの遠征に成功したが、スパルタをアテネ、テーベ、コリント、アルゴスの連合軍の攻撃から守るために帰国した。三七一年のレウクトラの戦いでテーベに敗れ、三六一年にエジプトに逃れる途中で死んだ。

(54) クセノフォン『キュロペディア』第六巻、第二章、第三八節以下――原注。

クセノフォンの長大作『キュロペディア』は八巻の歴史物語で、キュロス王の治政の歴史を物語るが、クセノフォンはそこで、理想の王政国家を描きだして、プラトンの共和政治を批判しようとしたともいわれる。

(55) ティモテウスは紀元前三七八年から三五四年までのあいだ、歴史にしばしば登場したアテネの将軍。

(56) オリュントスはカルキディケー半島にあった古代都市。紀元前三七九年から三七五年までスパルタの支配下にあったほかは、独立のギリシャ都市であった。マケドニアのフィリッポス二世に攻められ、デモステネスのアテネの救援にもかかわらず、三四八年に滅ぼされ、全住民が奴隷として売られた。

(57) アリストテレス『オイコノミア』第二巻、第二章、第二三節右欄――原注。

(58) *κέρδος* (kerdos), E. gain, profit.

(59) *ἔμπορος* (emporos), E. merchant, trader (mostly on ship aboard). この語から抽象名詞 *ἐμπορία* (emporia), E. commerce, mostly by sea. 山本訳『政治学』はこれを「海外貿易」と

訳している（五六ページ）。

(60) エーゲ海の島。ギリシャと小アジアの中継点であるために、とくにコリントの滅亡以後、多数の貿易商人がここを利用するようになった。

(61) 「イクイヴァレンシー」(equivalency)、「イクイヴァレント」(equivalent) はポランニーの原始社会経済学の中心概念であるが、翻訳の困難な用語である。シュムペーター『経済分析の歴史』の東畑精一訳（本章注2）では、これを「等量性」と訳している。文化人類学では「対価（性）」という訳語を、等価性の具体的な発現形態を示すものとして用いることもあるようである。本訳書では「等価性《イクイヴァレンシー》」と「等価物《イクイヴァレント》」を用いることとした。

(62) アリストテレス『政治学』一二五七ページ左欄、第二四行（邦訳、五二ページ）——原注。

(63) 同右、一二五七ページ左欄、第一九行（邦訳、同右）——原注。

(64) 同右、一二五七ページ左欄、第二五行（邦訳、同右）——原注。

(65) アリストテレス『ニコマコス倫理学』一一三三ページ右欄、第一六行、第八行（邦訳、上巻一八八―一八九ページ）——原注。

(66) 同右、一一三三ページ右欄、第二九行（邦訳、同右、一九〇ページ）——原注。

(67) 同右、一一三三ページ左欄、第八行（邦訳、同右、一八六―一八七ページ）——原注。

(68) 同右、一一三三ページ左欄、第一〇行（邦訳、同右、一八七ページ）——原注。この個所のアリストテレスの原文はつぎのとおり。

比例的な対応給付《アンティドシス》が行なわれるのは対角線的な組み合わせによる。Aは大工、Bは靴工、Cは家屋、Dは靴。この場合、大工は靴工から靴工の所産を獲得し、それに対する報償として自分は靴工に自分の所産を給付しなくてはならない。それゆえ、まず両者の所産の間に比例に即しての均等が与えられ、その上で取引の応報（アンティペポントス）が行なわれることによって、いうところの事態は初めて実現されるであろう。もしそうでないならば、取引は均等的でなく、維持されもしない。（前掲邦訳、上巻、一八六―一八七ページ）

(69) 同右、一一三三ページ右欄、第一五行（邦訳、同右、一八九ページ）――原注。

(70) *ἀλλαγή* (allagē), E. exchange.

(71) アリストテレス『政治学』一二五七ページ左欄、第二四―三一行（邦訳、五二ページ）――原注。

この部分の翻訳は、アリストテレスの原典による邦訳を参照はしたが、ポランニーの英訳の方を尊重して、それを訳した。

(72) アリストテレス『ニコマコス倫理学』一一三三ページ左欄、第三―六行（邦訳、上巻一八六ページ）――原注。

この個所の翻訳も前注に記したのと同じ原則で行った。なお、ここでポランニーが「分与《シエアリング》」と訳しているのは「相互給付《アンティドシス》」で、「美徳《グレース》」と訳しているのは「好誼《カリス》」である（ギリシャ語の訳はいずれも前掲邦訳から）。

(73) *κάπηλος* (kapēlos), E. retail-dealer, huckster; *καπηλική* (kapēlikē), E. the art of *κάπηλος*. 山本訳『政治学』はこれを「商人」「商人術」と訳している（五二―五三ページ）。ア

リストテレスはその個所でつぎのようにのべている。

さて貨幣が案出されると、やがて必要やむを得ざる交換から別種の取財術《クレーマチスチケー》が生じて来た、すなわち商人的なものがそれである。初め、それが生じたときはおそらく簡単なものであったろうが、しかし後に人が経験によって何処から、また如何なる交換によって最大の利益をあげ得るかということを知るに至るや、さらに一層技術的なものになった。ここからして取財術は主として金に関係するものであり、そしてその術の機能《はたらき》は何処からたくさんの財産《クレーマタ》が得られるかを見てとることのできることだと思われている、何故ならそれは富や財を作るものだからである。そうして実際、或る人々は富をしばしば貨幣の総量だとなしている、それは取財術や商人術が貨幣に関係しているためなのである。(同上訳書、五三ページ)

(74) アリストファネス、紀元前四二五年の戯曲。アテネの北にあったアッティカの市区の一つアカルナイに名をとったもの。

(75) χρηματιστική (chrēmatistikē), E. the art of money-making. 山本訳『政治学』はこれを「取財術」と訳し(たとえば五一―五六ページ)、高田訳『ニコマコス倫理学』は「蓄財」「金儲け」と訳している(上巻九五ページ、下巻五五ページ)。なお、「取財術」の三つの異なる意味については、山本訳『政治学』第一巻、第八章への訳注3(三八七ページ)を参照。

(76) Max L. Laistner には *Greek Economics*, 1923, *Christianity and Pagan Culture in the Later Roman Empire*, 1967 などの著書がある。

(77) Sir Ernest Barker(一八七四―一九六〇年) 現代イギリスの政治哲学者。ロンドン大学キングズ・カレッジ学長、ケンブリッジ大学政治学教授などになった。主著の一つに *Greek Political Theory*, 1918 がある。

(78) *χρήματα* (chrēmata) これを山本訳『政治学』は「財産」と訳し（本章注73）、高田訳『ニコマコス倫理学』は「財貨」と訳す。しかしその単数形 *χρῆμα* (chrēma) には「必要」(need) の意味がある (Liddell and Scott, *Greek-English Lexicon*, Oxford)。

(79) Defourny については未詳。

(80) M. I. Finley ケンブリッジ大学ジーザス・カレッジの古代経済史学者。*Slavery in Classical Antiquity*：*Views and Controversies*, 1960 を編纂したほかに、*Ancient Greeks*：*An Introduction to Their Life and Thought*, 1963, *The Ancient Economy*, 1973 など多くの著書がある。

(81) *μετάδοσις* (metadosis), E. giving a share, imparting ; exchange. これを山本訳『政治学』は「物々交換」「物品交換」と訳し（五二ページ、一四四ページ）、高田訳『ニコマコス倫理学』は「相互給付」と訳す（上巻一八六ページ。この個所のポランニー訳は本章三〇八ページにある）。

(82) アリストテレス『オイコノミア』第二章、一三五三ページ左欄、第二四―二八行――原注。

(83) 『ニコマコス倫理学』一一三三ページ左欄、第二行（邦訳、上巻一八六ページ）、『政治学』一二五七ページ左欄、第二四行、一二八〇ページ右欄、第二〇行（邦訳、五二ページ、一四四ページ）――原注。

第九章　西アフリカの奴隷貿易における取り合わせと「貿易オンス」(1)

一　アフリカの貿易とヨーロッパの貿易

ギニア海岸(2)では、古代から、アフリカ人とヨーロッパ人のあいだに貿易が行われてきたが、その記録はさまざまな問題を提起する。経済史家はそれらの問題の実際的な解決につねに頭を悩ませてきた。ヘロドトスが伝える、カルタゴ人の財貨と砂金の沈黙裡の「物々《バー》交換《ター》」(3)の不適切さは、十八世紀の奴隷貿易の時代になって、はじめて完全に解決された。セネガンビアでも、また、ウィンドウォード海岸でさえも、王立アフリカ会社(4)は依然として有効な損益勘定なしで業務を行わなければならなかった。このことは、今ではわれわれも知っている。定期的な奴隷貿易の開始とともに、ヨーロッパ人は、商取引上の二つの新工夫を取り入れる必要に迫られた。それは「取り合わせ」と「貿易オンス」であるが、その両方とも、ヨーロッパ人とアフリカ人の根本的に相違する交易方法を調整することが必要不可欠であったことから発生した。そして、その調整は相互調節のケースではなかった。というのは、調整を行ったのは二つの体系のうちの一方、ヨーロッパ側だけであったからである。

その本質において、ヨーロッパとアフリカの交易ほど相違しているものはなかったであろう。アフリカの交易は特定の基本物資《ステープル》を遠方から獲得する輸入を目的とした活動であり、一対一とか、あるいはカ・ダ・モスト(5)の言葉(一四五五年)にあるように、「時には二対一」というような、単位と単位の単純な比率で、輸入品を国内の基本物資と物々交換するという方法であった。これと対照的に、ヨーロッパの交易はさまざまな製品を海外へ輸出する活動であって、その目ざすところは最高の価格であり、貨幣的な利得であった。財貨と人員だけでなく、動機も異なっていたのである。アフリカの財貨は標準化された基本物資であり、取引自体からは収入を獲得しない、身分にもとづく交易人によって「現物で」交換された。運搬、見張り、交渉は、隊商《キャラバン》という特定の制度にまかされた。隊商は、彼らのきまった集結地である定期市を時々訪れながら、内陸を転々と旅し、商売は、隊商の担当者と各地のアフリカ人政府当局の担当者とによって行われた。

この種の交易法を「管理交易《アドミニスタード・トレード》」(6)の一形態とするならば、これに対応するヨーロッパ側のきわめて異なった交易法は、「市場交易《マーケット・トレード》」と呼ぶことができるであろう。それは価格差にもとづいて貨幣的な利潤を得ることをめざすものである。この利潤性向からでてくるのが、損益勘定を確実にするための貨幣化の、また、多様な輸出品を単一の通貨によって評価することの、絶対的な必要性である。

そこで、アフリカ人によって行われていた伝統的な国際交易は、三つの密接に関連し合う特性をもっていたことになる。まず、その動機は遠方からの基本物資獲得の必要性であった。これは二方向の運搬を含み、必ずしも貨幣の媒介を必要としなかった。基本物資を交易する比率《レート》は固定的な等価によって決められ、弾力的な調整の余地はなかった。緊急の場合には、その比率の単純倍数、たとえば三対一とか二・五対一が使われた。この伝統的なアフリカの交易には、おおまかにいって、二つの場合があった。一つはヨーロッパ人との海岸貿易、もう一つはスーダンのサハラ横断隊商路である。

以上のアフリカの交易の要件は、実際上相互に結びついていた。非常に長い距離を越える運搬のため、輸送に対する補償と財貨に対する支払いが必要とされた。そのような事情のもとで交易を存続させるためには、調整の負担はヨーロッパ人が負わなければならなかった。ヨーロッパ人が固定的な等価での物々交換というアフリカ人の要求に応じることは可能であったし、また、実際にある点まではそうしたのであった。にもかかわらず、ヨーロッパ人は損益勘定なしですませることはできなかった。また、これを利得なしの物々交換というアフリカの交易体系に当てはめることもできなかった。アフリカ人の交易にとっては、等価という交換の原理は基本的なものであったからである。

K・G・デイヴィースが要領よくまとめているように、ギニアの貿易が遂行される諸条件は、アフリカ人のやり方と必要性に支配されていた。実際、ヨーロッパ人の貿易は、基本物資の交易と、基本物資を慣習的な標準として使用するというアフリカ人側のパターンにしたがっていただけでなく、アフリカとヨーロッパの標準が連関されなければならない場合には、いつもアフリカの標準が使われるのが通例であった。たとえばセネガルでは、ヨーロッパの財は獣皮ではかられ、奴隷――アフリカの交易品の一つ――は鉄棒ではかられた。だが、これら二つの、ヨーロッパの標準とアフリカの標準のあいだには、鉄棒一本は八枚の獣皮に等しいという比率が存在していた。つまり、アフリカの財が共通の標準とされた。

イギリスは「金建て」であった。金に換算した費用がすでにわかっている交易品によって金を買う場合には、その取引の収支は明らかなはずであった。したがって、金の交易によって、会計勘定が発達するのは当然の帰結であったと考えられるであろう。ところが、デイヴィースは明らかに黄金海岸をセネガンビアと列記して、「両地域に残存している台帳にみられる損益記録は不完全であり、おそらく誤解を招くものである」[7]と主張している。

管理貿易港ウィダ[8]における最高潮期の奴隷貿易だけが貨幣化への突破口となった。会計勘定が導入され、それとともに、輸出製品の種類が豊富になっただけでなく、ビルト・インされた利幅《プロフィット・マージン》が生じたのである。これがどのように実現されたかというと、取り合わせ《ソーティング》と呼ばれる交易品の組み合わせと、貿易オンス《オンス・トレード》という疑似的な貨幣単位の導入によってであった。

二 取り合わせ

奴隷は分割することができず、奴隷と物々交換される物品の一つ一つに比べて相対的に高価であった。この厳然たる事実にもかかわらず、奴隷の売却と運搬は、塩、油、貴金属、鉄、銅、ラシャなどの、その他の交易品と同じ方法で行われた。これらは、すべて基本物資という同一の動機と、現物交換という同一の方法によって扱われた。さまざまな商品がさまざまに取り合わされ、一緒に提供され、やがてそれらが奴隷一人と等価というようにされた。したがって、一つの貨幣的な会計勘定が導入されるためには、一対一の単位による交易というアフリカのパターンに適合する一方で、しかも、厳密な基本物資交換の限界を克服するような支払い方法が必要であったのである。

そこで、ヨーロッパ人は、人工的な交易単位を発達させた。それは、種々さまざまな交易品を加え合わせて奴隷一人と等価にすることによって、会計的な方法を多様な交易品に及ぼすことを可能にしたのである。この交易単位は取り合わせ、すなわち合計で金何オンスかになる一束の交易品であった。われわれの知るかぎりでは、これが最初に出現したのは、沖合の船中で行われた一人単位の奴隷の購入であった。その際扱われる奴隷の数は一人が普通で、時に二人、多くても三人であった。しかし、取り合わせが本当に重要になったのは、のちの大規模な奴隷貿易においてであった。

この取り合わせには、歴史的、地理的に二つの別個の制度が融合していた。バー海岸(あるいはウィンドウォード海岸)の交易は地方的な単位、すなわち鉄棒《バー》を生み出し、黄金海岸での金の交易は、これに、金重量の単位、すなわちオンス(四八〇グレイン)という単位を加えた。おのおのの取り合わせは何オンスかの合計値をもち、それはアッキー(ackies)、すなわち一「金オンス」の十六分の一という単位で表された。一方、その取り合わせの構成は、国内の価格の変動に応じて変わった。ある基本物資の何個が一本の鉄棒と等価になるかは、産品の種類と海岸の地域によって異なった。これは、さらにそれ以上に王立アフリカ会社本社の政策決定に左右された。鉄棒は金重量の体系に加えられてはいなかったので、この事実によって、取り合わせは交易単位として柔軟に取り扱うことができたのである。

取り合わせによる交易には特異性があった。取り合わせは、奴隷を輸出する「手」の必要と好みに合うように、注意深く選ばれた。ヨーロッパ商人が無視することのできなかったのはアフリカ人の守旧性という特徴であった。悪い取り合わせは値を低くしても売れなかった。とはいえ、王立アフリカ会社より二五％から三〇％も割り引いた、もぐり商人による安売りが、アフリカ人をひきつけなかったというわけではない。しかし、ほんの少しの価格の引き下げくらいでは注目されなかった。バルボは[9]、ヨーロッパ商人同士のあいだでは価格競争はなかったといい、また、子安貝をどの割合で、ほかの財をどの割合で含めるかという支払い方法がアフリカ人と外国人のあいだでの唯一の論争点であったとしている。一世紀以上ものあいだ、何代もの王の統治下で、いくつかのヨーロッパの国が加わり、幾百もの奴隷の船荷が発送されたけれども、「交易率」から問題が発生したことは記録には一度もない。価格は「伝統的」なものであり、変えることのできないものとして受容されていた。王はそれを取り決めるのでなく、確認するだけであった。フランス総督グール[10]は、鉄棒、サンゴ、インド絹を除き、価格はまったく変わらないと述べた。いうまでもなく、鉄棒は一つの標準であり、後二者はその品質に左右されていた。価格の変動が抑えられるのは、主に、前回の船荷のレートが有効であるという規則によってであった。実際のレートの記録と、とくに、取り合わせのなかへの新しい財貨の編入には、なんらかの手筈が取られたと、当然、推測される。後者の場合には、普通一カ月の遅れがひき起こされたことは、われわれも知っている。取り合わせのなかの品目の「レート」が内密の取引《バーゲン》に左右されたかどうか、左右されたとすればどの程度か、などについては定かでない。長々とした交渉について語るアンゴラやカラバル[11]の二、三の例はかなり漠然としたものである。

このように、取り合わせとは、「奴隷」という不可分の交易品に、一対一の単位で交易するという原則を適用するためのしくみであった。ある奴隷に欠陥があって、買い手に対する弁償が必要な場合、実物取引の原則を維持する操作的なしくみが取り入れられ、それによって取り合わせの制度は弱体化するどころか、再強化された。イゼールによれば、ニグロの男女の身長はそれぞれ四フィート四インチと四フィートであった。「この寸法より低い場合、その差は一インチにつき八リスダラーと計算された。歯が一本欠けている場合は二リスダラー、目、指、あるいはほかの手足がないような、より大きな欠陥の場合には、差額はもっと多かった(12)」。しかし、その差額の補償はどのように支払われたのであろうか。取り合わせはそのままでなければならないのである。そこで、買い手の支払いが減らされることはなく、売り手の方が奴隷の買い手に補償しなければならないのであった。もし取り合わせを減らすことになったならば、ヨーロッパ商人がどの品目を取り合わせから除くかを決められることになり、彼らが取り合わせを再編成することができることになったであろう。これは現物交易という原則を侵害する結果になり、また、操作のしくみとしての取り合わせを妨害することになったであろう。

もう一つのしくみは自明のしくみである。ジェイムズ・バーボット・ジュニアーは年齢集団を列挙し、それを評価する際、「十五歳から二十五歳までの黒人」を標準年齢とすることから出発している。彼はつづけて「八歳から十五歳と、二十五歳から三十五歳までは三人が二人に相当し、八歳以下と、三十五歳から四十五歳までは二人が一人に相当する……[13]」と述べている。標準年齢以下、あるいは以上の年齢という欠陥は、ここでは、一つの計算のしくみを操作することによってならされたのである。それによって、取り合わせを変えることなく、買い手に補償することができたのである。

取り合わせによる奴隷貿易は、現物による一対一の物々交換というアフリカ式の原則にしたがっていたが、交易人には、新しい産物を導入し、自分にもっとも有利な交易品を提供することによって、商才を生かし、調整する余地があった。ある土地で一本の鉄棒と等価と定められている財の量は、現物で恒常的に固定されていたが、その時本国で一番安い財貨のなかからそれを選ぶのはヨーロッパの交易人の特権であった。

ここまで述べても、まだ、ヨーロッパ側の貿易の組織化に関して重要な論点が残っている。取り合わせは貿易取引に貨幣的な利得の様相を導入しはしたが、しかし、ビルト・インされた利潤という要素はそれ自身には含まれていなかったのである。

三 「貿易オンス」とフランス「オンス」

貨幣化の萌芽はアフリカ人による交易用基本物資の使用法にみてとれる、としてもよいかもしれない。それらの基本物資は一つの標準として使われていたのである。これは、王立アフリカ会社がセネガンビアとバー海岸で基本的にしたがっていた慣行であった。その顕著な例は、会社の輸出品としての鉄棒の使用である。しかし、鉄棒のこのような下位貨幣的な用法は、ヨーロッパ人に利幅を保証してはくれなかった。ボスマンによれば[14]、会社の貿易の最初の十年間に、すでに百五十以上のヨーロッパの財がさまざまな計量単位で交易されていたという——ブランデーと火薬は体積で、鉄棒と鉄砲は個数で、ラシャは長さで、子安貝は数・重さ・体積で交易されていた、などである。現物で行われる交易において、ヨーロッパ人は財政的な損失につながるような取引をどのようにすれば避けることができたのであろうか。より正確にいうならば、利潤を確保するためには貿易はいかに設計されるべきであり、また、その利潤は実際どのように実現されるべきであったのか。これは結局、奴隷貿易において取り合わせを貿易オンスという貨幣的な新機軸に結合させることによってなされたのである。

会社の輸出品のなかで、はじめにみかけだけの成功をおさめたのは、鉄棒であったが、この成功は主として需要サイド、つまり、鉄の使用に対するアフリカ人の文化的な性癖によって促進されたのである。しかし、鉄棒の価値は、海岸のいくつかの地域によって異なっただけでなく、金に対しても変動していた。奴隷ラッシュ以前、地方的には、鉄棒の値段の切り上げが黄金海岸での損失を防ぐための常識的な予防手段であった。一六九四年に、トマス・フィリップス船長は、ロンドンで鉄棒を三シリング六ペンスで買い、黄金海岸のバッサムで金とひきかえに七シリング六ペンスで売った[15]。これは、初期の黄金貿易に対する一〇〇％強の切り上げであり、将来を予言するような現象となった。これによって、貿易オンス（およびフランス・オンス）の存立根拠になっていく「平均一〇〇％」という切り上げ幅がきめられたのである。この会計単位が広がるにしたがって、ヨーロッパ人は、原則的には無制限に多様な輸出品を使う機会と、ビルト・インされた利幅を与えられることになった。貿易オンスのしくみは、ヨーロッパ人が奴隷の値段としてアフリカ人に対して負う金のオンスを必ず現物で支払うという点と、しかし、その際、ヨーロッパ人の方の財貨の価値を貿易オンスで見積もる、すなわち平均一〇〇％の切り上げをして見積もるという点にほかならなかった。

貿易オンスについての歴史記述が明瞭でないのは、通商に関するデータ・ソースが不備のためである。それらの資料がその当時の人々の目から隠されていた理由は理解できる。目撃者たちは、奴隷貿易から国家経済にあがってくるべき豊富な利潤を低く見積もっていたとみられることを望まなかったし、同時に一方では、イギリスの奴隷商人たちは——少なくとも推測では——時に過大な価格を払わされており、そのかぎりにおいて、議会筋から同情されてしかるべきだとも主張していたのである。ボスマンが出版された自分の書簡の本文に空白を残し、実際の奴隷の価格を書かずに、そのかわりに横線を引いていたのが目につくのである。

切り上げと貿易オンスとの関係は、そのような沈黙によって、やはり影響を受けていた。地位の高い目撃者たちは駆け引き上はしょった情報を提供するのであった。彼らは、いかに不当であっても、当時のアフリカ人の商売相手のあいだに自分たちの個人的な誠実さに対する疑いをひき起こすよりは、後代の経済史家たちを落胆させる方を選んだのである。それにもかかわらず、貿易オンスの存在を示し、それを正当化する多くの証拠——それはフランス・オンスにもそれに劣らぬ関連性をもつ——が残っているのである。

分析のためには、切り上げの三つの異なる側面を区別するのが有益であろう。第一は、事後利幅を確保するためになされる、基本物資の事前の切り上げの慣行である。第二は、事後さまざまに異なる獲得利潤のレベルの側面であり、最後が疑似的な貨幣単位、すなわち貿易オンス(あるいはフランス・オンス)である。両オンスとも等しく子安貝一万六千個相当と見積もられ、前にも後にも子安貝三万二千個とされていた金オンスとは、はっきり区別されるものであった。

これらの事実に関して目撃者たちが曖昧であったことの影響はかなりあとまで残った。ウィンダムとデイヴィースは貿易オンスに関しては何も述べていない。貿易オンスは、奴隷貿易を研究対象とする歴史家によって最近まで無視されてきた。ごく最近の文献にも、関連の問題点についての論述におぼつかなさがみてとれる。C・W・ニューベリーはつぎのように書いている。

奴隷の価格は、貿易「オンス」の観点からでなければ正確に確定することはできない。この勘定単位はヨーロッパの財貨——布、子安貝、ガラス玉、鉄砲、火薬、ラム酒、タバコ、および鉄棒——の組み合わせから成り立っていた。それらは各地方においてオンスで見積もられていたが、本来の購入価格は大幅に異なっていた。(16)

ここで言及されているのは、明らかに、取り合わせによる新しい支払い方式である。この文章は、ダルゼルやイゼールの頃までにははっきりと確定されていた、金オンスと貿易オンスの区別を正当に扱おうと試みてさえもいない。

「奴隷貿易に関する一七八九年国会委員会」は、西アフリカ貿易で行われている支払い方法を調査した。答えは「支払いなし、完全に物々交換のみ」という断定的なものであった。さらに質問がなされた結果、物々交換の意味は、支払いがつねに現物でなされることであると確認された。ダルゼル総督は権威をもって、支払いは奴隷の価格の「約半分」に達するにすぎないとつけ加えた。もう一人の証人は「一ポンドはヨーロッパの十シリングに当たる(17)」と述べた。外科医として奴隷船の乗組員に加わった「サフォーク出身の紳士」アトキンスはもっとあけすけであった。彼が書いたところによると、アポロニア岬の奴隷貿易では、奴隷はオンス単位で一人四オンスと評価された。「財貨を一〇〇％に見積もれば、奴隷は平均英貨八ポンドかかった」[18]と彼は書いている。これはすなわち、四オンスに評価された奴隷に対して、イギリスでは八ポンドの値打ちしかない財貨で支払いがなされたということである。ところが、四オンスの金は十六ポンドに相当していたのである。いいかえれば、ヨーロッパ人は、彼らが支払うべきであったオンスを、一〇〇%切り上げられた財貨で払っていたのである。彼らが払ったオンスは、ダルゼルのような後世の権威が（貿易）オンスといったものであった。当時、その価値は金オンスの半分、すなわち二ポンドと正式に認められていた。

一〇〇%の切り上げは平均であると理解されるべきことをこれまで強調してきた。実際の切り上げ率は財貨ごとに、さらには取引ごとにも変化したのである。交易人は、しかしそれでも、その貿易から「平均して」そのくらい、あるいは「およそ」そのくらいの切り上げを事後的に得られるものと希望してよかった。もちろん、一つ一つの取引ではもっと低い利潤しか得られない場合もあったであろうし、時には船荷全体としてそうであったこともあるであろう。

ウィダでは、一〇〇%の切り上げは早くから知られており、バルボ[19]とボスマン[20]の両方によって記録されていた。一六八〇年に、海岸の市場《いちば》での買物について書いたなかで、バルボは鶏の値段が「財貨と交換に買えば、一羽約六ペンスだが、その原価は三ペンスである」と伝えている。ウィダで支払われる関税の額を見積もるに当たって、彼は、関税――

財貨で支払われた――が「これらの財貨が当地で評価される額にすれば、『ギニア価値』で約百ポンドに達する」と述べた。

このように、貿易オンスは、ヨーロッパ人がアフリカ人に対する金の負債《ゴールド・デット》を清算するために使った疑似的な単位であったのである。ヨーロッパ人はそれを、自分たちのあいだでは財貨のギニア価値（バルボ）とか、あるいはウィンダムによれば「海岸貨幣」での清算と呼んでいた。ウィダの王と奴隷貿易会社とのあいだには、王が一つの現物だけで支払うと主張することを妨げることによって、奴隷に対する支払いを取り合わせで行うことを言外に認める協定（一七〇四年九月六日）[21]があったが、ウィダの王はそれまでこれを無視してきた。[22]その結果、一種類以上の現物でする支払い、すなわち取り合わせが、奴隷貿易におけるヨーロッパ人の唯一の認められた支払い方法となった。ウィダにおけるフランス、イギリスおよびオランダの特許会社の代理店《エージェント》によってほとんど同時（一七〇四―五年）に「結ばれた」、デイヴィースいうところの機密の「条項」によって、これらの代理店は平均一〇〇％の事前切り上げの慣行を互いに約束することになった。われわれの原資料でみると、事後の切り上げに関して、上述の修飾語、たとえば「ならして」とか「ほぼ」とか「平均」とかいう語が省かれていることはなかった。しかし、ダルゼル総督の子安貝の価格表に記録されているところによれば、イギリスの貿易オンスの価値は、われわれがすでに述べたとおり、修飾語なしの二ポンドである。[23]ムレオドはそれを四十シリングと呼んでいる。[24] イゼールは終始同じ慣行にしたがっている。しかし、つねに用心深いダルゼルは、この項目を「表」に記載する責任を編集者（J・F）にまかせていた。国会の委員会での証言では、ウィダにおける奴隷の値段について彼個人は漠然としていた。彼の述べるところでは、「平均的な奴隷」の値段は五（貿易）オンスで、それはすなわち十ポンドに等しく、また鉄棒四十本に等しかった。一方、彼によれば「最良の奴隷」は「供給量が多少少ない場合」「まず三十ポンドを下らなかった」[25]。

交易品の価格は、それが奴隷であっても鉄棒であっても、変動していた。ところが、金のレートが子安貝三万二千個であることと、疑似的な貿易オンスの金に対する価値が子安貝一万六千個に当たることとはまったく不変であった。[26]

貿易オンスの研究のためには、それに平行するフランスの「オンス」の考察をも必要とする。

事実については、シモーヌ・ベルバンのダオメ奴隷貿易特許会社（一七七二年）に関するモノグラフ[27]に頼らなければならない。その解釈については、イギリスの貿易オンスについて、われわれが先に見いだした事実を思い出すことになるであろう。フランス・オンスは貿易オンスの一変種で、のちに独立の発展を遂げることになるのである。

調べれば明らかになるように、事実そのものは単純である。ベルバンが強調するところによれば、オンスは「さらに十六リーブルに細分される会計上の疑似貨幣」であった。「ダオメ社」の書類に典型的な一項はつぎのようなものであった。

ブイヨンから八オンスで購入された一人の女

	オンス
ブランデー　三樽	3
重さ一二三ポンドの子安貝　四一ポンドで一オンスの率	3
ハンカチーフ用反物　二巻	1
プラティーユ（堅く折りたたんだ白布）　八個	1
計	8

この取り合わせには、通常の交易品――ブランデー、プラティーユ、ハンカチーフ――のほかに、かなりの量の子安貝が含まれていた。合計八オンスは、交易品五オンス単位と子安貝三オンス単位の和であった。子安貝の一単位は重さで四十一ポンドとされている。一オンスが四十一ポンドであると繰り返し明記されていることが決定的な重要性をもつ。ベルバン自身が強調するように、それは一万六千個の子安貝の重量を表すのである。彼女はつけ加えていないが、彼女の述べているオンスが、彼女の無視しているイギリスの貿易

オンスと同じであることが、右のことから明らかであろう。ベルバンによるオンスの紹介をさらにくわしく検討してみよう。すると、イギリスとフランスの疑似オンスを比較することによって、いくつかの疑問が出てくる。イギリスの学者たちと同様、彼女の調査にも限界があったことは明らかである。ベルバンの論文の題名『十八世紀ジュダ（ウィダ）におけるフランスの海外商館』が示すように、その対象はフランスの奴隷貿易におけるウィダ事務所の機能であった。そのテーマもウィダに焦点をおいたフランスの奴隷貿易に限られることになった。ここから重大な結果が生まれた。アンチーユ[28]のフランス領諸島における奴隷貿易とウィダにおけるフランス人以外の行う奴隷貿易が、ともに彼女の仕事の範囲外におかれたのである。もう一方のウィダにおけるイギリスの施設に関する考察はなかったし、それよりもさらに古いイギリスの貿易オンスにも言及はなかった。この結果必然的に、フランスの貨幣制度がオンスを扱うためのフレーム・オブ・レファレンスとなった。それがまた、当時のイギリスとフランスの貨幣制度の基本的な差異について、彼女が明言せず単に暗示するにとどまるという結果にもなったのである。イギリスの通貨制度（ポンド、シリング、ペンス）における金の基幹的な役割は、フランスにおけるリーブルの金からの独立と対照をなしていた。リーブルは金からの独立によって一種の変動通貨になっていたが、それは実際には歴史的な理由によってウィダとその地のフランスの施設には及んでいなかった。しかも、奴隷ラッシュに固有の状況によって、フランス人も――イギリス人とほぼ同じく——ビルト・インされた切り上げをともなう取り合わせによって交易せざるをえず、また疑似的な会計単位をつくりあげざるをえなかったのである。金貨幣をもったイギリス人は、当然、この疑似単位を金に固定させた。ウィダのフランス人もそうすることを避けられなかった。ベルバンの描写を混乱させる表現上の逆説——すなわちフランス・オンスは子安貝に対して安定した価値を保たなければならないという点——は、ここから発生したのである。フランス・オンスがこのようにして間接的に金とつながっていた、という事実は曖昧なままにされていた。同様に不自然なのは、金オンスについて言及することを避けていた点である。その金オンスの伝統的な単位は、八アラブ・ミトカールに等しい西アフリカ・オンスであった。また、フランス・オンスを子安貝の個数一万六千個という等価物で表すかわりに、一貫して子安貝の重さで表すというしくみも先の点から生じたのであった。彼女の大冊の論文が一万六千という数字、「すなわち、子安貝それぞれ四千個で四カベス」に言及しており、また、印刷者がその数字を一六〇〇と誤植する（六九ページ）ことによって介入していたのは暗示的なことであったといえよう。しかし、一万六千というよく知られた数字は、二番目の個所（二二四ページ）では正しく示されている。そこでは、「四十一リーブル（重量）の樽の子安貝すなわち一万六千個は、一オンスすなわち四カベシュ」といわれている。この著者のもう一つの示唆的な発言——この方は金に関する間接的な言及であるが——も同じく重要である。「オランダが子安貝の輸入をはじめてからあと、子安貝の価値が維持されたのは奴隷海岸だけであった」。この地理的な限定は実は妥当性を欠いているが、しかし、ウィダのリーブルが「金建て」であったと容認することを意味するのである。金を直接引き合いに出す道がベルバンには閉ざされていたから、そして、金に対する子安貝の価値は絶対に安定的であると考えられていたから、したがって、彼女は子安貝の安定性を強調することによって、間接的に金に言及したのである。

歴史が、以上のような言葉の意味のかくれんぼ全体に役割を演じていた。ベルバンがところどころで認めているように、フランスはギニア海岸で黄金貿易を行わなかった唯一の強国だったのである。

四　一七〇四年の奴隷条約をめぐる議論

奴隷輸出港ウィダに焦点を合わせてみると、その貨幣制度は約四十年のあいだに三回制度的変化をこうむった。ペトリー・ウェイボーン時代、つまり一六八〇年代末期にはウィダはまだアルドラ王国(29)の一部であったが、その頃そこでは、ヨーロッパの財貨には鉄棒、奴隷には子安貝という二つの貨幣標準が共存していた。つぎに、一七〇三―四年にはウィダの王がみずからを主権者と宣言し、外国商人たちは彼に関税を払わなければならなくなった。標準は、鉄棒と子安貝から奴隷という、より大きな単位にかわった。一方、取り合わせが一般的になっていた。最後に、一七二七年にはダホメがウィダを征服した。その時以来、ダホメの通貨であった子安貝が支配的になり、子安貝の数で正確に表される金の安定性がダホメの君臨を象徴するものとなった。[30]

ヨーロッパとアフリカという二つの文明のあいだに樹立された通商に、一つの疑似的な貨幣単位が一面的に導入されたことによって、必然的に混乱が起こった。奴隷価格のいい加減さが前面に現れるのである。ヨーロッパの貿易オンスに対するアフリカ人の反応は、おおまかにいえば、伝統的な金オンスによる奴隷価格の大幅な引き上げであった。K・G・デイヴィースを引用すれば、「一六七〇年代、八〇年代には、アフリカ奴隷の通常の価格は三ポンドであった。これは〔王立アフリカ会社の〕ペトリー・ウェイボーンが一六八七年にウィダで黒人供給契約を結んだ時のレートであった」。[31] デイヴィースはさらにつぎのようにいっている。

一六九三年には、アフリカ会社の船長たちは、一人最高五ポンドまでで、黄金海岸の黒人を入手しうるかぎり買うように指示されていた。価格は、ウィダでも、一七〇二年以降、ほかの土地ほどではなかったにしても増大した。黄金海岸の黒人は、やがて、一人十ポンド、十一ポンドそして十二ポンドもするようになった。そして、一七一二年にはなんと十六ポンド、十七ポンドも払われていた。このように、たかだか二十年のあいだに、奴隷の価格はほとんど五倍にもはね上がったのである。[32]

実際には、ヨーロッパ商人たちは、十八世紀のいつの頃かに、ウィダで非公式に新しい会計単位をつくり出した。これはとくに奴隷貿易のためのものであった。これが貿易オンスという疑似的な単位であって、イギリスの比率では金半オンスに当たっていた。フランスの奴隷貿易特許会社ダオメはその取り合わせにこの標準そのものを取り入れ、それを「オンス」と呼んだ（一七二二年）。ジョン・ジョンストン船長のスワロー号（一七九一―二年）はおそらく英国船であったと思われるが[33]、帳簿を全部貿易オンスの値でつけ、それにVozt というしるしをつけていた。しかし、すでにその一世紀前に、ハンニバル号のトマス・フィリップス船長は、黄金海岸沖での貿易（一六九三年）で、すでに述べたように、鉄棒を一〇〇％強切り上げていたのである。ところが、さらにそれよりも以前に、ボスマンは黄金海岸の海岸市場で、たとえば六ペンスの鶏のような日常必需品を三ペンスのイギリス品と交換に入手していたのである。これは一〇〇％の切り上げであった。貿易オンスが奴隷貿易に入り込んだ時期を確定することはできない。ダルゼル総督の『ダホメ史』でその呼称をもったイギリス・オンスが公的に確認されるのは、ようやく一七九三年になってのことである。

今日の歴史家、たとえばK・G・デイヴィースなどは、十八世紀から十九世紀にかけて発生した奴隷価格の急上昇をフランス人やもぐり商人の競争によって説明しようとしてきており、貿易オンスについては何も述べていない。イギリス国会の委員会記録を調べる時にわれわれがぶつかる曖昧さの主な原因は、アフリカ人からの奴隷の購入によってこうむった金の負債を、イギリス商人がどのように支払ったのか、その方法が不明確であったことである。一七八九年の公聴会で証言したイギリス人たちは、単に支払い条件がイギリスの購入者にきわめて有利であったことを強調するだけで、奴隷貿易における価格の変動と通貨の混乱を説き明かすことにはけっして熱心ではなかった。マシュー氏は国会の委員会につぎのような証拠を提出した。「われわれは彼らに塩とその他いくつかの製品を与えました。それらの送り状の価格に加えて、十五ポンドから十八ポンドが余計に支払われました」。この不可解な証拠を説明すると思われるのは、ヨーロッパの奴隷商人が、取引のある時点で、アフリカ人の売り手に対して明らかに過大な切り上げの補償をするようにさせられたのではないか、という点である。このくだりは、デイヴィースの脚注に対してさらに一層の疑問を起こさせるものである。(34) 「私がこれまでに解明したかぎりでは、奴隷につけられている価格の全部が、奴隷を購入するのに用いられた財貨の送り状価格にほかならない。この送り状価格は、ほとんどの場合、会社がイギリスで払った価格と同じであって、輸送費用分はまったく加算されていなかった」。われわれがすでに指摘したとおり、彼の本には貿易オンスへの言及がまったく欠けており、その点では国会の委員会の議事録と大差はない。このため、奴隷価格の突然の上昇が説明できないままになってしまったのである。

貿易オンスは、当然、二つのレベルで機能していた。一つは制度的なレベルであり、もう一つは「経済的」なレベルである。これら二つの変化の系は、分析的には異なったものであるが、実際には相互に作用し合っていた。より大きな単位の取り合わせと貿易オンスは、表面的には、ヨーロッパ人側に有利な貿易レートの一方的な変更をもたらした。しかし、アフリカ人側には、ヨーロッパ人側の貿易オンスでの支払いという方式に相当するような、金の単位の変化を示すものはまったくみられないのである。われわれの考えでは、アフリカ人の反応は、一オンスが四英ポンドと定められた金オンスの価格で、奴隷の価格を引き上げることであった。基本物資の、一対一での遠距離現物交易というアフリカ土着の方法が、ここでその柔軟性を示した。アフリカ側の交易は、莫大な切り上げにもかかわらず、奴隷に対する取り合わせ——もっともそれは膨張した取り合わせであったが——を受け入れることによって、貿易オンスというヨーロッパ側の疑似的な貨幣単位を円滑に吸収したのである。この、円を四角にするような、本来ならば不可能なことが実現したのは、一〇〇％切り上げられたヨーロッパのオンスに「貿易」という修飾語をつけ、他方、修飾語なしのオンスは、アフリカ人が奴隷に価格をつける際の貨幣単位として残しておいたからである。奴隷貿易では、子安貝にして一万六千個の価値に相当する新しいオンスが採用されたが、金の貿易では、その倍の子安貝三万二千個に当たる伝統的な金オンスが依然として通用するのであった。

この論文は、一部はイギリスとフランスの奴隷商人の船積み記録によっているが、なかでもフランスの資料から得られたある条約文によるところが大きい。イギリスの歴史家はこの条約の政治的な有効性を認めなかったが、条約はフランスの外交的な成功であった。副本が一つ作成されたが、文書そのものはウィダの王によって保管されていた。その文書手段の有効性についてだけでなく、連署人といわれるシュバリエ・デマルシェが証明した本文の信憑性についても異論があった。しかし、フランスの歴史家のドゥングラはそれを疑っていない(35)。

上述の、疑似貨幣的な会計単位の話に照らしてみると、この条約の付属文書に示されている数字が、その本文の信憑性に関する決定的な内部証拠となる。

この付属文書は、その厳粛な前書きで、条約の目的が左記の大同盟を樹立することにあると宣言している。すなわち、

奴隷を購入し、アフリカからアメリカの本土並びに島々に輸送するために樹立され、そこに確定されたる生産的資産を有利に運用せんとする「一つの大同盟《ユヌ・グランド・ウニオン》」である。本

貿易のこの唯一の目的に鑑みて、奴隷一人と交換に与えられるべき貿易品の量並びに質を公表することが適切であろう。

そして、奴隷に対して与えられる、一ダース以上のさまざまな等価物が列挙されている。ここでわれわれは、それらのなかから、樽づめブランデー、プラティーユ（たたんだ白い麻布）と子安貝に焦点を合わせよう。これらはすなわちベルバンが、ウィダにおける奴隷貿易にとって必要かつ十分な交易品として、はっきり指定していた交易品である。付属文書では、男の奴隷の価格が「四ないし五オンス」とされ、それは「ブランデー四ないし五樽」、もしくは「プラティーユ四十ないし五十」、もしくは「重さ百八十ポンドの子安貝」に等しいとされている。最後の子安貝についてはさらにこまかく述べられている。「奴隷一人の価格を得るためには、市場に左右されるが、十八ないし二十カベス、すなわち七万ないし八万個の子安貝――その重さはパリ・リーブルで百八十リーブルとされている――が必要である」。最後の数字は、正確に、一オンスが子安貝一万六千個に当たる場合の五オンスである。カベスという単位は「四千個の子安貝に相当する二十ガリンハ」に等しいとされている。ダオメ社の書類は奴隷の価格をオンスで表しているが、その場合、一オンスは子安貝四十一ポンドである。一オンスはつねに、ブランデー一樽、またはプラティーユ十、または子安貝四十一ポンドと等しいとみなされている。ベルバン自身もオンスを一万六千個の子安貝に相当するとしている。「市場に左右されるが」という表現と、一七〇四年の条約が一七七二年のダオメ社の書類と異なり、子安貝一万六千個を四十一ポンドではなく四十ポンドとしている事実のために、多少、曖昧になっているのではないか、と考えられるかもしれない。しかし、その間の時間と、子安貝が重量による支払い手段として画一性に欠けることを考慮に入れれば、少々のくいちがいによって資料本文の信憑性を支持する内部証拠がゆらぐということはない。実際、一七〇四年九月の条約は、十八世紀冒頭の十年間に西アフリカの奴隷貿易に起こっていた通貨上の変化に、奴隷価格を適応させるきっかけをアフリカ人に与えたのである。この点はわれわれの資料も支持する点である。一七〇四年の奴隷価格、子安貝八万個は、一オンス一万六千個として五オンスに当たるが、これは十ポンドに相当する。これは、K・G・デイヴィースが一七〇二年の奴隷価格として引いている五ポンドの二倍である。先の条約のなかで価格がいかなる基本物資で表現されていたにせよ、アフリカ人による価格の修正には、この制度化された通貨の変化に対して過剰に補償する傾向がみられたことは疑いない。

（1）原題は "Sortings and 'Ounce Trade' in the West African Slave Trade" で、*The Journal of African History*, Vol. V, No. 3 (1964), pp. 381-393 に原載されたものである。George

Dalton, ed., *Primitive, Archaic, and Modern Economies : Essays of Karl Polanyi* 1968 にも第十一章として収録されている。

(2) 奴隷海岸の経済学のいくつかの問題を解決するに当たって、私はトロント大学講師 Abraham Rotstein 氏から重要な助言をいただいた――原注。

(3) ヘロドトス『歴史』巻四、一九六節――原注。その個所の原文はつぎのようになっている。カルタゴ人の話には次のようなこともある。「ヘラクレスの柱」以遠の地に、あるリビア人の住む国があり、カルタゴ人はこの国に着いて積荷をおろすと、これを波打際に並べて船に帰り、狼煙《のろし》をあげる。土地の住民は煙を見ると海岸へきて、商品の代金として黄金を置き、それから商品の並べてある場所から遠くへさがる。するとカルタゴ人は下船してそれを調べ、黄金の額が商品の価値に釣合うと見れば、黄金を取って立ち去る。釣合わぬ時には、再び乗船して待機していると、住民が寄ってきて黄金を追加し、カルタゴ人が納得するまでこういうことを続ける。双方とも相手に不正なことは決して行なわず、カルタゴ人は黄金の額が商品の価値に等しくなるまでは、黄金に手を触れず、住民もカルタゴ人が黄金を取るまでは、商品に手をつけない、という。(松平千秋訳『歴史』岩波文庫、中、一一〇ページ)

(4) K. G. Davies, *The Royal African Company* (1957); H. A. Wyndham, *The Atlantic and Slavery* (1935) ――原注。

(5) A. Càda Mosto (一四三二―一四八八年) ベニスの探検家、交易者。西アフリカに航海し、その地方に関する記録も残した。これはヨーロッパ人による記録としてはごく初期のものである。

その著は *Paesi nuovamente ritrovati*（新しく発見された土地）と題された。

（6）カール・ポランニー「制度化された過程としての経済」（本訳書第十章）を参照のこと――原注。

（7）Davies, *op. cit.*, p. 238 ――原注。

（8）ウィダ（Whydah または Ouidah）はダホメの主要港で、十七世紀にはポルトガルの要塞がつくられ、またフランスの商館も設けられた。

（9）Jean（または John）Barbot は十七世紀のフランス西インド会社の総代理人（agent general）であり、ギニア、西インド諸島の視察旅行の記録を残した（書名は本章注19を参照。この書はフランス語で書かれたが出版されず、のち英語に翻訳され、一九三二年にその初版が発行された。彼が最後にアフリカを訪れたのは一六八二年で、記録もその年で終わっているが、彼の弟の James Barbot とその同名の息子（James Barbot Junior）がギニア、アンゴラに旅行し、一六八二年以後の記録を補い、それが Jean（John）Barbot の著書の付録になっている（本章注13で引用されているのがそれである）。

（10）M. Gourg, "Ancien Mémoire sur le Dahomey... (1791)," *Mémorial de l'Artillerie de la Marine*, 2e Série, Tome XX (1892), pp. 747-776.

（11）カラバル（Galabars）はナイジェリア東海岸の一地方である。

（12）P. E. Isert, *Voyages en Guinée et dans les îles caraïbes en Amérique* (Paris, 1792), 110-11 ――原注。

(13) James Barbot, Jr., *Churchill's Voyages*, V (London, 1746) ——原注。

(14) W. Bosman, "A New and Accurate Description of the Coast of Guinea," in J. Pinkerton, ed., *Voyages and Travels* (London, 1814), XVI ——原注。

(15) Th. Philips, "A Journal of a Voyage to Africa and Barbadoes," *Churchill's Voyages* (London, 1746), VI, p. 211 ——原注。

(16) C. W. Newbury, *The Western Slave Coast and its Rulers* (Oxford, 1961), 22 ——原注。

(17) A. Dalzel, in *Parliamentary Papers* (1789) ——原注。

(18) J. Atkins, *Voyages to Guinea, Brasil and the West Indies* (London, 1737), 74 ——原注。

(19) John A. Barbot, "A Description of the Coasts of North and South Guinea," *Churchill's Voyages* (London, 1746), V, 330 ——原注。

(20) Bosman, 503 ——原注。

(21) Cf. pp. 392-3 ——原注。

(22) Fr. J. B. Labat, *Voyage du Chevalier Des Marchais En Guinée* (Amsterdam, 1731), II, 91 ——原注。

(23) A. Dalzel, *A History of Dahomey* (London, 1793), 135 ——原注。

(24) J. M'Leod, *A Voyage to Africa with some Account of the Manners and Customs of the Dahomian People* (London, 1820), 90 ——原注。

(25) 1789 Committee, 191 ——原注。

(26) 子安貝でのレートは、金、貿易オンスとも一単位のもの、すなわち、金一オンス、一貿易オンス相当のものである。

(27) S. Berbain, *Le comptoir français de Juda* (*Ouidah*) *au XVIIIe siècle*, Mémoires de IFAN, No. 3 (Paris, 1942) ——原注。

(28) アンチーユ (Antilles) とは、ヨーロッパ古来からの西インド諸島に対する総称である。

(29) アルドラ (Ardra あるいは Allada) はダホメ族三王国の一つ。十六世紀に興ったと推定されるが、十七世紀はじめには、ダホメ、アラダ (アルドラ)、アジャチェ (ポート・ノボ) の三王国に分裂した。

(30) ダホメ (Dahome あるいは Dahomey) はダホメ族の王国の一つ。アラダの分裂によって、一六二五年に成立したと推定される。一八九四年、フランスに滅ぼされた。

(31) Davies, *op. cit.*, pp. 236-7 ——原注。

(32) *Ibid.*, p. 237 ——原注。

(33) *Proceedings of the American Antiquarian Society*, New Series, XXXIX (1929), pp. 379 ff.——原注。

(34) Davies, *op. cit.*, p. 236 ——原注。

(35) E. Dunglas, "Contribution à l'histoire du Moyen-Dahomey" (Royaumes d'Abomey, de Ketou et de Ouidah), *Etude Dahoméennes*, XIX-XXI, IFAN (Port Novo, 1957), 137 ——原注。

第十章　制度化された過程としての経済(1)

この章でのわれわれの主な目的は、社会科学のあらゆる分野において「経済的《エコノミック》」という言葉に一貫して与えられる意味がどのようなものでありうるか、をはっきりさせてみることにある。

そのような試みのすべての出発点となる単純な認識がある。それは、人間の活動に関して使われる時の経済的という言葉は、独立の起源をもつ二つの意味の複合物であるという事実である。それらを実体的な意味と形式的な意味と名づけることにしよう。

経済的という言葉の実体的な意味は、人間が生活のために自然とその仲間たちに依存することに由来する。それは、結局において、人間に物質的欲求充足の手段を与えるかぎりでの、人間と自然環境および社会環境とのあいだの代謝を指すものである。

経済的という言葉の形式的な意味は、「経済性《エコノミカル》」とか「経済化《エコノマイジング》」といった言葉に表されている手段―目的関係の論理的性格に由来する。それは特定の選択の状況、すなわち、手段が不足するために必要になる、その手段のいくつかの用法の選択の状況と関係している。手段の選択を支配する法則を合理的行為の論理と呼ぶとするならば、この種の論理を形式的経済学《フォーマル・エコノミックス》という仮の言葉で表示することができるであろう。

「経済的」という言葉の二つの根源的な意味、すなわち実体的な意味と形式的な意味とに共通な部分はまったくない。事実から派生する意味が前者であり、後者の意味は論理から派生する。形式的な意味によって示されるのは、不十分な手段のいくつかの用途のあいだで行われる選択に関する一組の原則である。実体的な意味には、選択も手段の不十分さも含まれていない。人間の生計には選択の必要性がある場合もあれば、ない場合もある。また、もし選択ということがあったとしても、その選択は、手段の「稀少性」の限定効果のゆえに必要になるとは限らない。実際、生計上もっとも重要なある種の物質的、社会的条件、たとえば、空気や水の入手可能性や、赤ん坊に対する愛情溢れる母親の献身は、原則として、それほど限定的なものではない。これらの場合と前の場合とでは、そこにはたらく論理性が、三段論法の力と重力とが違うのと同じくらいに、まったく違うのである。一方は心理の法則であり、もう一方は自然の法則である。つまり、二つの意味は極端に相異なるものであり、意味論的には、双方は磁石の両極に位置しているのである。

ここでわれわれが提案したいのは、過去および現在のすべての実在の経済《エンピリカル》を研究するために社会科学が必要としている概念を与えることができるのは、「経済的」ということの実体的な意味だけだということである。いいかえれば、われわれが構築しようとしている一般的なフレーム・オブ・レファレンスのために必要なのは、実体的な用語による対象の取り扱いである。われわれの進路の当面の障害は、すでに触れたように、実体的、形式的という二つの意味を素朴に混入させている、「経済的」という概念そのもののなかにある。このような意味の融合には、われわれがその効果に限界があることを意識してさえいれば、もちろん別に非難すべきところはない。しかし、経済的ということに関する今日の考え方では、その「生存《サブシステンス》」と「稀少性」の両方の意味が融合されており、しかも、その融合が本来、明晰な思考を妨げる要素となっているという点の認識が十分ではないのである。

この二つの言葉の結合は論理的には偶発的な状況から発生したものである。過去二世紀のあいだに、西ヨーロッパと北アメリカでは、たまたま選択の法則だけが顕著に適用されるような人間の生計の組織化が行われた。この型の経済は価格決定市場というシステムから成り立っており、そのようなシステムのもとで行われる交換行為は、手段の不足によってひき起こされる種々の選択行為に行為者を巻きこむのである。そのため、このシステムは、「経済的」ということの形式的意味にもとづいた方法を適用しやすい型に単純化することができたのである。経済がそのようなシステムに支配されているあいだは、形式的意味と実体的意味は実際上一致したであろう。素人はこの複合概念を当たり前のこととして受け取っていた。マーシャルやパレートやデュルケームのような人々も同じくこの概念によっていたのである。メンガー[2]だけが死後に出版された著作でこの用語を批判したが、しかし、彼も、マックス・ウェーバーも、そのあとを継ぐタルコット・パーソンズも、この区別が社会学分析に対してもつ重要性を認識することはなかった。実際、上述のように事実上必ず一致してしまう一つの言葉の二つの根元的な意味を、わざわざ区別しなければならない正当な理由はなさそうにみえたのであろう。

したがって、日常の会話のなかで、「経済的」ということの二つの意味を区別するのは単なる知識のひけらかしにすぎなかったであろう。しかし、これら二つの意味が単一の概念に融合していることは、社会科学の精密な方法論にとって有害であることが明らかになったのである。経済学は本来、社会科学のなかでは例外であった。市場システムのもとでは、その用語はかなり現実に適合するはずであったからである。しかし、人類学者、社会学者、あるいは歴史学者は、それぞれ、人間社会に占める経済の位置の研究において、市場以外にも、きわめて多様なもろもろの制度に直面した。そして、それらの諸制度のなかに人間の生計は埋めこまれていたのである。人間の生計の問題は、特定の市場的要素の存在に依存する、特殊な形態の経済を対象として工夫された分析方法では、解決することはできなかった[3]。

以上が議論の大筋である。

さて、「経済的」ということの二つの意味から派生する諸概念を詳細に検討することからはじめよう。まず形式的意味を扱い、つぎに実体的意味に進む。そうすれば、経済的過程が制度化される仕方にしたがって、実在の《エンピリカル》経済——原始経済であれ、古代経済であれ——を記述することが可能になるはずである。交易、貨幣、市場の三つの制度がそのテスト・ケースになってくれるであろう。これらは、これまで形式的な用語でのみ定義されてきた。したがって市場経済的接近以外の方法は閉ざされていた。そこで、これらを実体的な用語で取り扱うことにより、われわれは目標とする普遍的なフレーム・オブ・レファレンスに近づくことができるであろう。

「経済的」の形式的意味と実体的意味

まず、合理的行為の論理が形式的経済学を、そしてつぎに形式的経済学が経済分析を生みだす方法を調べることから出発して、形式的概念を検討することにしよう。

ここでは、合理的行為を目的との関連における手段間の選択と定義する。手段とは、自然の法則によってであれ、ゲームの法則によってであれ、とにかく目的の達成に役立つ何らかのものである。したがって、「合理的」という言葉は目的自身をも、手段自身をも意味しない。むしろ、手段の目的に対する関連性を指すのである。たとえば、生きることを望む方が死を望むよりもより合理的であるとか、生きることを望む場合に、科学によって長寿を求める方が迷信によるよりも合理的であるというようなことは考えられていない。なぜかといえば、目的が何であれ、それに応じた手段を選ぶことこそが合理的だからである。また、手段に関していえば、自分が信じていない方法《テスト》にもとづいて行動することは合理的とはいえないであろう。したがって、自殺者にとっては死ねるような手段を選ぶことが合理的なのである。また、もし彼が黒魔術の達人になりたかったら、呪医をやとってその目的を達成するようにするのが合理的なわけである。

このように、合理的行為の論理は、人間のほとんど無限に多様な関心の種類をカバーする、およそ考えられるかぎりの手段と目的にあてはまる。チェスでも、工業技術でも、宗教生活でも、哲学でも、目的には平凡なものからもっとも深遠で複雑なものまである。経済の分野でも同様で、そこでの目的は、一時的なのどの渇きをいやすことから健康な老年を送ることにまで及び、それに応じる手段は、前者の目的には一杯の水、後者の目的には子供による世話と戸外での生活の両方への依存ということになるであろう。

選択を必要とさせるのが手段の不足であると仮定すると、合理的行為の論理は、われわれが形式的経済学と呼んだ特定の選択理論になる。それでもまだそれは人間の経済の概念とは論理的に無関係である。しかし、それに一歩だけ接近はしている。形式的経済学は、すでに述べたように、手段の不足から生じる選択の状況に関するものである。これがいわゆる稀少性の公準である。それはまず手段の不足を必要とし、第二に、その不足によって選択がひき起こされることを必要とする。目的との関連における手段の不足は「用途指定《イヤマーキング》」という簡単な操作を行うことによって明らかにすることができる。その操作によってそれぞれにゆきわたるだけのものが十分にあるかどうかがわかるのである。不足が選択をひき起こすためには、格づけされた目的がなくてはならない。つまり、少なくとも二つの目的に優先順位がつけられていなければならないだけでなく、手段に一つ以上の用途がなければならない。この二つの条件はともに事実である。この際、ある手段が一つの方向にだけ用いられる理由が慣習的なものであろうと、技術的なものであろうと、それは無関係である。このことは目的の順位づけに関しても同様である。

このように、選択、不足、稀少性を操作的に定義すれば、不足のないところでの手段の選択があるように、選択のないところでの手段の不足も存在することが容易に理解できよう。選択は、悪よりも正義を選ぶ選好によって行われることがある（道徳的選択）。あるいはまた、二つ以上の道がたまたま同じ目的地へ通じていて、しかも同一の利点と欠点をもっているというような交差点において行われることもある（操作的に生じた選択）。どちらの場合も、手段の豊富さが選択の困難さを減らすどころか、増加させている。もちろん、合理的行為のほとんどすべての領域に必ず稀少性がみられるとは限らない。たとえば、哲学のすべてが純然たる想像的独創力であるというわけではなく、仮定を節約する作業であることもありうる。また、人間の生計の分野に戻るなら、ある文明では稀少性の状況はほとんど例外的と思われるのに、一方、ほかの文明では痛ましいほど一般的である、ということがある。どちらの場合も、稀少性の存在や不在は、不足が「自然」によるものであれ、「法」によるものであれ、事実の問題である。

最後に、しかしけっして軽視できないものとして、経済分析がある。この学問領域は特定の型の経済、すなわち市場システムの経済に形式的経済学を適用することから生まれる。ここでは、経済はつぎのような制度の形をとって現れる。すなわち、これらの制度によって、個々の選択から相互依存的な移動が生まれ、それらの相互依存的な移動が経済過程を構成するようになる。そういう制度である。これは価格決定市場の利用を一般化することによって達成される。労働と土地と資本の使用を含む、すべての財とサービスは市場で購入することができ、したがって、価格をもっている。あらゆる形態の収入は財とサービスの売却から生じる――賃金、地代、利子がそれぞれの収入である。そしてそれらは、価格が売却される品目に応じて異なった現れ方をしたものにすぎない。購買力を獲得手段として全面的に導入することは、必要充足の過程を、複数の用途をもつ不十分な手段、すなわち貨幣の配分に転化することである。この結果、選択の条件もその結果も、価格の形で数量化することが可能になる。形式的な接近方法は、すぐれて経済的な事実としての貨幣に焦点を合わせることによって、経済を、手段の不足性に由来する選択によって規定されるものとしてとらえ、そのようなものとして経済のすべてを記述するものである、ということができよう。これを行うための概念上の用具が経済分析という領域を構成するのである。

以上のことから、方法としての経済分析の有効性の範囲が定まる。形式的意味の使用によって、経済は、節約行為の連続、すなわち稀少性の状況によってひき起こされる選択の連続として示される。そのような行動を支配する原則は普遍的であるが、それらの原則がどの程度まで特定の経済に適用できるかどうかは、その経済が実際にそのような行為の連続であるか否かにかかっている。ここで、数量的な答えを出すためには、経済過程を構成している場所と占有の移動が、不足する手段に関する社会的な行動の関数として表されることが必要であり、また結果的に形成される価格によって左右されるように表現されなければならない。そのような状態は市場システムのもとでのみ現れる。

形式的経済学と人間の経済との関係は、結局、偶然的なものである。価格決定市場のシステム以外のところでは、経済分析は経済の動きの研究方法としての妥当性の大部分を失ってしまう。非市場価格に依存する中央計画経済はよく知られたその例である。

実体的概念の源は実在《エンピリカル》の経済である。それを簡潔に（魅力には乏しいかもしれないが）定義すれば、人とその環境とのあいだの、制度化された相互作用の過程——そこから、欲求を充足させる物質的手段の継続的供給がもたらされる——といえよう。目的達成のために物質的な手段が使用されるならば、欲求充足は「物質的」である。食糧や住居のような、明らかに生理的なタイプの欲求の場合には、欲求充足に必要なのはいわゆるサービスの用益だけである。

経済は、したがって、制度化された過程である。ここで二つの概念が目につく。つまり「過程《プロセス》」と「制度化《インスティチューテッドネス》」である。それらがわれわれのフレーム・オブ・レファレンスに何を寄与するかをみてみよう。

過程は動きの観点に立つ分析を示唆する。動きとは場所の移動と占有の変化のいずれか、または両方をさす。いいかえれば、物質的な要素は場所を変えるか、「手」を変えるかして、その位置を変える。また、この二つの、ほかの面ではきわめて異質な位置の変換が同時に起こることもあり、そうでないこともある。これら二種類の移動は、それらだけで自然的、社会的現象としての経済過程のなかの可能性をおおいつくしている、といってよいかもしれない。

場所の移動は輸送だけではなく、生産を含み、これに関しても物の空間的移動は同じく重要である。財は、消費者の観点からの有用性の種類に応じて、低順位のものであったり、高順位のものであったりする。この有名な「財の順位《オーダー》」は、消費財と生産財がほかの財とのある組み合わせを通じて、欲求を直接的に満足させるか、間接的にのみ満足させるかに応じて、消費財と生産財を対比させる。この型の要因の移動が、言葉の実体的意味における経済の本質、すなわち生産を表すのである。

占有の移動は、ふつう、財の流通と管理といわれているものを支配する。前者の場合、占有の移動は取引から生じ、後者の場合には処分から生じる。したがって、取引は手と手のあいだの占有の移動であり、処分は一つの手による一方的な行為である。これには慣習または法の力によって、占有の明確な効果が与えられている。ここにいう「手」とは私的な個人や会社だけでなく、公的機関や官庁をもさしている。両者の差は主として内部組織の差である。しかし、十九世紀においては、私的な手は、通常、取引と結びつけられ、公的な手は、ふつう、処分と結びつけられていたという点に留意しておく必要がある。

このような用語の選択には、さらにいくつかの定義が含まれている。社会的行為は、経済過程の一部を形成するかぎり、経済的と呼ばれるし、制度も、そのような行為をそのなかに集中させている程度のいかんによって、経済的と呼ばれ、また、経済過程のどんな構成要素も経済的な要素とみなされる。これらの要素は、自然環境、機械装備、人的環境のどれに主として属しているかによって、便宜上、生態学的、技術的、社会的要素に分類することができよう。こうして、経済の過程面に注目することによって、新旧の一連の概念がわれわれのフレーム・オブ・レファレンスにおさまってくる。

しかしながら、諸要素のあいだの機械的、生物的、心理的相互作用に還元されると、あの経済的過程は、全体的な現実性を失ってしまうであろう。それに含まれるのは、生産過程と輸送過程、および占有の変化の過程という骨格だけになる。個人の動機を生み出す社会的条件が示されなければ、さまざまな移動の相互依存関係と、経済過程という統一性と安定性を保証する移動の反復性を支えるものは、あるとしても、ごくわずかになってしまうであろう。相互に作用する自然と人間との諸要素はいかなる整合的単位をも形成しないであろう。要するに、社会のなかで機能を発揮するとか、歴史を有するとかいうことのできるような構造体を形成することはないであろう。その過程は、学問研究ばかりか日常の思考をも人間の生計の問題に向けさせ、それをすぐれて実際的な関心の分野として、また、理論的、道徳的な尊厳の分野として考えさせる、まさにその特性を、欠くことになるのである。

そこで、経済の制度的側面が、ことのほか重要になる。過程のレベルにおいて、土地の耕作中に人間と土壌とのあいだに起こること、あるいは自動車の製造中にベルト・コンベアーの上で起こることは、一見、人間の移動と人間でないものの移動の単なるつづり合わせにしかすぎないようにみえる。制度的な観点からは、それは、労働と資本、同業者と組合、減速と加速、リスクの拡大などの用語や、社会的関係をさすその他の意味論的単位によって指示されるものにすぎなくなる。たとえば、資本主義と社会主義のあいだの選択は、近代技術を生産過程に制度的に取り入れる二つの異なった方法を意味する。また、政策のレベルでは、低開発国の工業化は、一方では技術選択肢間の選択を意味し、他方ではそれらを制度化する方法的選択肢間の選択を意味する。技術と制度の相互依存と両者の相互的独立性を多少とも理解するためには、われわれの概念的区別が必須なのである。

経済過程の制度化はその過程に統一性と安定性を与える。すなわち、それは社会内に明確な機能をもつ構造をつくり出し、また、社会における経済過程の位置を変え、そうすることによってその歴史に意味を加える。それはまた、価値、動機、政策に関心を集中させる。統一性と安定性、構造と機能、歴史と政策によって、人間の経済は一つの制度化された過程であるというわれわれの主張の内容は操作的に展開される。

人間の経済は、したがって、経済的な制度と非経済的な制度に埋めこまれ、編みこまれているのである。非経済的な制度を含めることが肝要である。なぜかといえば、宗教や政府が、貨幣制度や、労働の苦しみを軽減する道具や機械そのものの利用可能性と同じくらいに、経済の構造と機能にとって重要となることもありうるからである。

社会のなかに経済が占める位置の変化の研究は、したがって、経済過程がさまざまな時と場所において制度化される、その方式の研究にほかならないのである。

これには特別な道具箱を必要とする。

互酬、再分配、交換⑷

実在《エンピリカル》の経済がどのように制度化されているかの研究は、経済が統一性と安定性、すなわち諸部分の相互依存性と反復性を獲得する方法からはじめられなければならない。これは、統合の形態とでも呼べるような、ごく少数のパターンの組み合わせによって達成される。それらのパターンは、経済のさまざまなレベルや部門《セクター》に並行して現れる。したがって、そのなかの一つを支配的なものとして選び出して、一つの全体として実在の経済を分類することに利用しようとしても、不可能な場合が少なくない。しかしながら、経済の部分とレベルをいくつかに識別すれば、これらの統合の形態は比較的単純な用語で経済過程を記述する手段を与え、ひいては、際限のないほど多様な経済過程に一定程度の秩序を与えてくれるであろう。

経験的にいって、主要なパターンが互酬と再分配と交換であるということをわれわれは見いだす。互酬とは対称的な集団間の相対する点のあいだの移動をさす。再分配は、中央に向かい、そしてまたそこから出る占有の移動を表す。交換は、ここでは、市場システムのもとでの「手」のあいだに発生する可逆的な移動のことをいう。そこで、互酬は対称的に配置された集団構成が背後にあることを前提とする。再分配は何らかの程度の中心性が集団のなかに存在することに依存する。交換が統合を生み出すためには、価格決定市場というシステムを必要とする。異なる統合形態がそれぞれ一定の制度的な支持を前提とすることは明白である。

ここで、少し意味を明確にしておくのがよいであろう。われわれが統合形態をさすのに使った互酬、再分配、交換という言葉は、個人的な相互関係を表すのにしばしば用いられる。したがって表面的には、統合の各形態は、個人の行動のそれぞれの形態の集合を反映するにすぎないようにみえるかもしれない。個人のあいだの相互依存が頻繁であれば互酬的な統合が生まれ、個人のあいだでの分有が普通なら再分配的な統合が存在し、同様に、個人のあいだの頻繁な物々交換行為は統合の一形態としての交換に帰着する、というようにである。もしこのようであれば、われわれの統合のパターンは、実際、個人のレベルにおける、それに対応する行動形態の単なる集合にすぎないことになるであろう。確かに、われわれは、統合的な効果は、それぞれ対称的組織、中央点、市場システムなどの一定の制度的配置によって規定されると主張した。しかし、そのような配置は、それらが終極的に規定するはずの、同じ個人的パターンの単なる集合を表しているにすぎないようにみえるのである[5]。

だが、ここで重要なのは、問題の個人的行動の単なるよせ集めだけでは、そのような構造は創り出されないという事実である。個人間における互酬行為は、対称的な親族集団のシステムのような、対称的に組織された構造が存在する場合にのみ経済を統合する。しかし親族システムは、個人的レベルでの単なる互酬的行為の結果としては絶対に生じない。再分配についても同様である。それは共同体《コミュニティ》のなかに配分の中心が存在することを前提とする。だが、そのような中心の組織と有効性は、個人間に頻繁な分有行為が行われても、単にその結果としては生じない。最後に、市場システムについても同様のことがあてはまる。個人的レベルでの交換行為が価格を生み出すのは、それが価格決定市場というシステムのもとで行われる場合のみである。この制度的組み立てが単に任意の交換行為によってつくり出されることはありえない[6]。

もちろん、われわれは、統合を支えるこうしたパターンが、私的、個人的な行為の外ではたらいている、ある神秘的な力の結果であるといおうとしているのではない。われわれが主張したいのは、いかなる場合にも、個人的行為の社会的効果が明確な制度的条件の存在によって決まるとするならば、その理由からして当然、これらの制度的な条件は当の私的行為の結果ではないということだけである。統合を支えるパターンは、表面的には、対応する種類の私的行為の集積から生じるようにみえるかもしれない。しかし、組織と効力という致命的に重要な要素を与えるのは、必ず、まったく別タイプの行動なのである。

個人間のレベルにおける互酬的行為という一方の要素と、対称的集団構成の所与という他方の条件とのあいだの事実上の関連に気づいた最初の著述家は、われわれの知るかぎりでは、人類学者のリヒャルト・トゥルンヴァルトである[7]。それは一九一五年、ニューギニアのバナロ族[8]の婚姻システムの実証的研究においてであった。ブロニスラフ・マリノフスキー[9]は、その約十年後に、トゥルンヴァルトに言及しつつ、社会的に意味のある互酬行為は基礎的な社会組織の対称的形態につねに依存するであろうと予想した。彼自身によるトロブリアンド諸島のクラ交易[10]と親族システムの記述がこの点を確証した。筆者はこれをおしすすめて、対称性を、統合を与えるいくつかのパターンの一つにすぎないと考えたのである。筆者は、さらに統合のほかの形態として再分配と交換を互酬に加えた。そして、同様に、中心性と市場を制度的支持のほかの例として対称性に加えた。こうして、われわれの統合形態とそれを支持する構造のパターンができ上がったのである。

これは、なぜ経済の領域では、多くの場合、特定の制度的な前提条件のないところでは、個人間の行為が期待された社会的効果を上げないのかという点を説明する助けとなるはずである。対称的に組織された環境においてのみ、互酬的行為は何らかの重要性をもった経済制度を生む。配分の中心が確立している場合にのみ、個人の分有行為から再分配的経済が生じる。そして、価格決定市場というシステムが存在する場合にのみ、個人の交換行為が経済を統合する変動価格を生じさせる。さもなければ、このような物々交換の行為は有効性を発揮せず、未発生のままであろう。なおかつ、ばらばらな形で物々交換が起こるとしたら、下品な行為や裏切行為に対するのと同様な、激しい感情的な反動がはじまるであろう。なぜなら、交易行為はけっして感情的に中立的な行為ではありえず、したがって、認められている筋道以外では、世論の許容するところとはならないからである。

さて、話をわれわれの統合形態に戻そう。

経済関係を意識的に互酬的基盤の上に組織しようとする集団は、その目的をとげるためには、下位集団に分かれなければならなかったであろう。そして、その下位集団の呼応する成員は互いをそれと認識できなければならなかったであろう。そうである時にはじめて、集団Aの成員は集団Bの相手と互酬関係を樹立することができたし、逆もまた同様であった。しかし、対称性は二元性に限られるわけではない。三、四、あるいはそれ以上の数の集団も、二つ以上の軸をおけば、それに関して対称的でありうる。また、集団の成員は互い同士直接に互酬をし合わなくともよいのであって、両者からみて同じ関係に立つ、第三の集団の該当する成員とそれを行えばよいのである。トロブリアンド諸島の男の責任は彼の姉妹の家族に対して存在する。しかし、彼自身はそれを理由に姉妹の夫から援助を受けるわけではない。彼が既婚者なら、自分の妻の兄弟——すなわち対応する位置にある第三の家族の成員から援助を受けるのである。[11]

アリストテレスは、あらゆる種類の共同体《コミュニティ》(コイノニア)に対応して、成員間に一種の善意(フィリア)が存在し、それは互酬関係(アンティペポントス)として現れると説いた。[12] これは家族や部族や都市国家のような、より永続的な共同体にも、また、それらに含まれ、その下に立つ、より永続性の少ない共同体にもあてはまるということであった。これをわれわれの用語でいいかえれば、より大きな共同体のなかには多重の対称性が発達し、その対称性にしたがって下位の共同体では互酬行動が発達する傾向がありうるということである。包括的な共同体の成員が互いに親密性を感じれば感じるほど、時、空、その他の面で限定されたさまざまな特定の関係に関して、彼らのあいだに互酬的態度が発達する傾向が、より一般的になる。親族関係、近隣関係、あるいはトーテム[13]などはより永久的で包括的な集団構成に属する。こうした集団構成の範囲のなかで、軍事的、職業的、宗教的、または社会的な性格をもつ自発的集団《アソシエーション》と半自発的集団によって、少なくとも一時的に、あるいはまた、一定の場所や典型的な状況に即して、対称的な集団を形成させるような状況がつくられる。そして、この対称的な集団の成員のあいだにはなんらかの相互関係が行われるのである。

一つの統合形態としての互酬性は、再分配と交換の両方を副次的な方法として用いる能力によって、大幅にその力を増す。[14]互酬性は、再分配の一定の原則によって労働負担の分有が行われることによっても達成される。たとえば、「交互に」ものごとを引き受けるような場合である。互酬性は、同様に、たまたまある種の必需品が不足している相手のために設定レートで行う等価物の交換によって達成される時もある――これは古代オリエント社会における基本的な制度であった。非市場経済では、これら二つの統合形態――すなわち互酬と再分配――が実際にはいっしょに起こるのがふつうである。

一つの集団のなかでの再分配は、財の配分が一つの手に集中し、またそれが、習慣、法律、あるいは中央における臨機の決定によって行われるかぎりにおいて、現れる。時には、それは物理的徴収と、それにつづく貯蔵―再配分となり、また時には、「徴収」が物理的ではなく、単に占有上のことにすぎない場合、つまり、財の物理的位置の処分権に属することにすぎない場合もある。再分配は多くの理由によって起こり、未開の狩猟民族から古代エジプト、シュメリア、バビロニア、ペルーなどの巨大な貯蔵制度にいたるまで、すべての文明のレベルで起こる。大きな国では、土地と気候の差のために再分配が必要となる。別の場合には、たとえば収穫と消費のあいだのような、時点の食い違いによってひき起こされる。狩猟では、ほかのどんな分配の方法によってもホルドやバンド(15)が解体してしまうであろう。なぜなら、ここでは成果を生み出すのは「分業」だけだからである。購買力の再分配はそれ自体として価値があるとされることがある。たとえば、現代の福祉国家の社会観念によって要求されるような目的の達成がその例である。しかし、中心へ集め、そこから分配するという原理は、依然として同じである。再分配はまた、経済全体の統合様式にかかわりなく、世帯や荘園などの、社会よりも小さい集団にもあてはまる。もっともよく知られている例は中央アフリカの「クラール」(16)、ヘブライの家父長的世帯、アリストテレスの時代のギリシャの大土地《エステート》所有制、ローマの「ファミリア」、中世の荘園、穀物の市場取引が一般化する以前の農民の典型的な大世帯などである。しかし、かなり進んだ形態の農業社会においてはじめて、世帯経営は実行可能になり、またかなり一般的となるのである。それ以前では、広範に存在する「小家族」は、ある程度の料理を除いて、経済的には制度化されていない。牧草地や土地や家畜の使用は、まだ、家族よりも大きな規模で、主として再分配的な方法や互酬的な方法によって行われる。

再分配もまた、国家そのものから一時的な性格の単位にいたるまでのあらゆるレベルの集団、あらゆる度合いの永続性をもつ集団を統合する傾向をもつ。ここでもまた互酬の場合と同様に、包括単位が緊密に編成されていればいるほど、再分配を効果的に作用させる下部単位は一層多様になる。プラトンは国家の市民の数は五千四十人であるべきだと説いた。この数は、一から十までの数を含めて、五十九個の約数をもつ数であった。税の査定、商取引のための集団の編成、軍事負担やその他の負担の「交代による」遂行などのために、この数字はもっとも広い可能性《スコープ》を与えるだろう、と彼は説明した。

交換が、統合の一形態として役立つためには、価格決定市場という一つのシステムの支えを必要とする。そこで、三種類の交換が区別されなければならない。すなわち、手のあいだの「場所の変更」という単なる場所に関する移動（操作的交換《オペレーショナル》）、設定レートによる交換という占有の移動（確定的交換《ディシジョナル》）、または取引《バーゲン》レートによる交換という占有の移動（統合的交換《インテグラティブ》）の三つである。設定レートによる交換に関するかぎり、経済は市場メカニズムによってではなく、そのレートを確定する要素によって統合されている。価格決定市場でさえ、統合的であるのは、直接に影響を受ける市場以外の市場に価格の影響を及ぼすような一つのシステムに連鎖しているかぎりにおいてである。

駆け引き《ヒグリング・ハグリング》と折衝《バーゲニング》は取引行動の中枢をなすと考えられてきた。このことは正当である。交換が統合的であるためには、両当事者の行動ができるかぎりそれぞれに有利な価格を生み出す方向に向かっていなければならない。そのような行動は、設定価格での交換行動と完全に対照的である。ところが、「利得」という言葉の曖昧さによってこの差異は覆い隠されやすい。設定価格での交換に含まれるのは、交換を行うという決定が含意する、いずれかの当事者の利得以上を出るものではない。一方、変動価格での交換は、明白な対立関係を含む当事者間の態度によってはじめて得られる利得を目標とする。この種の交換につきまとう対立の要素は、たとえどんなに薄められていても、拭い去ることはできない。成員の団結の源泉を守ろうとする共同体であれば、食物のように肉体の生存に致命的にかかわり、したがって強い不安をひき起こしうることがらに関して、潜在的な敵対意識が発達することを許すことはできない。原始社会、古代社会における、食物、食糧品に対する利得追求的性格の取引の普遍的な禁止は、この点に由来する。食糧に対する駆け引きの禁止は非常に広くみられるのであるが、これは初期の制度の領域から価格決定市場を自動的に排除するものである。

　経済の伝統的な区分けは優位の統合形態にしたがった分類にほぼ近いが、この事実は示唆的である。歴史家がよくいう「経済体制」はこのパターンにかなりあてはまるように思われる。そこでは、一つの統合形態の優位性が、社会のなかでそれが土地と労働をどの程度包含するかということと同一視されている。いわゆる未開社会の特徴は、親族の絆によって土地と労働が経済に統合されている点である。封建社会では忠誠の絆が土地と労働の運命を決定し、土地と労働は忠誠の絆とともに動く。氾濫を起こす大河の流域に形成された帝国では、土地は主として寺院や宮廷によって分配され、また時には、再分配された。少なくともその従属的形態においては、労働も同様であった。市場が経済のなかの支配的な力へと台頭していった過程をたどるためには、土地と食糧が交換をとおして流通化させられた度合いと、労働が市場で自由に購入される商品に転化させられた度合いに注目すればよい。このことは、マルクス主義に伝統的な、奴隷制、農奴制、賃労働という歴史的には支持しえない段階論――これは、経済の性格は労働の地位によって決定されるという確信から出た区分けであるが――の妥当性を説明するのに役立つかもしれない。だが、土地の経済への統合も、それに劣らず重要であると考えなければならないであろう。

いずれにせよ、統合形態は発展の「段階」を示すものではない。時間的な順序は含意されていないのである。いくつかの下位形態が優位形態と並存することもあり、優位形態そのものが一時的に衰退したあと、また台頭してくることもある。部族社会は互酬と再分配を行う。一方、古代社会は、ある程度交換が入りこむことを許すことはあっても、圧倒的に再分配的である。メラネシアのいくつかの共同体で優位形態の役割を果たす互酬は、再分配的な古代帝国においても、下位形態ではあるが、重要でないことはない特性として発生している。そこでは、外国貿易（贈物と返礼の贈物によって進められる）は依然として大幅に互酬の原理の上に組織されている。実際、それは二十世紀においても、戦時下の緊急事態の期間中に、ふつうなら市場取引と交換が支配的な社会で、武器貸与《レンド・リース》の名のもとに再び大規模に取り入れられた。再分配は部族社会、古代社会では支配的な方法であり、それにくらべれば、交換はきわめてわずかな役割しか果たさない。この再分配がローマ帝国後期には非常に重要になったばかりか、今日でもいくつかの現代産業社会で現実に地歩を獲得しつつあるのである。ソ連がその極端な例である。逆に、市場の方も、人間の歴史の過程において、これまで一度ならず、経済にある役割を演じてきた。もっとも、その役割は十九世紀のそれに匹敵するほどの地域的規模にわたるものでも、制度的な包括性をもったものでもなかった。しかし、ここでも変化は顕著である。今世紀には、金本位制の廃止にともない、市場の世界的役割が十九世紀の頂点から下降しはじめた。この傾向変化は、偶然的にではあるがわれわれを出発点に引き戻す。すなわち、われわれの市場的定義には限界があり、社会科学者による経済領域の研究の目的にはますます不適当になりつつあるのである。

交易の形態[17]、貨幣の使用、市場要素

市場的観点からの接近方法は交易と貨幣制度に関する解釈を極度にせばめてしまう。不可避的に、市場は交換の場として、交易は実際の交換として、貨幣は交換の手段としてみ

られてしまうのである。交易は価格によって動かされ、価格は市場の関数であるから、交易はすべて市場交易である、ということになる。それは、ちょうどすべての貨幣が交換貨幣であるのと同じだというわけである。市場は自然に生成した制度であり、交易と貨幣はその関数だというのである。

このような概念は、人類学と歴史学の事実に合致しない。交易は、ある種の貨幣使用と同様に、人類と同じくらいに古い。経済的な性格をもった出会いは古くは新石器時代から存在したと考えられるが、市場は歴史上、比較的最近まで重要性をもつにいたらなかったのである。市場システムを構成する唯一の要素である価格決定市場は、どの記録をみても、紀元前一千年紀以前にはまったく存在しなかった。そして、現れた時も、ほかの統合形態によって覆い隠されるだけの運命にあった。しかし、交易と貨幣がみられるのは、特殊に経済的な統合の形態である交換という統合形態だけに限られている、と考えられていたあいだは、これらの主要事実でさえも発見されなかった。歴史上の長い期間、互酬と再分配が経済を統合したにもかかわらず、また、近代においてもかなりの範囲にわたって互酬と再分配が経済を統合しつづけたにもかかわらず、限定的な用語法によってこの二つの事実は排除されていたのである。

交換システムとしてみた場合、つまり、簡単にいえば市場的にみた場合[18]、交易、貨幣および市場は不可分の全体を形成する。それらに共通の概念の枠組が市場である。交易は市場をとおしての財の二方向の移動として現れ、貨幣はその移動を容易にするために、間接的な交換に用いられる量化可能財として現れる。このような接近方法をとると、暗黙のうちに発見的《ヒューリスティック》な原理を多かれ少なかれ受容していることになる。その原理によればすなわち、交易が存在するところには、市場があると仮定されなければならず、貨幣が存在するところには、交易ひいては市場があると仮定されなければならない。当然のことながら、ここから出てくるのは、存在しないところに市場を発見し、市場がないという理由で、存在しているのに交易と貨幣を無視してしまう結果である。その累積的効果によって、なじみの少ない時代と場所における経済のステレオタイプがつくられてしまうにちがいない。それはもとの姿にはほとんどまったく似つかない架空の風景をつくりあげるようなものである。

以上から、つぎに交易、貨幣、市場を別々に分析することが必要となる。

1 交易の形態

実体的な観点からいえば、交易とは、その場所では得られない財を獲得するための相対的に平和な方法である。それは集団にとっては外部的なものであり、その点、われわれが狩猟、奴隷狩り、海賊行為などとよく関係づけることがある活動に似ている。どの場合も、要は遠方からの財の獲得と運搬である。獲物、戦利品、略奪品、銘木、珍獣などを求めることと交易とを区別するものは移動の二面性である。一般的にいって、この二面性もまた交易の平和的かつ規則的な性格を保障するものである。

市場的観点からは、交易とは、市場をとおして行われる財の移動である。商品――つまり、売るために作られた財――のすべては交易の潜在的な対象である。一つの財が一つの方向に動き、もう一つの財はその反対方向に動く。その移動は価格によってコントロールされる。つまり交易と市場とは同一の延長線上にある。すべての交易は市場交易である。

また、自然の条件下で行われる狩猟や襲撃や遠征と同様、交易は個人的な活動というよりも、むしろ集団的な活動である。この点で、これは、多少の差はあれ、平和的な方法で妻を遠方から獲得することにしばしば関係してくる求婚と縁組の組織にきわめて近い。交易はこのように、財の交換を目的の一つとする、異なる共同体同士の出会いを中心とする。そのような出会いは、価格決定市場とは違って、交換のレートをつくり出さず、むしろ逆に、そのようなレートを前提とする。そこでは、個々の交易人個人が関係することも、個人的な利得の動機が関係することもない。首長や王が、共同体の成員から「輸出」財を徴収したあとで、その共同体を代表して行動するのであれ、集団が交易のために実際にその相手方と海岸で出会うのであれ、どちらの場合にも、やり方は本質的に集合的である。「交易当事者」間の交換は頻繁であるが、しかし、求婚や縁組での当事者関係ももちろん同様に頻繁なのである。個人的な活動と集団的な活動とはからみ合っているのである。

「遠方からの財の獲得」を交易の構成要素として強調することによって、初期の交易の歴史で輸入への関心が支配的な役割を果たしていたことが明らかになるであろう。十九世紀には輸出に対する関心が大きく姿を現したが、それは典型的な市場的現象であった。

物がかなりの距離を、しかも正反対の二つの方向に運ばれなければならないのであるから、交易はその性質上、人員、財、運搬、二面性といった、いくつかの構成要素をもつ。これらはそれぞれ、社会学的に、また技術的に重要な基準によって分解することができる。われわれは、これら四つの要素にしたがうことによって、社会のなかに交易が占める位置の変化について知ることができるであろう。

まず第一に、交易に携わる人員である。

「遠方からの財の獲得」が行われるのはつぎの動機のいずれかによる。一つは交易人の社会内での身分に付随する動機で、通例、義務、もしくは公共の仕事という要素を含む場合である（身分動機）。他は、自分で行う売買取引から生じる個人的な物質的利得の追求のためになされる場合である（利潤動機）。

これらの誘因の可能な組み合わせの数は多いが、そのなかで、一方では名誉と義務、他方では利潤がきわめて明確な主要な動機として際立つ。たとえ「身分動機」が、よくあるように、物質的な利益によって補強されるとしても、後者は普通、交換から生じる利得の形はとらない。むしろそれは、王や寺院や領主から交易人に報酬として賜わる宝物や地代徴収権の授与の形をとる。財の性格からいって、交換によってもたらされる利得はふつうたいした額にはならず、機略に富み、冒険に成功した交易人に領主から賜わる富とは比べものにならない。こうして、義務や名誉のために交易するものは富み、汚れたもうけのために交易するものは貧しいままである。これは、古代社会で利得のための動機が陽の目をみなかったもう一つの理由である。

人員の問題に接近するもう一つの方法は、所属する共同体が彼らの身分にふさわしいとみなしている生活水準の観点から接近するものである。

たいていの古代社会には、通常、社会階梯の最上層か最下層に属する交易人しか存在しない。前者は、交易の政治的、軍事的な条件の必要性から、支配者と政府に結びついている。後者は生計のために運搬という雑役を行う。この事実は古代における交易組織の理解のために非常に重要な事実である。少なくとも市民層のあいだには中間階級の交易人は存在しない。われわれが考察対象としない極東を除けば、近代以前における広い意味で商業的な中間階級に関しては、重要な例が三つだけ記録にとどめられている。すなわち、東地中海東部の都市国家にみられた、主として「メティック」(19)〔居留外人〕出身のギリシャ商人、ギリシャの海上貿易の伝統をバザールの風習に接ぎ木して、あらゆる土地で活躍していた回教徒商人、そして最後に、ピレンヌ(20)が西ヨーロッパの「浮きかす」と呼んだものの子孫、つまり、中世中期の大陸における一種の居留外人、の三例である。アリストテレスが語った古典ギリシャの中間階級は土地所有者であって、商人階級ではなかった。

第三の接近法はずっと歴史的である。古代の交易人の型は「タムカルム」[21]と「メティック」、つまり居留外人と「外人」であった。

タムカルムはシュメールのはじめからイスラムの興起まで、すなわち三千年以上ものあいだメソポタミアの舞台を支配した。エジプト、中国、インド、パレスチナ、征服以前の中米、土着的な西アフリカなどにはそれ以外の型の交易人は存在しなかった。居留外人は歴史的には、最初アテネやそのほかギリシャの都市における下層階級の商人として目立ちはじめ、ヘレニズムとともに台頭し、やがてインダス平野からヘラクレスの柱[22]まで広がっていったギリシャ語を話す商業的中間階級、もしくはレバント系[23]の商業的中間階級の原型となった。外国人はもちろんどこにも存在する。彼らは、外国人の乗組員と外国船で交易を行う。彼らはその共同体に「属し」もせず、居留外人としての準身分を享受しもしない、まったく別の共同体の成員である。

四番目の区別は人類学的なものである。それはあの特異な人物、外国人交易人についての鍵を与えてくれる。これらの「外国人」が所属した「交易民族」の数は比較的少ないが、各地に広範にひろがる「受動的貿易」制度[24]をもたらしたのは彼らである。交易民族そのもののあいだにも重要な点で相異がみられた。固有の交易民族と名づけてもよいかもしれない民族は、生計を完全に交易だけで立て、その交易には直接、間接に全人口が携わっていた。フェニキア人、ロードス人、ガデス（現代のカーディス）[25]の住民、ある時代のアルメニア人とユダヤ人などがその例である。そのほかのケース——こちらの方がずっと数の多いグループである——では、交易は、人口のかなりの部分が、時に応じて、長期または短期に、時には家族といっしょに外国へ旅行するという方法で携わっていた職業の一つにすぎなかった。西スーダンのハウサ族[26]やマンディンゴ族[27]はその例である。後者はまたドゥアラとしても知られているが、最近判明したところでは、そう呼ばれるのは外国で交易している時のみである。以前には、交易の際訪問する相手の人々は彼らを別の民族であると思っていたのである。

つぎに第二の財の問題であるが、昔の交易の組織は運搬される財、旅行距離、運搬者が乗り越えなければならない障害、その企図をとりまく政治的、生態学的な条件などによって異ならなければならなかった。ほかの理由はなくとも、この理由によって、すべての交易はその起源において特定的であるといえる。[28]財とその輸送が交易をそのようなものにするのである。これらの条件のもとでは、「一般的な」交易というようなものは存在しえないのである。

この事実を十分に重視しなければ、交易制度の初期の発展を理解することは不可能である。ある種の財を一定の産地から一定の距離をへて獲得しようとする決定は、別の種類のものを別の所から獲得しようとする決定の場合とは違った状況のもとでなされるのである。

この理由によって、交易の企ては不連続的な出来事であることになる。それらは具体的な企画に限定されて、一つ一つ片付けられてゆき、連続的な事業に発展していくことはない。ローマの「ソキエタス」は、のちの「コメンダ」と同様に、一つの企画に限られる交易の当事者関係《パートナーシップ》である。徴税請負いと契約のための「ソキエタス・プブリカノルム」だけが組織化されていた——これは一大例外であった。[29] 永久的な交易の連合体《アソシエーション》は近代以前には知られていなかった。

交易の特定性は、輸出財によって輸入財を獲得する必要性によって、事の性質上当然に高められる。なぜかといえば、非市場的条件のもとでは、輸入と輸出が別々の体制《レジーム》のもとにおかれる傾向があるからである。財が輸出のために集められる手続き《プロセス》は、ほとんどの場合、輸入された財が再配分される手続きとは別であり、それから相対的に独立している。前者は、貢納、税、封建的贈与、あるいはそのほかどんな名前で呼ばれてもよいが、中央へ向かって流れる財の問題である。他方、再配分される輸入品は別の筋道をとおって流れ下っていくであろう。ハムラビの「セイサクテイア」[30]は「シム」財を例外としているようにみえる。それは、時には、自分の生産品を輸入品と交換することを望んでいる臣下に対して、王が「タムカルム」を通じて渡す輸入品であったであろう。中米のアステカの「ポチュテカ」[31]によって行われた征服以前の長距離交易のあるものも同じような特徴をもっているように思われる。

自然が区別しておいたものを、市場は均一にしてしまう。財とその輸送のあいだの違いでさえも曖昧にさせられることがある。市場ではどちらも——前者は商品市場で、後者は貨物・保険市場で——売買できるからである。どちらの場合にも需要と供給があり、価格は同じような方式で決まる。輸送と財という二つの交易の構成要素は費用に関しては公分母を獲得する。こうして、市場とその人為的な均一性に関心を奪われると、よい経済理論はできても、よい経済史はできない。われわれは、結局、交易の制度的形態にとっては、運ばれる財の類型だけでなく、交易路と運搬手段も決定的に重要であることを見いだすことになるであろう。なぜなら、これらすべての場合において、地理的、技術的条件が社会構造と相互に浸透し合っているからである。

二面性の存在理由に照らせば、交易には三つの主要な形態が見いだされる。すなわち贈与交易、管理交易、市場交易である。

贈与交易《ギフト・トレード》は当事者同士を互酬関係において結びつける。たとえば、ゲスト・フレンド(32)、「クラ」の相手同士、そのほかの訪問者の場合などである。何千年にもわたって、帝国間の交易は贈与交易として行われた——これ以外の二面性の存在理由のどれをとっても、その状況での必要性をこれほどよく満たすことはできなかったであろう。交易の組織は、ここでは通常儀礼的であり、首長もしくは王のあいだでの相互贈呈、大使交換、政治的取引などとして行われる。その時の財はエリート間に流通する品、財宝である。訪問者は定義すれすれの場合であるが、その場合の財は帝国間の交易よりも「民主的」な性格のものであることもありえよう。しかし、その接触は稀薄であり、交換は回数が少ない。管理交易《アドミニスタード・トレード》の強固な基盤は、多少なりとも正式な条約関係にある。通常、両側の輸入関心が確定的であるために、交易は政府が管掌するチャネルを通じて行われる。輸出交易も同じように組織されるのが普通である。その結果、交易全体が管理的な方法で進められることになるのである。管理は商取引の方法にまで及ぶ。そうした商取引の方法としては、交換される単位の「レート」すなわち割合、港湾施設、計量、品質検査、実際の財の交換、貯蔵、保管、交易要員の監督、「支払い」の規定、信用、値段の違いなどに関する取り決めがある。これらの事項のあるものは、当然、輸出品の徴収と輸入品の再配分とも関連することになるが、この両者はともに国内経済の再分配の領域に属することがらである。双方が輸入する品は品質、梱包、重量、その他容易に確認できる基準に照らして標準化される。そのような「交易品」だけが交易することのできるものである。等価物は単純な単位間関係によって決められ、したがって、交易は原則的には一対一的なのである。

駆け引き《ヒグリング・ハグリング》と折衝は以上の手続きには含まれない。等価物はいったん決められれば、あとはずっとそのままである。しかし、変化する状況に適応するためには、調整は避けられないから、駆け引きと折衝は価格以外の事項、たとえば、測り方や品質や支払い方法などについて行われる。果てしない論争が食糧品の品質について、使用単位の容積と重量について、また、もし異なる通貨がいっしょに使われる場合には、それらのあいだの比率について起こる可能性がある。「利潤」さえもがしばしば「取引される」。この手続きの存在理由が値段を変えないことにあるのはいうまでもない。そこで、たとえば緊急事態に際して、実際の供給状況に合わせなければならない場合には、二対一または二・五対一で行われる交易というように表現される。これをわれわれのいい方でいえば、一〇〇％または一五〇％の利潤のある交易ということになる。価格固定状態での利潤に対するこのような駆け引きの方法は、古代社会ではかなり一般的であったように思われるが、ごく最近では、十九世紀の中央スーダンの例によって十分に証明されている。

　管理交易の前提は政府、あるいは少なくとも政府によって特許されている会社のような、比較的恒久的な交易団体の存在である。現地人との了解は、伝統的な関係や慣習的な関係の場合のように、暗黙的なものであるかもしれない。しかし、主権団体のあいだでは、交易は、紀元前二千年紀という比較的早い時期においてさえも、正式の条約を必要とした。

　管理形態の交易は、ある地域で神々の厳粛な保護のもとにいったん確立されれば、条約が前もって存在していなくとも実施されるであろう。対外的な管理交易のすべてが行われる場をここでは商港《ポート・オブ・トレード》と呼ぶが、まさにこの商港こそが管理交易の主要な制度であることを、われわれは今認識しはじめているのである。商港は、内陸の権力に対する軍事的な安全保障、外国の交易商人に対する民事的保護、停泊、陸揚げ、保管などの設備、司法当局の便宜、交易品に関する協定、混合梱包すなわち「取り合わせ《ソーティング》」における諸種の交易品の「比率」に関する協定などを提供してくれる[33]。市場交易《マーケット・トレード》が交易の第三の典型である。そこでは交換が当事者同士を互いにつなぐ統合の形態である。この比較的近代的な交易の変種によって、西欧と北米における物質的な富の急激な流れがはじまった。現在は後退しかかっているが、これまでのところ、それはいまだに群を抜いて重要なものである。交易可能な財――すなわち商品――の範囲は実際上無限であり、市場交易は需要供給・価格メカニズムがつくり出す筋道にしたがって組織される。市場メカニズムは、財の取り扱いだけでなく、交易そのものを構成するすべての要素――すなわち保管、輸送、危険、信用、支払い等々――の取り扱いについても、貨物、保険、短期信用、資本、倉庫敷地、金融施設などに対する特定市場を形成することによって適応することができるため、その適用範囲はきわめて広いのである。

今日の経済史家の主要な関心はつぎのような問題に向けられている。交易はいつどのようにして市場と結合するようになったのか。市場交易として知られる一般的な成果にわれわれが出会うようになるのはいつの時点であり、どの場所においてであるのか。

厳密にいうならば、このような疑問は、市場経済の論理の力によって最初から排除されているはずである。市場経済の論理には交易と市場を切り離しがたく融合させる傾向があるからである。

2　貨幣の使用

市場経済学《マーケット・エコノミックス》における貨幣の定義は間接的な交換の手段という定義である。近代の貨幣は支払いのために用いられ、また「標準」として使われるが、それはまさに貨幣が交換手段であるからである。このようにわれわれの貨幣は「多目的」貨幣である。貨幣のほかの用途はその交換用途の変形にすぎず、重要性は低い。そして、貨幣のすべての用途が市場の存在に依存しているのである。(34)

貨幣の実体的な定義は、交易の実体的な定義と同様に市場とは無関係である。それは量化可能物が使われる一定の用途から導き出される。その用途とは支払い、標準、交換である。したがって、ここでは貨幣はこれらの用途のどれか一つまたはいくつかの用途に供せられる量化可能物である、と定義される。問題はそれらの用途一つ一つの独立した定義が可能であるかどうかということである。

貨幣のさまざまな用途の定義にはつぎの二つの基準が含まれる。すなわちその用途を発生させる社会的に規定された状況と、その状況のなかで貨幣素材を使ってなされる操作である。

支払いは債務の決済であり、そこでは量化可能物が手を変える。ここでいう状況は一種類の債務だけではなく、数種類の債務にかかわっている。なぜなら、一つの物が一種類以上の債務の決済のために使われる場合に、はじめてわれわれは言葉の明確な意味において、それを「支払い手段」として語ることができるからである（さもなければ、現物で決済される債務だけがそのように決済されるということになる）。

昔は、支払いのための貨幣の使用がもっとも一般的な用途の一つであった。この場合、債務は取引からは発生しないのがふつうである。階層化していない原始社会では、支払いはつねに婚資、殺人償金《ブラッド・マネー》および罰金などの制度との関連でなされる。古代社会でもそのような支払いは存続するが、しかし、慣習的な賦課金、税、地代、貢納などが最大規模の支払いを生み出すために、それらによって重要性を奪われる。

標準としての、すなわち会計計算のための貨幣の用途は、さまざまな種類の財の量を特定の目的のために、等しくするところにある。そうした「状況」には、物々交換の場合、または基本物資《ステープル》の保存および管理の場合がある。その時の「操作」というのは、さまざまな物品の取り扱いの便利のためにそれらの物品に数字札をつけることである。そうすることによって、物々交換の場合には、それぞれの側の物品の総和を最終的に等しくすることができるのであり、基本物資の管理の場合には、計画、残高計算、予算立案、それに一般会計などを行う可能性が得られるのである。

標準としての貨幣の使用は、再分配システムの柔軟性のためには不可欠である。大麦、油、羊毛などの基本物資——税や地代の支払い手段となる一方、逆に配給や給料の配分手段となることもある――を等しくすることは非常に重要である。なぜなら、それによって支払い者側も要求者側も同様に、いろいろな基本物資のあいだで選択をすることが可能になるからである。同時に、財源と差額の考え方、いいかえれば、基本物資の相互交換性を前提とする、大規模な「現物」財政の前提条件がつくり出される。

交換のための貨幣の使用は、間接的な交換のために量化可能物が必要であることからはじまる。その場合の「操作」というのは、欲しい品物を将来の交換行為によって得るために、まず間接的な交換によって量化可能物の何単位かを入手することである。時には貨幣素材が最初から手もとにあり、二回の交換が単に同じ品物の増加分をもうけるために企てられることもある。量化可能物のこのような用法は物々交換の無差別な行為――十八世紀合理主義お好みの空想――から発展するものではなく、むしろ組織化された交易と結びついて発展し、とくに市場において発展する。市場が存在しないところでは、交換のための貨幣の使用は下位的な文化特性でしかない。古代の、たとえばテュロスやカルタゴ(35)の偉大な交易民族が、明らかに交易に適している新しい形の貨幣としての硬貨の採用を驚くほどいやがったのは、商業帝国の貿易港が市場としてではなく、「商港」として組織されていたからであろう。

ところで、貨幣の意味が二通りに拡張されることにここで注目しなければならない。一つは貨幣の定義を物理的な物体以外のもの、つまり、観念的な単位にまで拡張するものであり、もう一つは貨幣の通常の三用途と並んで、貨幣素材を操作的な用具として使用することをも含むのである。

観念的単位とは言語表現もしくは書かれた記号であって、それらは主として支払いのためか、または標準として、あたかも量化可能な単位であるかのように用いられるのである。その「操作」はゲームの規則にしたがって行われる負債勘定の操作である。そのような勘定は原始生活にも一般的な事実であって、しばしば考えられていたように、貨幣経済に特有というわけではない。メソポタミアにおけるもっとも初期の寺院経済や初期のアッシリアの交易人は、貨幣素材を介在させずに勘定の清算を行っていた。

他方、たとえそれが例外的ではあっても、貨幣の用途のなかには、操作的な用具としての用途もあったことを述べておくのが適当であろう。古代社会では量化可能物が時に算術、統計、課税、行政、そのほか経済生活に関連のある非貨幣的な目的に使われることがある。十八世紀のウィダ(36)では子安貝の貨幣が統計の目的のために使われ、「ダンバ」(37)豆が(貨幣としては全然使われなかったが)金の重さの単位の役割を果たし、そういうものとして、会計計算のための用具として巧みに用いられていた(38)。

すでにみてきたように、初期の貨幣は特殊目的貨幣である。つまり、異なった種類の物体が異なった貨幣用途に用いられる。しかも、そうした用途は互いに独立に制度化されている。その意味するところはまことに深長である。たとえば、ある手段は、それで「支払う」ことはできるが買うことはできないとしても、そこにはまったく矛盾がないし、また、交換手段としては用いられない物体を「標準」として使っても、そこにもまったく矛盾がないのである。ハムラビのバビロニアでは大麦が支払いの手段で、銀が普遍的な標準であった。交換はほとんど行われなかったが、行われる場合には、大麦と銀の両方が油、羊毛、そのほかの基本物資とともに用いられた。なぜ、市場が支配している経済以外の経済においてだけでなく、まさに市場が存在していないところでも、貨幣の用途が——交易活動の場合と同様に——ほとんど無限の発展水準に達することができるのかがこれで明らかになる。

3　市場要素

さて、市場そのものについて述べよう。市場経済学の観点からは、市場は交換の場《ローカス》である。市場と交換は同じ広がりをもつ。なぜなら、市場経済学の仮定のもとでは、経済生活は、市場の駆け引きと折衝をとおして実現される交換行為に還元され、市場に飲みこまれてしまう。こうして、交換は唯一の経済関係と規定され、市場は唯一の経済制度と規定されることになる。市場の定義は市場経済学の仮定から論理的に生まれてくる。

用語の実体的な範囲のなかでは、市場と交換の特性は経験的にいって無関係である。それでは、交換と市場の意味はどのようなものか。そして、それらのあいだにはどの程度まで必然的なつながりがあるのか。

実体的に定義をすれば、交換とは、手と手のあいだで相互に行われる財の占有上の移動である。そのような移動は、すでにみたように、設定されたレートでも、取引レートでも起こりうる。後者だけが当事者間の駆け引きと折衝の結果である。

このように、交換があるところには必ずレートが存在する。これは、そのレートが設定されたものであろうと取引によるものであろうと、つねに真である。取引価格での交換は市場的交換、つまり「統合の一形態としての交換」と同一のものであることが注目されよう。この種の交換だけが、価格決定市場という特定の型の市場制度に限って典型的に現れるのである。

市場制度は、供給群または需要群、あるいはその両者を含んだ制度と定義されるであろう。一方、供給群と需要群は交換によって財を得るか、あるいは逆に処分するかを望んでいる手の集まりと定義されるであろう。したがって、市場制度は交換制度ではあるけれど、市場と交換とは同一延長線上にあるものではない。設定レートでの交換は統合の互酬的形態と再分配的形態のもとで起こるが、取引レートによる交換は、すでに述べたように、価格決定市場に限られる。設定レートでの交換が交換的形態を除くすべての統合形態において起こりうるということは、逆説的に思えるかもしれない。しかしこれは論理的な帰結である。なぜなら、取引による交換のみが、用語の市場的意味における交換を表すからである。そして、取引による交換はこの場合の統合の形態なのである。

市場制度という世界に接近する最良の方法は「市場要因」の観点からであろう。この方法は、最終的には、市場や市場タイプの制度の名のもとに包括される、多種多様な形態の世界の案内として役立つだけでなく、そうした制度についてのわれわれの理解を妨げている、いくつかの因襲的な概念を解剖するための道具としても有用となるであろう。

つぎの二つの市場要因は特殊的なものとみなされなければならない。それはすなわち、供給群と需要群である。このどちらかが存在すれば、市場制度が語られることになるのである(両方が存在するなら、それを市場と呼び、どちらか一つだけなら、それを市場タイプの制度と呼ぶ)。つぎに重要なのは等価という要因、つまり、交換レートである。等価の性格いかんによって、市場はあるいは設定価格市場となり、あるいは価格決定市場となる。

競争とは、価格決定市場や競売のような、ある種の市場制度がもつもう一つの特徴であるが、等価とは対照的に、経済的競争は市場にかぎられる。最後に、機能的と呼ぶことのできるような要因が存在する。それらはふつう市場制度とは別に現れるが、しかし供給群や需要群とともに現れる場合には、そうした機能的要因は実際的な関連性の高い仕方で市場制度をパターン化するのである。こうした機能的要因のなかには、物理的な場所、そこに現れる財、慣習、法などがある。

市場制度のこの多様性は、最近、需要供給・価格メカニズムという形式的概念の名のもとに曖昧にされてしまった。実体的な接近法はわれわれの視野を著しく拡大させてくれるが、それがまさに、供給、需要、価格という中軸概念との関連においてであったのも不思議ではない。

これまでのところ、供給群と需要群とは相異なる別個の市場要因であると述べてきた。いうまでもなく、近代市場に関してはこれは容認しがたい考え方であろう。そこでは、ある価格のレベルで売り《ベアー》が買い《ブル》に変わり、別の価格のレベルではその奇蹟が逆転する、というようなことがある。このことから、人々は、近代的な市場形態以外のところでは買い手と売り手が別々に分離しているという事実を見逃すようになってしまったのである。これがさらに二重の誤解を支えることになった。まず、「需要と供給」は融合した自然力と思われたが、実際には、両者は非常に異なった二つの構成要因、つまり、一方は財の量、他方はそれらの財に売り手と買い手として関係している人の数からなっていたのである。第二に、「需要と供給」はシャム双生児のように切り離しのできないものと思われたが、両者は、実際には、資源を処分するように財を手放すか、必需品として求めるかによって、別個の人間集団を形成していたのである。したがって、供給群と需要群が必ずいっしょに現れる必要はないのである。たとえば、戦勝の将軍が戦利品を最高入札者に競売する場合、目につくのは需要群だけである。同様に、契約が最低入札請負人に対してなされる場合には、供給群のみが存在する。ところが、古代社会では競売や入札請負がきわめて一般的であったし、古代ギリシャでは競売が市場そのものの先駆の一つであったのである。こうした供給群と需要群の区別が、近代以前のすべての市場制度の組織を形づくったのである。「価格」と呼びならわされている市場要因は、ここでは、等価というカテゴリーに包括した。この一般的な用語を使用することによって、誤解は避けられるはずである。価格は変動を連想させるが、等価にはこの連想はない。「設定された」価格、「固定された」価格という言葉自体が、価格には、設定され固定される前には変動する傾向があったと暗示してしまうようである。このように、言葉そのものが真の状態を伝える妨げとなり、「価格」がもともとは厳密に固定された数量であって、それなしでは交易がはじめられないという状態を伝えることをむずかしくしている。競争的な性格をもった変化する価格、あるいは変動価格というのは比較的最近の展開であって、その出現は古代経済史の重要な関心の一つとなっている。従来は、その順番を逆に想定し、価格は交易と交換の結果であって、その前提条件ではない、と考えていたのである。

価格とは、異なる種類の財のあいだの数量的な比率のことであって、物々交換や市場の駆け引き・折衝によって生まれるものである。それは、交換によって統合されている経済に特徴的な形態の等価なのである。しかし、等価はけっして交換関係に限られるわけではない。再分配的な形態の統合のもとでも等価はよくみられる。その時の等価は、税、地代、賦課金、科料などの支払いに使えるさまざまな種類の財のあいだの数量的関係、あるいは、市民身分の資格を財産調査によって示す場合に使うさまざまな種類の財のあいだの数量的関係を表すのである。また、等価は、現物払いの給料や配給が、その受領者の選択に応じて、要求されるその割合を決めることもある。基本物資財政《ステープル・ファイナンス》——計画、貸借対照、会計——のシステムの柔軟性はこのしくみを軸としている。ここでは、等価はもう一つの財に対して与えられるべきものではなく、それのかわりとして要求することができるもののことである。さらに、互酬的な形態の統合のもとでは、等価は対称的な位置を占める相手との関係において「妥当な」量はなにかを決定する。この行動の脈絡が交換とも再分配とも異なることは明らかであろう。

　価格制度が時代的に発展していく結果、そのなかに、歴史的に異なる統合形態のもとで発生した異なる等価が層をなして残っている場合もある。ヘレニズム時代の市場価格には、それに先行した楔形文字文化の再分配的な等価から生まれたことを示す証拠が豊富にみられる。ユダがイエスを裏切るために一人の男の値段として受け取った銀三十枚は、それより約千七百年前のハムラビ法典に定められていた奴隷一人という等価に近い変型であった。一方、ソ連の再分配的な等価は長いあいだ十九世紀の世界市場の価格を反映していた。そして、十九世紀の世界市場の価格の方にもまた先行物があった。マックス・ウェーバーの指摘によれば、法制化され、規制化された価格や慣習的地代などの、中世につくられた網の目がギルドや荘園の遺産として残されなかったとしたら、西欧資本主義は、費用計算の基盤を欠くために、存立不能であったかもしれない。このように、価格制度は、その形成に貢献した等価の類型に応じた、それ自身の制度史をもつといえよう。

以上のような交易、貨幣、市場の非市場経済的概念の助けを得て、はじめて、変動価格の起源や市場交易の発展など、経済史、社会史の基本的な問題に対して、もっとも有効に取り組み、そして望むらくは、最終的にそれを解決することが可能になるのである。

結論すれば、交易、貨幣、市場の定義を批判的に検討することによって、社会科学の経済的側面での原材料として利用可能ないくつかの概念が与えられるのである。この認識が理論、政策および前途の問題に関してもつ意味は、第一次世界大戦以来徐々に進行しつつある制度的変化に照らし合わせて考察されなければならない。唯一無二のフレーム・オブ・レファレンスとしての市場は、市場制度そのものに関してさえ少々時代遅れになっている。しかし、市場そのものをその一部として理解することができるような、より広いフレーム・オブ・レファレンスを発展させることに社会科学が成功しないかぎり、一般的なフレーム・オブ・レファレンスとして市場を乗り越えるものは現れないであろう。この点は、これまで時に十分理解されていなかったが、今日ではより明確に理解されるようにならなければならない。これがまさに経済研究の分野における今日のわれわれの主要な知的任務である。そのような概念構成は、われわれが上に示そうと試みたように、経済的ということの実体的な意味の上に基礎をおかなければならないであろう。

(1) 原題は "The Economy as Instituted Process" で、Karl Polanyi, Conrad M. Arensberg, and Harry W. Pearson, eds., *Trade and Market in the Early Empires*, The Free Press, Glencoe, 1957 に第十三章(二四三―二七〇ページ)として原載された。この論文もまた、George Dalton, ed., *Primitive, Archaic and Modern Economies : Essays of Karl Polanyi* の第七章として再録されているが、非市場経済を分析するためのポランニーの分析概念がすべて盛りこまれているこの論文は、なかでも難解とされているためドールトンはかなり編集上の工夫を加えている。訳出にあたっては主に原載の形によることとし、ドールトン編集のものを参照した。重要な意義をもつと思われる文章には、彼にならって傍点を付した。

(2) C. Menger(一八四〇―一九二一年)はポーランド生まれの、ウィーンで活躍した経済学者。オーストリア学派の祖といわれ、限界効用理論の確立者の一人である。

(3) この複合概念の無批判な適用によって「経済学者的な誤謬」とでもいいうるものが生じた。それは経済と、経済の市場形態との故意の同一視である。ヒュームやスペンサーからフランク・H・ナイトやノースロップにいたるまで、社会思想は、経済に触れるや否や、つねにこの限界に苦しめられてきた。ライオネル・ロビンズの論文『経済学の性格と意義』(一九三二年)は、経済学者にとっては重要であるが、問題を致命的にねじまげてしまった。人類学の分野では、メルビル・ハースコビッツの最近の著作『経済人類学』（一九五二年）が彼の一九四〇年の先駆的労作『未開人の経済生活』からの退歩を示している――原注。

（4）　ポランニーの論文集 *Primitive, Archaic, and Modern Economies* の編者ドールトンは、ポランニーがこの論文で用いている「交換」（exchange）は一貫して「市場交換」（market exchange）の意味であると考え、ここにも「市場」の語を補っている。

（5）　ここで終わる段落とつぎの段落は、ポランニーの原文では区切られていないが、ドールトンは新しい段落をここに設けている。ポランニーにしたがうとあまりに長い段落になるので、本訳書はドールトンにしたがって、ここで改行する。

（6）　同右。

（7）　本訳書第二章、注4を参照。

（8）　バナロ（Banaro）はニューギニア南東、セピック地方の民族。

（9）　本訳書第二章、注3を参照。

（10）　本訳書第二章、注13を参照。

（11）　これは母系親族体系にみられる関係である。すなわち、ある男とその姉妹、および彼女（ら）の子供は同一の親族集団に入り、密接な関係をもつが、男の妻子、その姉妹の夫などはそれぞれ異なる親族集団に属し、（いわば法的には）関係が稀薄である。したがって、相続に関しても男から姉妹の息子に正式に財産が移る。

(12) 本訳書第八章、二八七ページをみよ。

(13) トーテム (totem) ある集団のメンバーと神話上関係があると考えられているなんらかの動植物 (時には自然現象)。

(14) *Primitive, Archaic, and Modern Economies* の編者ドールトンはこの文章に強調のためのイタリックスを施し、その理由を「互酬、再分配、(市場) 交換を取引のモードとみなし、経済や経済体制の全体に対する指示符とはみなさない点において、ポランニーがきわめて明解であったことを強調するため」と述べている。

(15) ホルド (horde) は遊牧あるいは狩猟採集民の集団である。ホルドは自分たちの遊動範囲である特定の領域の排他的利用権を主張する。バンド (band) も同様であるが、狩猟採集民の地縁組織にはこの言葉が使われることが多い。

(16) 本訳書第二章、注6をみよ。

(17) *Primitive, Archaic, and Modern Economies* の編者ドールトンは、「交易」(trade) の語によってポランニーがいつも「外国交易」(foreign trade)、もしくは「外部交易」(external trade) を意味していたと考え、ここにも「外部」の語を補っている。

(18) ポランニーはここに "catallactic" という語を使っているが、これは市場交換に関連するという意味である。ドールトンはこの語の代わりに、「市場」、「形式的経済学」、「市場経済学」などの語を用いることを提唱している。

(19) 本訳書第八章、注35を参照。

(20) H. Pirenne（一八六二―一九三五年）ベルギーの中世史家。中世ヨーロッパの発展を、とくに商業、経済の面に重点をおいて解明した。

(21) 本訳書第七章、二五一ページ以下を参照。

(22) ジブラルタル海峡のことである。

(23) レバント人（Levantine）とは東地中海諸国の住民の総称で、小アジア、シリア（時にはエジプト、ギリシャ）などの人々を含む。

(24) 外国船による貿易をさす。

(25) ガデス（Gades, Cadix）は南スペインの主要港 Cádiz のことである。テュロスから来たフェニキア人によって紀元前一一〇〇年に建てられたと伝えられる。紀元前六世紀にはカルタゴにより占領され、第二ポエニ戦役以後ローマにくだって、ガデスと呼ばれるようになった。それまでは Gadir といった。

(26) ハウサ族（Hausa）は主に北ナイジェリアに住む部族で、現在はほとんどイスラム化している。ティンブクトゥに首都をおくソンガイ国の崩壊（十六世紀）とともにサハラ横断交易ルートが東に移ったため、ハウサの諸都市が栄えた。

(27) マンディンゴ族（Mandingo）はマンディンガ、マンディンカ、マンデ、マリともいわれる。マリとその隣接地域に住む部族でマリ王国（十三―十六世紀）の中核をなしていた。その最盛期（十四世紀）には北アフリカと西アフリカ南岸のサハラ横断交易を独占した。

(28) ドールトンも補っているように、つまり、ある特定のものを獲得するための遠征であったということである。

(29)「ソキエタス」(societas) は一般的には、社会、結社などの意味であるが、「交易目的のための当事者関係《コ・パートナーシップ》、連合《アソシエーション》」の意味もある。「コメンダ」(commenda) には一二九五年、一五四九年の用例があり、「(保護の)委託《コメンデーション/エントラスティング》」の意味である (*Medieval Latin Word-List : From British and Irish Sources*, Oxford University Press, 1934, p. 89)。「ソキエタス」にはまた、「国庫歳入の請負人の結社」の意味があり、「プブリクム」は「国家財政」「国庫」を意味する。つまり「ソキエタス・プブリカノルム」は「国庫歳入の請負人の結社」の意味である。

(30)「セイサクテイア」(Seisachtheia) はギリシャ語で負担帳消し、とくに借財取り消しの意味である。

(31)「ポチュテカ」(Pochteca) は征服以前のメキシコに栄えたアステカ王国 (十五—十六世紀) における長距離交易人である。支配勢力のメヒカ族とは起源が異なり、彼ら自身、親族関係を基礎とした、あるいはギルド的な半独立的組織をもち、主に主要都市間の貴重品の交易に当たった。

(32) ゲスト・フレンド (guest-friend) 隣接するナヴァホ・インディアンとズニ・インディアンのあいだには、特定の家族同士がゲスト・フレンドの関係を結びあっている例がある。特定の時期に一方の家族がもう一方の家族を、贈物をもって訪問すると、迎える方の家族は主人役としてあらゆる歓待を尽くす。極端な場合には自分の妻を夜伽に提供することさえあるという。また別の時期には逆の訪問が行われる。しかし、両方の家族の関係は年に二回のこの訪問関係だけで、それ以外にはまったく及ばない。

(33) 「取り合わせ」「商港」その他管理交易の特性については、本訳書の第九章の論文がより詳しい。また、ポランニーの論文 "Redistribution : The State Sphere," in Karl Polanyi, *Dahomey and the Slave Trade*, Seattle, 1966 と "Ports of Trade in Early Societies," *The Journal of Economic History*, Vol. XXIII, No. 1 (March 1963), pp. 30-45、およびポランニーが共編者の一人である *Trade and Market in the Early Empires* に所収の Rosemary Arnold, "A Port of Trade : Whydah on the Guinea Coast" などがある。

(34) この項で扱われている貨幣の使用について、より詳しくは本訳書、第三章「貨幣使用の意味論」を参照。なお、ポランニーの論文集の編者ドールトンには "Primitive Money," *American Anthropologist*, Vol. 67 (February 1965), pp. 45-65 という論文がある。

(35) 本訳書第七章、注35を参照。

(36) ウィダ (Whydah または Ouidah) については、本訳書第九章、注8を参照。

(37) ダンバ (damba) は豆科植物の名で学名 abrus precatorius。黒斑がつき、赤いつやのある粒のそろった豆ができる。この豆は西アフリカで宝石、貴金属、薬の重さの単位として使われ、とくにダホメでは金の重さをはかるのによく用いられた。

(38) ドールトンによると、「操作的な用具」として人口調査や測定や会計に用いられた。そのほかには、インカが使っていた「キプ」ひもの例や、十八世紀のダホメで統計的な計算のために使われていた小石勘定の例などがある。

あとがき

多くの日本の読者にとっては、カール・ポランニーは未知の名前であると思われるので、彼の人となりを簡単に紹介して、「あとがき」に代える。

カール・ポランニー（Karl Polanyi）は、一八八六年、ハンガリー人を父、ロシア人を母としてハンガリーに生まれ、一九六四年四月二十三日にカナダのピッカリングの自宅で歿した（七十七歳）。父はかなり裕福なエンジニア、企業家であったが、事業に失敗し、株主への返済を優先して、家族には貧しい生活を強いた。母は華やかで機智に富み、そのサロンは話題の豊富なことで有名であったという。ブダペスト大学の学生時代のポランニーは、家庭教師などをしながら、母や兄弟の生活を支える一方、大学では、ハンガリーの知的伝統の再興を目的とする「ガリレイ・サークル」を創立し、そのプレジデントをしたこともある。この団体は進歩的な文化運動の団体として、ハンガリーのルネッサンス、革命的な政治思想の母胎となった。反動的な学生や非政治的な学生の団体と対立したため、やがてポランニーはブダペスト大学を停学になり、コロスヴァール大学に転学して、そこで法学の学位を得た。学生時代には法学のほかに哲学を学んだという。一九一二年にはブダペストで法廷弁護士の資格を獲得した。

ポランニーは社会主義者であったといわれるが、大学卒業後、一時ハンガリー急進市民党の書記長を務めたことがあるほかは、彼のその後の行動は一貫して非政治的であった。第一次世界大戦に騎兵将校として従軍したあと、一九一九年にウィーンで大病に罹り、その地で数年の療養生活を送った。この療養中に、ポランニーは、イリョーナ・ドゥチンスカとめぐり逢い、二人は一九二三年に結婚した。

一九二四年から一九三三年まで、ポランニーは雑誌 *Der Österreichische Volkswirt* の編集に携わった。海外ニュース編集担当者として、彼は『ル・タン』、『ザ・タイムズ』、『フランクフルター・ツァイトゥンク』などを毎日丹念に読んで、毎週その要約を書いた。その結果、世界情勢に通暁するようになった。自分自身の論文も書いて同誌に掲載した。本訳書の第四章、第五章の論文がこの時期のポランニーの仕事の一部である。

ファシズムの台頭によって、ポランニーは同誌を追われ、一九三三年に英国へ移住した。長い貧困生活のなかで、一九三七年には労働者教育協会の講師となり、また、オックスフォード大学とロンドン大学による大学間学外講座の個人指導クラスを受け持ったりしていた。この時期にしばしば米国を訪れるようになり、ヨーロッパ情勢について講演を行った。

一九三五年に *Christianity and the Social Revolution* を共編し、本訳書の第六章「ファシズムの本質」をこの書に掲載した。

一九四〇年にポランニーは、米国の国際教育協会の招きを受けて渡米し、各地の大学で国際問題の講演を行うようになった。一九四二年には、物理学者で航空エンジニアでもあった夫人が、一時英国での戦時職を離れて米国に渡り、ポランニーに合流した。翌年、彼女はヴァーモントのベニントン・カレッジで物理学を教えることとなり、カールはロックフェラー財団の奨学金を受けて、同大学のレジデント・スカラーとなり、代表作 *The Great Transformation*（1944）を執筆した。ベニントン・カレッジでのポランニーの交友関係には、ピーター・F・ドラッカー夫妻、ホルスト・メンデルスハウゼンなどが含まれていたという。本訳書の第一章「自己調整的市場と擬制商品——労働、土地、貨幣」は右の著書から採ったものである。

夫妻は一九四三年に英国に戻り、再び戦時職に就いたが、戦後、一九四七年になって、ポランニーは米国のコロンビア大学から経済学の客員教授に招聘された。ところが、夫人には、彼女が一九一八年の創立から一九二二年までハンガリー共産党の党員であったことを理由に、米国政府の査証が発行されなかったため、彼女はカナダへ移住することになり、夫妻はトロントに近いピッカリングに居を定めた。ポランニーは、ニューヨークで教える以外の時をカナダのこの地で過ごしたのである。本訳書の第二章「時代遅れの市場志向」

は彼の重要論文の一つとみなされるが、この時代の初期（一九四七年二月）に『コメンタリー』誌に発表されたものである。

一九五三年に引退したポランニーは、コンラッド・M・アレンスバーグと共宰の研究プロジェクト、「制度的発展の経済的側面に関するインターディシプリナリーなプロジェクト」の仕事のために、その後も一九五八年まで、毎月一週間をニューヨークで過ごすことになり、カナダとのあいだを往復した。このプロジェクトにおける彼のセミナーは、いくつもの伝説を残すほど光彩陸離たるもので、大学院学生や若い同僚に大きな刺激を与えたという。このプロジェクトの成果がアレンスバーグおよびH・W・ピアソンとの共編になる *Trade and Market in the Early Empires* (1957) であるが、この書は経済人類学の研究方向に大きな影響を残したといわれる。本訳書は第三章「貨幣使用の意味論」、第七章「ハムラビ時代の非市場交易」、第八章「アリストテレスによる経済の発見」、第十章「制度化された過程としての経済」の四つの論文をこの書から採った。

その後のポランニーは、現代ハンガリー文学の代表作を英語国民にはじめて紹介した作品集 *The Plough and the Pen* を、妻イリョーナといっしょに編纂、刊行し、最晩年には、フルシチョフの新綱領に「人間的社会主義」を見いだして、平和共存のための理論誌 *Co-Existence* の創刊を、ジョーン・ロビンソン、ルドルフ・シュレジンジャーなどの協力を得て計画した。同誌の創刊号はポランニーの死の直後に発行された。彼のもう一つの

著書 *Dahomey and the Slave Trade* (1966) は歿後出版である。ほかに、彼の経済人類学的な論文のいくつかと、ニューヨークのセミナーにおける彼の講義を弟子たちが筆記したものを一つにまとめた論文集、*Primitive, Archaic and Modern Economies: Essays of Karl Polanyi* (1968) が、コロンビア大学大学院で彼の指導を受けたジョージ・ドールトンの編集によって刊行された。本訳書の第九章「西アフリカの奴隷貿易における取り合わせと『貿易オンス』」は、一九六四年に *The Journal of African History* に発表された最晩年の論文の一つである。

(以上の経歴は Paul Bohannan and George Dalton, "Obituary: Karl Polanyi, 1886-1964," *American Anthropologist*, December 1965, 娘のカリ・レヴィットの回想 Kari Levitt, "Karl Polanyi and *Co-Existence*", *Co-Existence*, Vol 1, No. 2 などによってまとめたものである。)

※　　　※

本訳書に採った論文の半数近くは *Trade and Market in the Early Empires* に収められたものであるが、前著 *The Great Transformation* がポランニーの経済史への寄与であるのに対して、同書は彼の経済人類学への貢献とされている。そこで、ポランニーの仕事が経済人類学に対してどのような関係にあるとみられているかを、以下に紹介してみよう。

ポランニーが、今日のそれとは異なる経済体制に着目するようになったのは、彼の経済史学の中心テーマである十九世紀産業資本主義の特殊性を追究する過程においてであった。近代資本主義経済が共同体の生活に及ぼした社会的分裂、市場メカニズムの独走の結果生まれた社会的分断を究明するところから、経済人類学へ導かれていったことは本訳書の論文にも明らかである。十九世紀資本主義の特徴を明らかにするために、対照的な政治経済体制をもってくることが必要であったのである。ポランニーはそれをしただけでなく、両者を同時に分析できるような、広範な分析カテゴリーをみずからつくりあげようとしたのである。そのために彼が依拠した経済人類学は、ビュッヒャー、ウェーバー、デュルケーム、トゥルンヴァルト、マリノフスキーらのそれであった。ポランニーが提起した概念のいくつかは、必ずしも経済人類学者の多くによって受け入れられているとは限らないが、貨幣、外部交易、市場《マーケット・プレース》、取引形態の性格に関する彼の仕事は、今後、経済人類学によって長く注目されつづけるであろうといわれている。

経済人類学は、ポランニーに新しい知識や洞察を与えただけではなく、逆に、彼からそれまでの誤まりを指摘され、分析上の困難を解き放ってもらったのである。本訳書の第九章で彼自身が指摘しているように、これまでの経済人類学者はなじみ深い市場モデルに強く拘束されるあまりに、比較経済学的な分析枠組をつくるという、本来の使命を十分に果たしていなかった。ポランニーの貢献によって、今後の経済人類学はその分析を特殊な経済理念と切り離して進めることができ、比較経済研究に一層の役割を果たすことができるであろう、といわれる。さらにまた、ポランニーのいくつかの実証的、理論的研究の結果、文化人類学者は、異なる文化の接触によって新しい経済関係のしくみがどのように生まれるか、についても理解を深めることができるようになった。「時代遅れの市場志向」以後のポランニーは、比較経済学的な態度を明確にし、「非西欧社会の経済現象をひろく扱うようになり、経済人類学とよばれる学問分野のための、理論的基礎を固めることになった」（増田義郎「伝統的社会の構成とその近代的変容」『人間の世紀・第六巻・文明としての経済』潮出版社、一九七三年、六〇ページ）。経済人類学者ボハナンとドールトンは、先の追悼文をつぎのようにしめくくっている。「このような流星の輝きがそれぞれの空をよぎったということは、人類学と経済史の幸運である。ことに人類学は彼に新しい地平線と新しい洞察を与え、そして豊かに酬いられたのである」。

参考までに、日本においてこれまでにポランニーを多少でも紹介したものを挙げるならば、以下の数点である。

「（リーディングス・政治経済学の視点）市場制度は人間性を歪める」『現代経済』第五号、一九七二年（「時代遅れの市場志向」の抄訳）

ローラ・フェルミ、掛川、野水訳『亡命の現代史』I、みすず書房、一九七二年
ロバート・ハイルブロナー、小野、岡島訳『経済社会の形成』東洋経済新報社、一九七二年
増田義郎「伝統的社会の構成とその近代的変容」玉野井芳郎編『人間の世紀・第六巻・文明としての経済』潮出版社、一九七三年
長尾史郎「カール・ポラニーと比較体制論」『一橋研究』第二五号、一九七三年
吉沢英成「カール・ポラニーにおける市場・経済・社会」『甲南経済学論集』第一五巻第二号、一九七四年
野口建彦「カール・ポラニの政治経済学と歴史認識」『三田学会雑誌』六七巻一〇号、一九七四年

なお、*The Great Transformation* の邦訳が吉沢英成・野口建彦・長尾史郎・杉村芳美訳『大転換——市場社会の形成と崩壊』(東洋経済新報社、一九七五年)として刊行されている。さらに、*Dahomey and the Slave Trade* も翻訳され、栗本慎一郎・端信行訳『経済と文明』(サイマル出版会、一九七五年)として刊行された。

※　　※

シュムペーター研究にひきつづき数年前からポランニー研究に取りくんでいた玉野井教授を中心に、以下の六人が集まって、先述のようなポランニーの著書、論文の全体的な検討をはじめたのは、一九七三年の春であった。集まったのは、経済学・比較経済体制論を専攻する三人、文化人類学を専攻する一人、国際関係論を専攻する二人であった。国際関係論の専攻者が加わったのは、最初、*The Great Transformation* からも数点の論文を選ぶ計画があり、同書には国際関係を論じる論文もあったからである。その後、同書全体を翻訳出版する計画が別に進んでいることが判明したので、同書所収の論文は一編を除き本訳書には含めないこととなったが、国際関係論専攻の訳者二人はそのまま残留して、翻訳にも協力することになった。春から秋まで数回の勉強会を重ねて、翻訳すべき論文を選び、ポランニー特有の概念について六人の理解を共通にすることに努めた。異なった専門から知恵を集めることによって、ある程度学際的な検討をすることが可能になり、ポランニーのような学問的巨人に取り組むにはふさわしい結果となった（もちろん、それで完全にポランニーを理解できたというわけではない）。論文の選択と配列には玉野井教授が最終的な責任をもって当たった。その結果選ばれた十編の論文について翻訳の担当者を左のように定め、一九七三年の冬から翻訳作業に入った。

第一章　「自己調整的市場と擬制商品――労働、土地、貨幣」（玉野井芳郎）

第二章「時代遅れの市場志向」(平野健一郎)
第三章「貨幣使用の意味論」(吉沢英成)
第四章「世界経済恐慌のメカニズム」(吉沢英成)
第五章「機能的社会理論と社会主義の計算問題」(長尾史郎)
第六章「ファシズムの本質」(木畑洋一)
第七章「ハムラビ時代の非市場交易」(石井溥)
第八章「アリストテレスによる経済の発見」(平野健一郎)
第九章「西アフリカの奴隷貿易における取り合わせと『貿易オンス』」(石井溥)
第十章「制度化された過程としての経済」(石井溥)

それから、各章の翻訳原稿を平野がこまかく検討し、文体と訳語の統一をはかり、それをさらに各訳者が再検討し、そして初校を全体にわたって玉野井教授が最終的に原文と照合しながら見直して朱を入れるという手続きをとった。出版が予定よりも遅れたのは、各章の訳文を統一する段階で手間取ったためである。

終わりに、われわれの研究会の一部に参加して、訳者たちのポランニー理解に協力された杉村芳美氏、そして、研究会の最初から刊行にいたるまで、こんなにも長びいた作業を終始お世話下さった日本経済新聞社出版局編集部の黒沢綏武氏と加藤基彦氏に心からお礼を申し上げたい。

一九七五年一月

平野　健一郎

文庫版へのあとがき

本書、カール・ポランニーの『経済の文明史』の初版が日本経済新聞社から刊行されたのは一九七五年であった。そして、それから今日まで、ほぼ三十年のあいだ、途切れることなく版を重ねてきた。ほとんど同時に翻訳刊行されたポランニーの『大転換』（そちらでは原著者がポランニーではなく、ポラニーになっているが）に劣らないロング・セラーである。このたび、本書が筑摩書房によって「ちくま学芸文庫」に収められることになったのは、訳者一同の大きな喜びである。この間、つぎつぎに本書を繙いてくださった読者の皆様のご支持に厚くお礼を申し上げたい。

『大転換』に盛られたそれとは性格の異なるポランニーの主張をまとめた本書が、経済と経済学を根本から考え直そうとする読者によって読みつがれることになったのは、もっぱら、玉野井芳郎先生の慧眼によるものである（『経済の文明史』と『大転換』の議論の方向性の違いについては、本書に寄せられた佐藤光氏の「解説」をご覧いただきたい）。なぜなら、当時、いち早くポランニーに注目し、その比較経済体制論の論文の勉強会を提唱し、主導されたのが玉野井先生であったばかりか、本書に訳載された十編の論文をあちこちから集めてきて体系的な論文集に編集され、翻訳作業を督励されたのも玉野井先生であったからである。『経済の文明史』という名タイトルももちろん玉野井先生の発案であった。

玉野井先生は、本書の初版が刊行された十年後の一九八五年十月十八日に、六十七歳でこの世を去られた。『玉野井芳郎著作集』(全四巻、学陽書房、一九九〇年)と、その第四巻に収められた「年譜」などを見ると、本書刊行後の、最後の十年における玉野井先生の知的活動の目覚しさには、あらためて驚嘆の念を禁じえない。七六年には「地域主義」研究の組織化に積極的に乗り出され、二年後、東京大学を定年退官されるとともに、沖縄国際大学に異動された。沖縄移住を敢行されたことだけでも、遥かに後輩である共訳者たちを驚かせるに十分であったが、沖縄と東京・成城の両地で地域主義の活動を実践され、考察の主題をさらに生命、エントロピー、ジェンダーに広げられて、若い研究者たちをあっという間に後ろに置いていかれたのであった。八五年に明治学院大学国際学部教授となられ、本土に戻られて程なく、病が発見されたのであるが、振りかえってみると、『経済の文明史』が玉野井先生ご自身の最後の十年を決定したとさえ思われるのである。これは、あまりに本書に引きつけすぎた思いではあるが、本書にはそのような強いメッセージがあり、その力が今日まで読者を引きつけてきたものであると考えられる。

玉野井先生以外の本書の共訳者は、「各駅停車『たまのい号』」（樺山紘一氏の命名。『玉野井芳郎著作集』第一巻巻頭参照）に同乗するように誘われ、多少の違いはあっても一駅か二駅で降ろされ、置いてきぼりになった者たちといえなくはない。玉野井先生が、結果として生前最後の長期欧米滞在となった在外研究期間を過ごされる間、共訳作業の幹事を務めることになった平野が、なかでももっとも不明な乗客であった。初版の「あとがき」を、「多くの読者はポランニーを知らないであろう」と書き出したが、知らなかったのは本人だけだったのかもしれない。また、「はしがき」では、無知を顧みずに、勝手に「とくに注目すべき論文」を四つ挙げ、「ファシズムの本質」（第六章）を「やや異質の論文」と指定した。「ファシズムの本質」論文が持つ重要な意味は、今回、佐藤氏の「解説」によって教えられ、玉野井先生の論文選定の意図を再認識した。そのような者が、今回、文庫化のための改訳作業で久しぶりに読みなおして気づいたことは、実は自分自身が、分野は違っても、その後の研究においてポランニーの影響を深く蒙っていたということであった。この点をここに詳しく述べることはできないが、たとえば、国際関係論の探究においても、国際関係を、その本質に戻って、なんとか実体的に捉えようとする姿勢を取ってきたことにあらためて気づくのである。

今回の文庫化に当たっては、訳者の全員が担当の章を丹念に読みなおし、残っていた誤りを訂正した。したがって、本書は改訳版である。玉野井先生が担当された章は平野が担当した。

玉野井先生の奥様、喜美子夫人には文庫化を快諾していただき、ご遺族の皆様にもご協力をいただいた。佐藤光さんが今回寄せてくださった「解説」は、ポランニーの学説の意義を周到に解説すると同時に、本書刊行がもたらした成果についても述べてくださっている。筑摩書房「ちくま学芸文庫」編集担当の町田さおりさんには、文庫化の発案から文庫化に必要な交渉まで、さらには改訳の進行にも的確で緻密なお仕事をしていただいた。訳者一同、皆様に厚くお礼を申し上げる次第である。最後に、日本経済新聞社出版局の皆様には、初版の編集・発行をお世話いただいたこと、その後も学術書としての本書の生命を今日までつないでくださったことについて、あらためて深い感謝の気持ちを捧げるものである。

二〇〇三年五月

平野健一郎

解説　ポランニー思想の今日的意義

佐藤　光

＊

『経済の文明史』は、故・玉野井芳郎氏をはじめとする我が国の研究者たちがカール・ポランニーの著作のなかから重要と思われる十編を選び出し、訳出し、論文集としてまとめあげたものである。あとで詳しく述べるように、この論文集は、ポランニーの仕事のエッセンスともいえる論文をほぼ網羅しており、いまさらながら編訳者たちのポランニー理解の確かさと深さに敬服せざるをえない。

それにしても、いまなぜポランニーなのか。もっとも新しいものでもおよそ半世紀も前に書かれたポランニーの著作が、なぜ二十一世紀に入ったいまの時点で読まれなければならないのか。しかし、その問いに答える前に、ポランニーの著作がさまざまな分野の研究者によって過去数十年間にわたって読みつがれてきたという事実、特に一九九〇年代に入ってから今日に至るまでは「ポランニー・ブーム」ともいえるべき状況が日本の内外で起こっているという事実を指摘しておかなければならないだろう。

この点でまず注目されるのは、カナダのモントリオールの出版社、Black Rose Books から続々と出版されつつあるポランニー関連の一連の研究書である。それらの著書の多くは、カールの娘にして経済学者のカリ・ポランニー゠レーヴィットと彼女の弟子のマーガリット・メンデルの呼びかけでほぼ毎年世界のどこかで開催される「カール・ポランニー国際会議」に提出された多数の論文を中心に編まれたものであり、『カール・ポランニーの生涯と業績』(一九九〇年)から『ウィーンのカール・ポランニー』(二〇〇〇年)に至るまで、およそ十冊を数えるまでになっている。

ポランニーへの関心の高まりは、ポランニーに親しい者たちの間に限られるものではない。いささか意外なのは、社会主義者であったポランニーとは政治的立場が必ずしも同一でない人々にも彼の理論が強いインパクトを与えていることである。

たとえば、トクヴィル思想を現代アメリカに蘇らせて話題を呼んだ『心の習慣』の続編として、ロバート・ベラーらが一九九一年に出版した『善い社会』は、ポランニーの主著『大転換』からのインパクトを重要な源泉として書かれたとされている。アメリカの政治学者、スティーヴン・ヴォーゲルが日米欧の規制改革の動向を実証的に分析した『より自由な市場とより多くのルール』(一九九六年)の基本的観点の一つも『大転換』によって与えられたとされており、かつてのサッチャー英国首相のブレーン、ジョン・グレイによって書かれた強烈なグローバル資本主義批判の書『グローバリズムという妄想』（一九九八年）は、いくつかの章の冒頭にポランニーの文章を掲げている。我が国においても、筆者を含む少なからぬ研究者が、直接的あるいは間接的にポランニーに密接に関連した仕事を発表している（拙著『ポラニーとベルグソン』一九九四年など）。

さらに最近では、ポランニー自身の未発表論文の一部が一書に編集されて出版されるようである（『カール・ポランニーの未収録論文』二〇〇三年七月刊行予定）。

＊

こうした状況はある者にとっては意外であり、ある者にとっては当然のことに思われるかもしれない。

意外にとられかねないのは、一部の人たちにとって、ポランニーの現代社会論や思想はマルクス主義の亜種にすぎず、彼の仕事にオリジナリティがあるとすれば未開社会に関する考察、すなわち経済人類学に限られるといった類の了解が支配的であるかもしれないからである。もしこれが真実ならば、社会主義国の崩壊とともにマルクス主義の破綻が誰の目にも明らかとなり、かつての「人類学ブーム」が終焉したかに見える今日の状況のなかでポランニーへの関心が高まるというのは、確かに意外でもあれば不可解でもあるということになるだろう。

しかし、ポランニーへのマルクスの影響は元来限定的なものである。ある意味では強い影響が見られるが、その場合のマルクスは、正統派マルクス主義者にはきわめて不評な、その疎外論を中心とした「初期マルクス」であり、『大転換』を読めば明らかなように、その資本主義批判は「マルクス主義的」というよりむしろ「ユダヤ＝キリスト教的」なものである。

さらに「ポランニー学派」を形成した経済人類学研究にしても、はたしてポランニー思想の核心をなすとまでいえるものかどうか。確かに、本書に収録された「アリストテレスによる経済の発見」や「制度化された過程としての経済」などには、経済が社会に「埋め込まれ」、経済が「実体的」な意味を持っていた前近代社会や未開社会の姿が見事に描かれているが、その論述を注意深く検討してみると、基本的論旨の大半は人類学研究以前に形成されていたものであり、民族誌を読む間も、彼の心は未開社会そのものというより、自らの住む現代社会のことで占められていたのではないかとさえ思われてくるのである。

＊

最近のポランニーに対する関心の高まりの主要な理由は、やはり、彼の一風変わった現代社会論、特に彼が『大転換』を中心とした著作のなかで展開した市場経済と社会の二重運動論にあるとしなければならないだろう。

ポランニーは、十八世紀から二十世紀の前半に至る西欧を中心とした世界の歴史を、社会の至る所に浸透し、労働、土地、貨幣という聖域をも自らの領域に組み入れようとした市場経済の拡張運動と、それに抗して自らを守ろうとした社会の自己防衛運動との二重の運動の過程として描いた。ポランニーによれば、商品の需要と供給と価格のみからなる市場経済の自己調整的システムに完全に組み込まれることは社会にとっての死を意味したから、市場経済の拡張はほぼ同時に社会の存続をかけた自己防衛運動を生み出すことになる。十九世紀のヨーロッパをはじめとする世界各地で発生した労働運動、社会主義運動、自然保護運動、保護貿易主義などは、そうした防衛運動の現れであった。

市場経済と社会の二重運動は、やがて二十世紀に入ってから、第一次世界大戦、ロシア革命、世界経済の分断化と大恐慌、ファシズム、ニューディール、第二次世界大戦などの歴史的大事件を生み出し、人類は破滅の淵に追い込まれることになる。

しかし、幸いにも破滅は回避され、戦後世界は冷戦時代を迎える。冷戦時代とは、核の均衡の上に辛うじて成り立つ危機の時代であったのだが、二重運動論の観点からは、それは、社会の自己防衛の部分的勝利を意味する時代でもあった。というのは、世界の半分が「自己防衛する社会の代表」ともいうべき社会主義によって支配されたばかりでなく、あとの半分の資本主義国についても、管理通貨制度やケインズ主義や福祉主義が採用されるなど、市場経済の活動が大幅に制限されることになったからである。

以上がポランニー流の近現代史の見取り図だが、周知のように、この構図は二十年ほど前から急速に崩壊し始める。イギリスのサッチャリズムやアメリカのレーガノミクスの擡頭に見られるように、市場経済の拡張運動が資本主義国の内部で息を吹き返したばかりでなく、ソ連をはじめとする社会主義国も全面的崩壊への道を歩み始めることになったからである。

こうした事態を見るとポランニー理論が誤っていたかのように思われてくるかもしれないが、それは浅薄な理解というものである。二重運動論のエッセンスは、世界が資本主義と社会主義の二大陣営に分割されたり、冷戦構造が形成されるという点にはなく、ある時には拡張する市場経済に、またある時には自己防衛する社会に闘いが有利に傾きながら、両者の運動がさまざまな形で歴史の流れをつくっていくという点にあるからである。

ベルリンの壁崩壊以後の世界は、市場経済のグローバルな拡張運動一色に塗りつぶされたかに見えながら、その実、それへのさまざまな形での対抗運動を伴うものだった。戦後のヨーロッパ諸国に伝統的な社会民主主義の思想と政策は、市場経済の強い圧力を受けつつも依然として健在であり、ロシアや中国の資本主義にしても、アメリカ流あるいはIMF流の資本主義とは一線を画した独特の国民経済を形成しつつあるようである。日本的経済システムの抜本的な構造改革が叫ばれる日本にしても、「グローバル・スタンダード」を直輸入したのでは遅かれ早かれ再調整を余儀なくされるだろう。アメリカニズム批判とグローバル資本主義批判がないまぜとなった世界各地のNGOやNPOの大衆デモまで視野に入れれば、社会民主主義、ナショナリズム、市民主義、民族文化、宗教などのさまざまな姿をとるにせよ、市場経済の拡張運動への対抗運動は、今日ますます盛んになっているともいえる。それらを一括して「社会の自己防衛運動」と名づければ、確かに、二重運動論はいまもなお有効であり、ポランニーへの関心が高まるのも当然と思えてくるのである。

*

しかし、ポランニー社会理論の今日的意義がその点にだけあると考えるのは、誤っているし、ポランニー自身にとっても不本意なことであろう。そもそも『大転換』のより深い主題は、市場経済の問題というより、市場経済によって組織化されざるをえなかった産業文明の問題だった。この点は、本書に収録された「自己調整的市場と擬制商品」と「時代遅れの市場志向」の二つの論文、とくに後者の「競争的資本主義の仕組みが衰えていくにつれて、その背後から産業文明の本性が無気味に顔を覗かせている」という文章などに明瞭に示されているといえよう。市場経済を批判するポランニーの眼差しは、常に産業主義あるいは産業文明の「無気味な本性」に注がれていた。

それどころか、最晩年のポランニーは、経済人類学に没頭する弟子たちを尻目に、再び現代の産業社会そのものを主題的に考察し始め、『大転換』の続編として『自由と技術』(*Freedom and Technology*)と題した大著を執筆することを計画していたのである。

残念ながら、計画は高齢ゆえに実現されずに終わったが、『自由と技術』の構想の一端は、モントリオールのコンコルディア大学のカール・ポランニー政治経済研究所が保管する『ウィークエンド・ノート』と呼ばれる八百ページほどのタイプ草稿から窺い知ることができる。

『ウィークエンド・ノート』は、七十歳を超えたポランニーが、当時コロンビア大学の大学院生だったアブラハム・ロートシュタインを相手に、一九五六年から五八年のほぼ毎週末に長時間にわたって語った話の内容を、ロートシュタインが記憶に基づいて書き留めたものである。筆者は先年同ノートを詳細に読む機会に恵まれたが、それによると、『自由と技術』の主要な結論は次のようなものとなるはずだった。

高度な科学技術を背景として拡がり尽くした分業体系のなかに断片化された要素あるいは「部品」として組み込まれた人間たちが、無機質な分業のネットワークを介して、相互に依存し、干渉し、場合によっては抑圧し合わざるをえない現代社会においては、各人が自らの「内なる神の声」すなわち良心にのみ従って生活するという、本来の意味での人間的自由を全面的に実現することは不可能である。現代人は、ある種の諦念を持って、この冷厳な事実を受け入れ、部分的な自由を享受することで満足しなければならない。

この命題の正確な意味を伝えるためには、核戦争をも招きかねない人間理性の狂気性や、産業社会が集団心理に衝き動かされやすい群衆からなる大衆社会として現れがちだなどという点に関するポランニーの議論を詳しく紹介する必要があるが、省略しよう。ここでは、次の二点を指摘するに留めたい。

第一は、ポランニーの技術文明論が、二十世紀半ばと二十一世紀初頭の違いこそあれ、今日の我々にも多大の示唆を与えるということである。たとえば、我々は、IT革命によって情報の検索や通信に関して瞠目すべき自由を獲得した反面、メディアの流す津波のような情報に翻弄され、途方に暮れ、個性的な手書きの技能を失うなど、少なからぬ自由を失いもしたのではなかったか。BT、すなわちバイオテクノジーは、難病治療や不妊治療の思いもかけぬ展望を切り開いた一方で、クローン人間や遺伝子改造人間の登場を予期させるなど、我々に新たな不安と精神的抑圧を与えつつあるのではないか。このように、ポランニーの議論にほんの少しの想像力を付け加えるだけで、今日の技術文明に関するさまざまな有益な洞察を得ることができるのである。

第二は、ポランニーの現代社会論には、人間的自由の全面的な実現を過激に求めて失敗したロシアのボルシェビズムをはじめとする思想や運動への、そして、それを支持したかつての自分自身への、苦い反省の思いが込められているということである。

この点で特に参照されるべきなのは、本書に収録されている「ファシズムの本質」である。この論文で、ポランニーは、自らの理想とする社会が西欧世界に伝統的な個人主義、ルーツをたどればキリスト教にまで行き着く個人主義を基調としており、当時擡頭しつつあったファシズムがその理想を踏みにじり、社会主義こそがその理想を現代に実現するものだと強調している。「ボルシェビズムは個人主義の対極であるどころか、個人主義を一貫して実践することなのである」という見解などの当否はともかく、ここで重要なのは、ポランニーの理想が、自らの良心以外のなにものにも拘束されない個人という、いわばプロテスタント的人間像を最善のものとするという意味で、きわめて強い近代主義的色彩を帯びているという事実である。

『自由と技術』は、苦い思いを込めて、こうしたかつての自らの個人主義的理想の事実上の放棄を説くはずであった。正確にいえば、同様の趣旨のことは、簡単ではあるがすでに『大転換』の最終部で述べられていたから、『自由と技術』は、議論を全面的に展開しながら、その結論をより明確な形で確認するはずのものだったのである。

しかし、『ウィークエンド・ノート』などを読む限り、ポランニーが若き日の思想を全面的に清算したとは思われない。現代技術文明のなかで理想を全面的に実現することの不可能さを悟り、全面的に実現しようと欲することの愚かさを自他に向かって語りかけながら、近代的個人主義の理想は、死に至るまで彼の心中で「理想」の位置に留まり続けたのではないか、だからこそ「諦念」が説かれたりしたのではないか。

*

筆者の解釈が正しければ、古代社会や未開社会の精力的な探究にもかかわらず、その思想の本質においてはきわめて西欧的な近代主義者あるいは啓蒙主義者だったという、いささか意外なポランニーの素顔が現れてくることになる。近代主義者ポランニーの近代批判をどう見るかについては、論者によって意見が分かれうるが、ポランニー思想の今日的意義を明らかにするためには、こうした点への目配りも欠かすわけにはいかないのである。

（大阪市立大学教授・社会経済論）

編訳者
玉野井芳郎（たまのい・よしろう　一九一八―八五）
元・東京大学教授。経済学史・経済体制論
平野健一郎（ひらの・けんいちろう　一九三七―）
早稲田大学・東京大学名誉教授。国際関係論

訳者
石井　溥（いしい・ひろし　一九四三―）
東京外国語大学名誉教授。文化人類学
木畑洋一（きばた・よういち　一九四六―）
東京大学・成城大学名誉教授。イギリス史・国際関係史
長尾史郎（ながお・しろう　一九四一―）
明治大学名誉教授。比較経済体制論
吉沢英成（よしざわ・ひでなり　一九四一―）
甲南大学名誉教授、甲南学園理事長。経済の文化・文明学

本書は一九七五年三月二〇日、日本経済新聞社より刊行されたものである。

戦略の形成（上）
ウィリアムソン・マーレー／マクレガー・ノックス／アルヴィン・バーンスタイン編著
石津朋之／永末聡監訳
歴史と戦争研究会訳

戦略の本質とは！　統治者や国家が戦略を形成する際の錯綜した過程と決定要因を歴史的に検証・考察した事例研究。上巻はアテネから第一次大戦まで。

戦略の形成（下）
ウィリアムソン・マーレー／マクレガー・ノックス／アルヴィン・バーンスタイン編著
石津朋之／永末聡監訳
歴史と戦争研究会訳

戦略には論理的な原理は存在しない！　敵・味方の相互作用であり、それゆえ認識や感覚の問題である。下巻はナチス・ドイツから大戦後のアメリカまで。

アメリカ様
宮武外骨

占領という外圧によりもたらされた主体性のない言論の自由の脆弱さを、体を張って明らかにした、ジャーナリズムの記念碑的名著。（西谷修／吉野孝雄）

組織の限界
ケネス・J・アロー
村上泰亮訳

現実の経済において、個人より重要な役割を果たす組織。その経済学的分析はいかに可能か。ノーベル賞経済学者による不朽の組織論講義！　（坂井豊貴）

資本主義から市民主義へ
岩井克人
聞き手＝三浦雅士

来るべき市民主義とは何か。貨幣論に始まり、資本主義論、法人論、信任論、市民社会論、人間論まで、多方面にわたる岩井理論がこれ一冊でわかる！

有閑階級の理論［新版］
ソースタイン・ヴェブレン
村井章子訳

流行の衣服も娯楽も教養も「見せびらかし」にすぎない。野蛮時代に生じたこの衒示的消費の習慣はどう進化したか。ガルブレイスの解説を付す新訳版。

資本論に学ぶ
宇野弘蔵

マルクスをいかに読み、そこから何を考えるべきか。『資本論』を批判的に継承し独自の理論を構築した泰斗がその精髄を平明に説き明かす。（白井聡）

社会科学としての経済学
宇野弘蔵

資本主義の原理は、イデオロギーではなく科学的態度によってのみ解明できる。マルクスの可能性を極限まで突き詰めた宇野理論の全貌。（大黒弘慈）

ノーベル賞で読む現代経済学
トーマス・カリアー
小坂恵理訳

経済学は世界をどう変えてきたか。ノーベル経済学賞全受賞者を取り上げ、その功績や影響から現代経済学の流れを一望する画期的試み。（瀧澤弘和）

経済政策を売り歩く人々
ポール・クルーグマン
伊藤隆敏監訳
北村行伸／妹尾美起訳
マスコミに華やかに登場するエコノミストたち。実はインチキ政策を売込むプロモーターだった！　危機に際し真に有効な経済政策がわかる必読書。

クルーグマン教授の経済入門
ポール・クルーグマン
山形浩生訳
経済にとって本当に大事な問題って何？　実は、生産性・所得分配・失業の3つだけ!?　楽しく読めてきちんと分かる、経済テキスト決定版！

自己組織化の経済学
ポール・クルーグマン
北村行伸／妹尾美起訳
複雑かつ自己組織化している経済というシステムに、複雑系の概念を応用すると何が見えるのか。不況発生の謎は解ける？　経済学に新地平を開く意欲作。

比較歴史制度分析（上）
アブナー・グライフ
岡崎哲二／神取道宏監訳
中世後期は商業的統合と市場拡大が進展した時代と言われる。ゲーム理論に基づく制度分析を駆使して、政体や経済の動態的変化に迫った画期的名著。

比較歴史制度分析（下）
アブナー・グライフ
岡崎哲二／神取道宏監訳
中世政治経済史の理論的研究から浮き上がる制度の適用可能性とは。本書は、その後のヨーロッパの発展と内部に生じた差異について展望を与える。

企業・市場・法
ロナルド・H・コース
宮澤健一／後藤晃／藤垣芳文訳
「社会的費用の問題」「企業の本質」など、20世紀経済学に決定的な影響を与えた数々の名論文を収録。ノーベル賞経済学者による記念碑的著作。

貨幣と欲望
佐伯啓思
無限に増殖する人間の欲望と貨幣を動かすものは何か。経済史、思想史的観点から多角的に迫り、グローバル資本主義を根源から考察する。（三浦雅士）

意思決定と合理性
ハーバート・A・サイモン
佐々木恒男／吉原正彦訳
限られた合理性しかもたない人間が、いかに最良の選択をなしうるか。組織論から行動科学までを総合しノーベル経済学賞に輝いた意思決定論の精髄。

「きめ方」の論理
佐伯胖
ある集団のなかで何かを決定するとき、望ましい方法とはどんなものか。社会的決定をめぐる様々な理論・議論を明快に解きほぐすロングセラー入門書。

増補 複雑系経済学入門
塩沢由典
なぜ経済政策は間違えるのか。それは経済学の理論と現実認識に誤りがあるからだ。その誤りを正し複雑な世界と正しく向きあう21世紀の経済学を学ぶ。

発展する地域 衰退する地域
ジェイン・ジェイコブズ
中村達也訳
地方はなぜ衰退するのか？ 日本をはじめ世界各地の地方都市を実例に真に有効な再生法を説く、地域経済論の先駆的名著！（片山善博／塩沢由典）

市場の倫理 統治の倫理
ジェイン・ジェイコブズ
香西泰訳
環境破壊、汚職、犯罪の増加——現代社会を蝕む病理にどう立ち向かうか？ 二つの相対立するモラルを手がかりに、人間社会の腐敗の根に鋭く切り込む。

経済学と倫理学
アマルティア・セン講義
アマルティア・セン
徳永澄憲／松本保美／青山治城訳
経済学は人を幸福にできるか？ 多大な学問的・社会的貢献で知られる当代随一の経済学者、セン。その根本をなす思想を平明に説いた記念碑的講義。

グローバリゼーションと人間の安全保障
アマルティア・セン講義
アマルティア・セン
加藤幹雄訳
貧困なき世界は可能か。ノーベル賞経済学者が今日のグローバル化の実像を見定め、個人の生や自由を確保し、公正で豊かな世界を築くための道を説く。

大企業の誕生
A・D・チャンドラー
丸山恵也訳
世界秩序の行方を握る多国籍企業は、いったいいつ、どのようにして生まれたのか？ アメリカ経営史のカリスマが、豊富な史料からその歴史に迫る。

日本資本主義の群像
栂井義雄
渋沢栄一、岩崎弥之助、団琢磨ら。明治維新から太平洋戦争終焉まで、日本資本主義を創建・牽引した10名の財界指導者達の活動を描く。（武田晴人）

日本の経済統制
中村隆英
戦時中から戦後にかけて経済への国家統制とはどのようなものであったのか。その歴史と内包する論理を実体験とともに明らかにした名著。（岡崎哲二）

第二の産業分水嶺
マイケル・J・ピオリ／チャールズ・F・セーブル
山之内靖／永易浩一／菅山あつみ訳
資本主義の根幹をなすのは生産過程である。各国の産業構造の変動を歴史的に検証し、20世紀後半から成長が停滞した真の原因を解明する。（水野和夫）

ポランニー・コレクション
経済と自由
カール・ポランニー
福田邦夫ほか訳
二度の大戦を引き起こした近代市場社会の問題点をえぐり出し、真の平和に寄与する社会科学の構築を目指す。ポランニー思想の全てが分かる論稿集。

経済思想入門
松原隆一郎
スミス、マルクス、ケインズら経済学の巨人たちは、どのような問題に対峙し思想を形成したのか。その今日的意義までを視野に説く、入門書の決定版。

自己組織化と進化の論理
スチュアート・カウフマン
米沢富美子監訳
森弘之ほか訳
すべての秩序は自然発生的に生まれる、この「自己組織化」に則り、進化や生命のネットワーク、さらに経済や民主主義にいたるまで解明。

人間とはなにか（上）
マイケル・S・ガザニガ
柴田裕之訳
人間を人間たらしめているものとは何か？　脳科学界を長年牽引してきた著者が、最新の科学的成果を織り交ぜつつその核心に迫るスリリングな試み。

人間とはなにか（下）
マイケル・S・ガザニガ
柴田裕之訳
人間の脳はほかの動物の脳といったい何が違うのか？　社会性、道徳、情動、芸術など多方面から「人間らしさ」の根源を問う。ガザニガ渾身の大著！

新版 自然界における左と右（上）
マーティン・ガードナー
坪井忠二／藤井昭彦／小島弘訳
「左と右」は自然界において区別できるか？　上巻では、鏡の像の左右逆転から話をはじめ、動物や人体における非対称、分子の構造等について論じる。

新版 自然界における左と右（下）
マーティン・ガードナー
坪井忠二／藤井昭彦／小島弘訳
左右の区別を巡る旅は続く——下巻では、パリティの法則の破れ、反物質、時間の可逆性等が取り上げられ、壮大な宇宙論が展開される。（若島正）

ナチュラリストの系譜
木村陽二郎
西欧でどのように動物や植物の観察が生まれ、生物学の基礎となったか。分類体系の変遷、啓蒙主義との親和性等、近代自然誌を辿る名著。（塚谷裕一）

MiND《マインド》
ジョン・R・サール
山本貴光／吉川浩満訳
唯物論も二元論も、心をめぐる従来理論はそもそも全部間違いだ！　その錯誤を暴き、あらゆる心的現象を自然主義の下に位置づける、心の哲学超入門。

ちくま学芸文庫

経済《けいざい》の文明史《ぶんめいし》

二〇〇三年六月十日　第一刷発行
二〇二二年一月二十日　第十二刷発行

著　者　カール・ポランニー
編訳者　玉野井芳郎・平野健一郎
訳　者　石井　溥・木畑洋一
　　　　長尾史郎・吉沢英成
発行者　喜入冬子
発行所　株式会社　筑摩書房
東京都台東区蔵前二―五―三　〒一一一―八七五五
電話番号　〇三―五六八七―二六〇一（代表）
装幀者　安野光雅
印刷所　三松堂印刷株式会社
製本所　三松堂印刷株式会社

ISBN4-480-08759-1 C0110